KB216190

반 조,
마 음 을
비 추 다

1

반 조, 返照
마 음 을
비 추 다 1

FOOD FOR THE HEART

아잔 차 지음 | 혜안 옮김

싱긋

내가 만난 가장 지혜로운 분을 어떻게 소개해야 할까? 그는 즉흥적이며 생동감이 넘치고, 단순하며 진솔했다. 위엄은 있으되 친밀했고, 유머와 진지한 훈육을 병행했다. 더불어 연민의 마음과 꾸밈없는 자유를 지닌 분이었다. 그에 대한 묘사는 아잔 아마로 스님이 쓴 이 책 서문에서 더 잘 표현하고 있다.

아잔 차 스님('아잔'은 원래 스승이라는 뜻으로 태국에서 승납이 10년 이상 된 스님에게 쓰는 경칭이므로 '아잔 차'라고 번역하는 것이 맞지만, '스님'을 붙이는 것이 자연스러워 '아잔 차 스님'이라고 번역했다—옮긴이)은 일화와 은유, 생생한 대화를 통해 현실 속에서 가르쳤다. 그의 가르침에는 어떤 걸림도 없었다. "인간을 고통스럽게 하는 것이 무엇인지 보라, 바로 이것이다." 진리를 구하는 우리 마음을 향해 그는 말한다.

그는 매번 새로운 방문객을 직접 맞이했고, 수많은 방편들로 가르침을 주었다. 가르침은 상황에 따라 문제의 핵심을 관통했고 유머를 담고 있었다. 그래서 그의 생명력 있는 가르침을 글로 담아내기는 거의 불가능하다. 다행스럽게도 그의 가르침은 200곳이 넘는 사찰과 그의 뛰어난 제자들에 의해 전해지고 있다. 또한 태국어로 녹음된 수백 개의 테이프와 그의 가르침에 감화받은 수백만 사람들의 기억 속에 그의 가르침은 여전히 살아 있다.

이 책은 아잔 차 스님이 스님들과 방문객들에게 전한 길고 체계적인 가르침을 담았다. 그래서 다소 엄격하고 진지할 수 있다. 하지만 그의 이런 가르침은 가르침의 핵심을 깊이 생각하고 마음속에 새기도록 도와줄 것이다.

그는 책에서 튀어나올 듯 준엄하고 생생하게 삶의 불확실성에 대해 말한다.

"죽음이 그대와 함께하는데 죽음으로부터 벗어날 수 있는가? 죽음을 두려워하든 두려워하지 않든 그대가 죽는다는 사실에는 변함이 없다."

그는 이 근본진리에서 시작해 삶과 죽음이라는 변화하는

조건들을 넘어서는 진정한 자유로 향하는 길을 쉼 없이 가리킨다.

> "놓아버릴 때까지, 아무것도 남지 않을 때까지, 선과 악, 오고 감, 생과 사를 넘어설 때까지, 깊이 생각하여 마음을 훈련하고 깨달음의 길에 이르라."

그는 해탈에 이를 수 있다고 단호히 말한다. 스승의 가르침을 따르는 사람들은 매듭을 풀고, 집착과 두려움 그리고 완전히 잘못된 자아 관념을 놓아버리기 위해 자신의 마음을 들여다봐야 한다. 이 가르침을 진정으로 이해한다면 어떤 삶을 살든 매일 매 순간 법을 수행할 수 있고, 자신의 삶까지도 바꿀 수 있다고 아잔 차 스님은 말한다.

부디 아잔 차 스님의 가르침에 담긴 자애로운 부처님의 축복이 그대의 허기진 마음을 채우고, 세상 모든 존재들에게 빛이 되길 바라며.

크나큰 존경의 마음을 담아.

2002년 캘리포니아 우드에이커 스피릿 락 명상센터에서
잭 콘필드

반조, 마음을 비추다

순식간에 밤이 되었습니다. 숲은 귀뚜라미 소리와 으스스한 열대 매미 소리로 메아리쳤습니다. 나무들 사이로 희미한 별빛이 새어 나오고 있었습니다. 한 쌍의 석유 등불에서 나온 따뜻한 빛이 기둥에 얹힌 오두막 아래 트인 공간을 밝히고 있었습니다. 그 불빛 속에서 등나무 벤치에 다리를 꼬고 앉은 작고 다부진 스님 주위로 수십 명의 사람이 모여 있었습니다. 활기찬 평화로 가득한 가운데 아잔 차 스님이 가르침을 주고 있었습니다.

모인 사람들은 각양각색이었습니다. 아잔 차 스님(제자들은 그를 '루앙 포', 즉 '존경하는 아버지'라고 다정하게 불렀다) 옆에는 비구들과 사미승들이 모여 있었습니다. 이들 대부분은 태국인이나 라오스인이었지만, 피부가 흰 서양인도 몇몇 있었습니다. 아잔 차 스님 앞에는 단정하게 차려입은 중년 부부가 앉아 있었습니다. 남자는 빳빳한 양복을 입었고, 여자는 잘 손질한 머리에 금장식을 하고 있었습니다. 그는 먼 지방에서 온 국회의원이었습니다. 그는 공무로 이 지역을 들렀다가 아잔 차 스님에게 인사를 드리고 보시를 하기 위해 방문했습니다.

그들 바로 뒤 양쪽에는 마을 사람들이 여러 명 앉아 있었습니다. 그들은 닳아서 얇아진 셔츠와 블라우스를 입고 있었습니다. 척박한 그곳 땅처럼 여윈 그들의 팔은 햇볕에 시꺼멓게 그을리고 주름져 있었습니다. 이들 중에는 아잔 차 스님이 어린 시절에 함께 개구리를 잡고 나무를 오르던 친구들도 있었습니다. 그리고 그가 출가하기 전 매년 함께 볍씨를 뿌리고, 우기가 끝날 때 들판에서 함께 수확하던 이웃들도 있었습니다.

뒤쪽 한편에는 독일 프라이부르크에서 불교를 연구하는 한 여교수가 동료와 함께 와 있었습니다. 그녀를 안내하고 통역하기 위해 미국인 여자 수행자가 사찰의 여자 구역에서 건너왔습니다.

그들 옆에는 여자 수행자들이 서너 명 앉아 있었습니다. 그들은 여성 공동체에 관한 문제에 대해 아잔 차 스님에게 조언을 얻고, 전체 여자 수행자들에 대한 법문을 청하기 위해 왔습니다. 그들은 이곳에 온 지 이미 몇 시간이 지나, 여자 구역에서 온 다른 방문객들과 함께 예를 표하고 자리를 떴습니다. 어두워지기 전에 돌아가야 했는데 그들은 이미 조금 늦었습니다.

뒤쪽 근처에 굳은 표정을 한 삼십대 사내가 불빛 가장자리에 앉아 있었습니다. 그는 몸을 한쪽으로 반쯤 틀고 있었는데, 불편해하고 주저하는 듯 보였습니다. 그는 이 지역의 건달이었습니다. 그는 모든 종교적인 것들을 경멸했지만, 아잔 차 스님에게만은 존경심을 품고 있었습니다. 아잔 차 스님은 강인함과 인내심으로 명성이 높았기에 종교인들 중에서도 그분만은 진짜일지도 모른다고 그는 생각했습니다.

그는 화가 나고 가슴이 아팠습니다. 일주일 전, 조직을 함께 운영하고 수많은 위험을 함께했던 남동생이 뇌염에 걸려 죽었습니다. 그때부터 그는 심장이 창으로 찔리는 듯했습니다. 세상 모든 것들이 향기를 잃었습니다.

"동생이 칼에 찔려 죽었다면 복수라도 할 텐데. 동생을 문 모기를 쫓아가 죽여야 할까?"

그때 한 친구가 이렇게 말했습니다.

"아잔 차 스님을 찾아뵙는 게 어떤가?"

그래서 그는 여기에 있습니다.

아잔 차 스님은 컵을 들고 활짝 웃으며 비유를 하고 있었습니다. 그는 어둠 속에 굳은 표정으로 앉아 있는 젊은이를 보았습니다. 그는 거칠고 영리한 고기를 낚듯 그 젊은이를 구슬려 앞으로 오게 했습니다. 잠시 후 그 거친 사내는 아잔 차 스님의 손에 머리를 파묻고 아기처럼 울고 있었습니다. 그러고는 자신의 오만과 집착에 웃음을 터뜨렸습니다. 그는 사랑하는 이를 잃은 사람이 자기만이 아니라는 걸 깨달았습니다. 분노와 슬픔의 눈물이 안도의 눈물로 바뀌었습니다.

스무 명 남짓한 낯선 사람들이 둘러싼 가운데 이 모든 일들이 일어났지만, 분위기는 편안했고 신뢰감이 감돌았습니다. 이 자리에 모인 사람들은 각자 다른 삶을 걸어왔고 국적도 달랐지만, '도반'으로 이 순간 이곳에서 모두 하나가 되었습니다. 불교적인 표현을 쓰자면, '늙음, 병듦, 죽음의 형제와 자매'로 모두 한 가족이 되었습니다.

아잔 차 스님이 가르침을 펼친 30년 동안 이런 일들이 수없이 벌어졌습니다. 이럴 때 선견지명 있던 사람들이 녹음기를 가져와 아잔 차 스님의 법문을 녹음하기도 했습니다. 그렇게 녹음된 가르침이 이 책에 담겨 있습니다.

아잔 차 스님은 이 책에 담겨 있듯 긴 가르침도 주었지만, 특히 일상적인 대화에서 즉흥적이고 예측 불가능한 가르침을 주기도 했습니다. 그는 조화로운 소리를 이끌어낼 뿐 아니라 함께 있는 사람들의 성품과 기분에 완벽히 반응하며 소리를 만드는 음악의 대가 같았습니다. 그는 사람들의 말과 느낌 그리고 의심들을 가슴에 녹여내, 자신의 마음에서 그에 대한 반응이 자유롭게 흘러나오게 했습니다.

어떤 부류의 대중이 주위에 모이든, 그는 망고를 까는 바른 방법과 그른 방법에 대해 이야기하다가도, 다음 순간에는 이와 유사한 궁극적 실재의 본질을 설명했습니다. 거만한 이들에게는 퉁명스럽고 냉정했지만, 수줍어하는 이들에게는 따뜻하고 친절했습니다. 그는 마을의 옛친구와 농담을 주고받다가도, 부패한 경찰서장을 보며 수행에 있어 정직의 중요성에 대해 간절히 말했습니다. 승복을 단정하게 입지 않은 비구들을 꾸짖었지만, 이내 자신의 승복이 어깨에서 흘러내려 볼록한 배가 드러나기도 했습니다. 수준 높은 철학적 토론을 기대하며 학술적인 질문을 하면, 아잔 차 스님은 틀니를 빼서 시자에게 건네며 씻어오라고 했습니다. 깨끗한 틀니를 끼울 때까지 그는 잇몸을 덮고 있는 두꺼운 입술에서 나오는 위대한 스승의 심오한 질문에 답해야 했습니다.

이 책에는 이처럼 즉흥적으로 펼친 법문이 담겨 있으며, 비구들의 계율을 암송한 뒤 혹은 매주 재일(齋日)날 밤 모든 출가자와 재가자들을 대상으로 펼친 법문도 담겨 있습니다. 전자의 경우든 후자의 경우든 아잔 차 스님은 결코 법문을 미리 준비하지 않았습니다. 이 책에 담긴 단 한 마디조차도 그가 입을 열기 전에 미리 준비한 것은 없습니다. 그는 이것을 정말 중요한 원칙으로 여겼습니다. 그는 길을 벗어나 그 순간의 필요에 따라 법이 일어나게 하는 것이 스승의 역할이라고 생각했습니다.

"현재 살아 있지 않다면 법이 아니다."

그는 이렇게 말하곤 했습니다.

그는 젊은 수메도 스님(최초의 서양인 제자)을 불러 파퐁 사원 큰 법당에서 법문하도록 한 적이 있습니다. 이는 정말 힘든 시험이었습니다. 그는 아잔 차 스님의 수준 높은 위트와 지혜에 익숙한 200명의 사람들 앞에서, 배운 지 3, 4년 밖에 되지 않은 태국어로 법문을 해야 했습니다. 그의 마음은 두려움과 생각들로 가득찼습니다. 그는 불교 세계관에서의 여섯 세계와 정신적 상태의 연관성에 대해 읽은 적이 있었습니다. 그는 이것이 좋은 주제라 여기고, 적절한 내용을 곰곰이 생각했습니다. 그는 자신이 법문을 썩 괜찮게 했다고 생각했고, 다음날 많은 스님이 그의 법문에 고마워했습니다. 그는 안심했고 자신이 대견하게 느껴졌습니다. 나중에 그가 개인적으로 아잔 차 스님을 만났을 때, 아잔 차 스님은 그를 빤히 쳐다보며 부드럽게 말했습니다.

"다시는 그런 법문을 하지 말게."

이런 유형의 가르침은 유독 아잔 차 스님의 방식이 아니라 태국 숲속 전통에서 행해지는 방식입니다.

2002년 1월 16일

아바야기리 사원에서 아마로 비구

* **옮긴이 주**: 원서의 서문을 한국어판에서는 편의상 '서문 1, 2'로 구분해 1, 2권에 나누어 실었습니다. 2권에 이어지는 '서문 2'에서는 특히 아잔 차 스님의 지혜가 나온 배경을 이해하는 데 도움이 되는 태국 숲속 전통의 특징과 기원에 대해 설명합니다.

차례

반조, 마음을 비추다 1

서문 2

4부 초월

1장
마음

|

마음에는 잘못이 전혀 없습니다. 마음은 본래 깨끗하고, 마음 안은 고요합니다. 요즘 들어 마음이 평화롭지 않다면 '감정'을 좇았기 때문입니다. 이것은 자연스러운 현상일 뿐 마음의 탓이 아닙니다. 감정이 마음을 속이기에, 평화롭기도 하고 동요하기도 합니다. 훈련되지 않은 마음은 어리석습니다. 감각의 자극이 마음을 속여 행복과 괴로움, 기쁨과 슬픔을 일으킵니다. 하지만 그 어느 것도 마음의 본질은 아닙니다. 기쁨이나 슬픔은 마음이 아니라 우리를 속이는 감정일 뿐입니다. 훈련되지 않은 마음은 길을 잃어버리고 그러한 감정을 좇으며, 결국 스스로를 망각합니다. 그래서 우리는 '화가 났다' 혹은 '편안하다'라는 감정이 우리 자신이라고 생각하곤 합니다.

그러나 원래의 마음은 흔들림 없이 평화롭습니다. 정말 평화롭습니다. 바람이 불지 않으면 나뭇잎이 멈추는 것처럼 말입니다. 바람이 불면 나뭇잎이 흔들립니다. 그 흔들림은 바람 때문입니다. 마찬가지로, 감각의 자극 때문에 마음이 흔들립니다. 마음이 감각의 자극을 좇았기 때문입니다. 감각의 자극을 좇지 않으면 흔들리지 않습니다. 감각 자극의 본질을 완전히 이해하면 흔들리지 않습니다.

명상은 오직 '본래의 마음'을 보기 위한 것입니다. 우리는 마음을 훈련해 감각의 자각을 이해해야 합니다. 그러면 그 안에서 길을 잃지 않고 평화로워질 것입니다. 바로 이것이 힘들게 명상을 하는 목적입니다.

2장

명상의 길

|

우리는 여러 스승과 스님들로부터 부처님의 가르침을 배웁니다. 어떤 가르침은 너무 광범위하고 모호해서 일상에서 명상법으로 활용하기가 어렵습니다. 고상한 언어나 전문용어로 가르쳐서 사람들이 이해하기 어려운 경우도 있습니다. 경전에 있는 것을 문자 그대로 가르칠 때 특히 그렇습니다. 한편 균형 있게 가르침을 전하기도 합니다. 모호하지도 심오하지도 않고 지나치게 광범위하지도 난해하지도 않아서, 듣는 사람이 쉽게 이해하고 실천할 수 있어 효과를 얻을 수 있는 경우입니다. 여기서 저는 제자들에게 주로 전한 가르침을 나누려 합니다.

부처님의 가르침을 얻으려는 이

부처님의 가르침을 얻으려는 이는 '믿음'으로 기초를 다져야 합니다. 부처님의 가르침이 지닌 의미는 다음과 같습니다.

> 부처님: '아는 자', 즉 마음속에 순수, 빛, 평화를 지닌 자.
> 가르침: 덕행, 삼매, 지혜로 생기는 순수, 빛, 평화의 특성.

따라서 부처님의 가르침을 깨닫고자 하는 이는 덕행을 닦고 삼매, 지혜를 계발해야 합니다.

부처님 법으로 가는 길

가만히 앉아서 길을 떠나려고 생각만 하는 사람은 '집'에 돌아갈 수 없습니다. 바른 방향으로 한 발 한 발 내디뎌야 합니다. 잘못된 길로 가면 늪지 같은 장애물을 만나 어려움을 겪을 것입니다. 어쩌면 곤경에 처해서 영영 집에 돌아가지 못할지도 모릅니다. 집에 도착하면 편안하게 쉬고 잠도 잘 수 있습니다. 집은 몸과 마음이 휴식하는 장소입니다. 그런데 여행자가 자기집을 지나치거나 비켜 간다면 아무리 오래 여행을 해도 보람이 없을 것입니다.

부처님의 가르침에 이르는 것도 마찬가지입니다. 이것은 스스로가 걸어가야지, 누구도 대신해줄 수 없습니다. 덕행을 닦고 삼매와 지혜의 바른길을 걸어야 합니다. 그 길을 걸으면 마침내 여정의 결실로서 마음의 순수, 빛, 평화의 축복을 얻을 것입니다.

불교 서적이나 경전만 읽고 설법만 들어서는 안 됩니다. 이것은 여행을 하려고 지도를 준비하고 계획을 세우는 것과 같습니다. 그렇게 해서는 백번 다시 태어나더라도 마음의 순수와 빛 그리고 평화를 이해하지 못합니다. 헛되이 시간만 낭비하고 명상의 결과를 얻지 못할 것입니다. 스승은 방향을 가리킬 뿐입니다. 명상을 하며 그 길을 걷고 명상의 결실을 얻는 것은 전적으로 자신에게 달려 있습니다.

다른 방법으로 생각해볼 수도 있습니다. 명상은 의사가 환자에게 주는 약병과 같습니다. 약병에는 복용법이 자세히 적혀 있습니다. 하지만 환자가 약은 먹지 않고 복용법만 읽는다면, 수백 번을 읽어도 결국 죽고 말 것입니다. 그는 약의 효험은 보지 못하고 죽을 때 불만을 토해낼 것입니다. "그 의사는 실력 없는 돌팔이였어. 약도 효험이 없는 무용지물이었고." 그는 약의 복용법만 읽었을 뿐 의사의 지시에 따라 약을 복용하지 않았습니다.

의사가 처방한 대로 꾸준히 약을 먹으면 병이 나을 것입니다. 병이 심각하다면 약을 많이 먹어야 하고, 그렇지 않다면 약을 조금만 먹어도 나을 것입니다. 약을 많이 먹어야 한다면 그건 병이 심하기 때문입니다. 곰곰이 생각해보면 이는 자연스러운 일임을 알 수 있습니다.

의사는 약을 처방해서 '몸의 병'을 치료합니다. 부처님의 가르침은 '마음의 병'을 치유하여 자연적인 건강 상태로 되돌리는 처방입니다. 부처님은 마음의 병을 치료하는 약을 처방하는 의사와 같습니다. 사실 그는 세상에서 가장 뛰어난 의사입니다.

우리는 누구나 예외 없이 마음의 병을 가지고 있습니다. 마음이 병들었다면 법을 치료약으로 삼아야 하지 않을까요? 부처님 가르침의 길은 '몸이 아닌, 마음으로 걸어야 하는 길'입니다. 이 길은 수행자의 수준에 따라 세 단계로 나눌 수 있습니다.

첫번째 단계는, 초보 단계의 '불교 수행자'입니다. 그들은 명상을 하는 이유를 이해하고 그 방법도 압니다. 그들은 부처님과 가르침과 승단에 귀의해 그 가르침에 따라 부지런히 명상하기를 결심하고, 관습과 전통을 습관적으로 따르지 않고 이성으로 세상의 본질을 살핍니다.

두번째 단계는, 중간 단계에 이른 '예류자(預流者), 일래자(一來者), 불환자(不還者)' 혹은 간단히 '성자'로 불리는 이들입니다. 그들은 부처님과 가르침과 승단의 가르침에 흔들림 없는 믿음을 가지고 있습니다. 그들은 모든 조합된 것들의 진정한 본질을 꿰뚫었습니다. 그래서 서서히 집착을 제거하면서 어떤 것에도 매달리지 않고 법에 대한 깊은 이해에 이릅니다.

마지막 단계는, 최고 단계에 이른 '아라한' 혹은 '완전한 이'입니다. 그들은 부처님의 몸과 말과 마음에 도달한 이들입니다. 그들은 세속을 초월하고 세상에서 자유로우며 모든 집착에서 벗어나 있습니다.

덕행을 닦는 방법

덕행은 말과 행동을 절제하고 훈련하는 것입니다. 형식적으로는 스님들과 재가자들이 지켜야 할 계율에 단계가 나뉘어 있지만, 보편적으로 '의도'라는 하나의 기본 원리가 존재합니다. '알아차림'과 '바른 이해'가 있으면, '바른 의도〔正思惟〕'를 갖게 됩니다. 그래서 '알아차림'과 '바른 이해'를 훈련하면 덕행이 계발됩니다.

더러운 몸에 더러운 옷을 걸치면 마음이 불편하고 의기소침해집니다. 하지만 깨끗한 몸에 단정하고 청결한 옷을 걸치면 마음도 가볍고 상쾌해집니다. 마찬가지로, 덕행을 실천하지 않으면 말과 행동이 바르지 못하고 마음이 불행하고 괴롭고 무거워집니다. 그리고 결국 바른 명상에서 벗어나 법의 핵심을 통찰할 수 없습니다. 말과 행동은 마음에 달려 있습니다. 마음을 잘 훈련하면 유익한 말과 행동을 계발할 수 있습니다. 그래서 자신의 마음을 끊임없이 훈련해야 합니다.

삼매 수행

삼매를 닦으면 마음이 동요하지 않습니다. 삼매는 마음을 평화롭게 만듭니다. 훈련되지 않은 마음은 끊임없이 움직이고 불안해서 다루기 어렵습니다. 물이 낮은 곳으로 떨어지며 여기저기로 흐르는 것처럼, 마음이 감각을 좇으며 산란해집니다. 농학자나 기술자들은 물을 다스려 사회에 큰 이익을 주는 방법을 압니다. 그들은 댐을 쌓고 큰 저수지와 운하를 만듭니다. 이처럼 물길을 내어 물을 유용하게 활용합니다. 저장된 물로 전기를 생산하고 그 전기로 전등을 켭니다. 또한 수량을 조절해 물살이 너무 세게 흐르지 못하게 하거나 저지대가 침수되지 않도록 합니다.

마음도 잘 조절하고 꾸준히 훈련하면 헤아릴 수 없는 이익을 얻을 수 있습니다. 부처님은 이런 가르침을 주셨습니다. "잘 조절된 마음은 진정한 행복을 가져온다. 그러니 최상의 이익을 위해 마음을 훈련하라." 코끼리, 말, 소 같은 동물들에게 일을 시키려면 먼저 훈련을 시켜야 하는 것처럼 말입니다. 그래야만 그들의 힘이 우리에게 이익이 됩니다.

훈련된 마음은 훈련되지 않은 마음보다 훨씬 큰 축복을 가져옵니다. 부처님과 그의 성스러운 제자들도 원래는 우리처럼 마음이 훈련되지 않았습니다. 하지만 나중에 그들은 모두에게 존경받게 되었습니다. 그리고 우리는 그들의 가르침에서 큰 도움을 얻었습니다. 마음을 훈련하여 세속을 초월한 자유를 얻은 이들이 세상 모든 이들에게 얼마나 많은 이익을 주었는지 생각해보십시오. 마음이 훈련되면, 어떤 직업을 갖고 있든 어떤 상황에 처하든 더 잘 대처할 수 있습니다. 훈련된 마음은 분별력을 갖추게 하고, 보다 수월하게 일하게 하며, 우리의 행동을 다스릴 수 있는 이성을 계발하고 기르게 합니다. 결국 더 행복해집니다.

마음은 다양한 방법으로 훈련할 수 있습니다. 모든 사람들에게 가장 적합한 방법은 '호흡명상'입니다. 호흡명상은 '들숨과 날숨에 대한 알아차림을 계발'하는 명상법입니다.

호흡명상을 할 때는 '붓도(부처님)'를 마음속으로 생각하며 코끝에 주의력을 두고 들숨과 날숨을 알아차립니다. '붓도' 대신 다른 단어를 생각해도 되고, 그냥 들어오고 나가는 호흡의 움직임만 알아차려도 괜찮습니다. 자신에게 맞게 명상하십시오. 현재 이 순간에 일어나는 각각의 들숨과 날숨을 알아차리십시오. 이것이 명상의 핵심입니다. '걷기명상'을 할 때는 발이 땅바닥에 닿는 감각을 지속적으로 알아차리려 노력하십시오.

명상의 결실을 얻으려면 꾸준히 노력해야 합니다. 하루 동안 명상하고 나서 한두 주 혹은 한 달이 지나서야 다시 명상해서는 좋은 결과를 얻을 수 없습니다. 부처님은 꾸준하고 부지런히 명상하라고 하셨습니다. 명상을 효과적으로 하려면 먼저 산만하지 않은 고요한 장소로 가야 합니다. 정원이나 뒤뜰의 나무 그늘 아래 혹은 홀로 있을 수 있는 장소 등이 명상에 적절한 환경입니다. 스님이라면 오두막이나 고요한 숲 혹은 동굴 등이 될 수 있습니다. 특히 산은 명상에 아주 적합한 환경을 제공해줍니다.

어떤 곳에 있든 들숨과 날숨을 지속적으로 알아차리려 노력해야 합니다. 명상 주제에서 주의력이 벗어나면 주의력을 다시 몰입의 대상으로 끌고 오십시오. 그리고 다른 모든 생각과 근심을 던져버리십시오. 다른 아무것도 생각하지 말고 그저 호흡을 지켜보십시오. 생각이 일어나면 바로 알아차리고, 끊임없이 명상 주제로 되돌아가십시오. 그러면 마음은 점점 더 고요해질 것입니다. 마음이 평화롭게 몰입되면 몰입의 대상인 호흡을 놓아버리십시오.

이제 오온(五蘊: 물질, 느낌, 인식, 정신적 형성, 의식)으로 이루어진 몸과 마음을 관찰하십시오. 오온의 나타남과 사라짐을 숙고하십시오. 그러면 오온이란 무상하고, 무상하기에 불만족스러우며 바람직하지 않다는 것을 명확하게 알게 될 것입니다. 이 모든 것들을 통제하는 '자아'는 존재하지 않고, 인과에 따라 오온이 자연적으로 나타났다 사라진다는 것을 이해할 것입니다. 이 세상의 모든 것들은, '무상하고 불만족스러우며 영원한 자아가 없다'는 속성을 가지고 있습니다. 이런 관점에서 모든 존재들을 지켜보면, 오온에 대한 집착이 점점 줄어들 것입니다. 세상의 진정한 속성들을 보았기 때문입니다. 이를 두고 지혜가 일어난다고 합니다.

지혜의 계발

지혜란 다양한 방식으로 나타나는 몸과 마음의 진실을 보는 것입니다. 훈련되고 집중된 마음으로 오온을 살펴보면, 몸과 마음이 무상하고 불만족스러우며 '나'라고 할 것이 없음을 명확히 알 수 있습니다. 오온으로 결합된 몸과 마음을 지혜로 관찰하면 거기에 집착하거나 매달리지 않게 됩니다. 무엇을 받아들이든 알아차림을 가지고 받아들이게 됩니다. 그래서 지나치게 기뻐하지 않습니다. 내 것이 부서지거나 사라지더라도 불행에 빠지거나 고통스러워하지 않습니다. 모든 것들이 영원하지 않음을 잘 알고 있기 때문입니다. 또한 마음이 잘 훈련되면 병에 걸리거나 어떤 고통을 겪더라도 평정심을 유지할 수 있습니다. 훈련된 마음이야말로 진정으로 의지할 곳입니다.

지혜는 일어나는 모든 것들의 속성을 제대로 아는 것입니다. 알아차림과 삼매로 지혜를 기릅니다. 삼매는 도덕성 혹은 덕행을 바탕으로 일어납니다. 이 세 가지, '덕행, 삼매, 지혜'는 서로 밀접하게 연관되어 있어서 따로 분리할 수 없습니다. 명상은 이렇게 진행됩니다. 먼저 호흡에 주의력을 두면서 마음을 훈련합니다. 이렇게 덕행을 계발합니다. 지속적으로 호흡명상을 하면, 마음이 고요해지고 삼매에 들게 됩니다. 그런 뒤 반조(返照)하면 호흡이 무상하고 불만족스러우며 '나'라고 할 것이 없음을 깨닫게 됩니다. 그러면 집착에서 벗어납니다. 이것이 지혜가 일어나는 것입니다. 이와 같이 호흡명상이 덕행과 삼매 그리고 지혜를 계발한다고 말할 수 있습니다. 이 세 가지는 함께 일어납니다.

'덕행, 삼매, 지혜'를 모두 계발하는 것이 팔정도 수행입니다. 부처님께서 가르치신 이 수행을 통해서만 괴로움에서 벗어날 수 있습니다. 팔정도 수행을 제대로 하면 열반, 즉 완전한 평화에 이릅니다. 그래서 팔정도 수행을 최고로 칩니다.

명상의 효과

앞서 말한 바와 같이 명상의 결실은 다음 세 단계로 나타납니다.

첫번째는 '믿음을 지닌 불자' 단계의 수행자로 부처와 법,

승단에 대한 믿음이 커지는 단계에 이른 사람들입니다. 이러한 믿음이 그들의 진정한 내면적 지주가 됩니다. 그들은 모든 일에서 인과의 법칙을 이해합니다. 좋은 행동은 좋은 결과를 낳고, 좋지 못한 행동은 좋지 못한 결과를 낳습니다. 이러한 수행자들은 행복과 정신적 평화에 이르는 데 있어 큰 발전이 있습니다.

두번째는 '흐름에 들어선 자', '한번 돌아온 자', '돌아오지 않는 자'라는 고결한 단계에 이른 사람들로 부처와 법, 승단에 대해 흔들림 없는 믿음을 쌓은 이들입니다. 그들은 희열을 느끼며 해탈의 경지로 나아갑니다.

세번째는 '아라한' 또는 '완전한 이'에 이른 수행자들로, 그들은 모든 고통에서 벗어나 행복을 느낍니다. 그들은 영적 수행을 마친 이들로 세상으로부터 자유롭습니다.

우리는 인간으로 태어나 부처님의 가르침을 들을 수 있는 행운을 누리고 있습니다. 수백만의 다른 존재들은 이런 기회를 갖지 못합니다. 그래서 부주의하거나 방심하지 말고 유익한 법을 서둘러 계발해야 합니다. 헛되이 시간을 낭비하지 말고 선을 행하며, 명상의 길로 들어서야 합니다. 바로 지금, 부처님의 가르침과 진리의 길에 오르십시오.

라오스 사람들이 자주 하는 말로 법문을 마치려 합니다.

"환락과 쾌락의 시간은 지나갔다. 이제 곧 날이 저물지니. 눈물에 취해 지켜보라. 머지않아 여행을 마치기에는 너무 늦으리."

1부

덕행

3장
명상하는 삶

대부분 사람들은 여전히 명상의 본질을 알지 못합니다. 그들은 걷기명상이나 좌선, 혹은 법문 듣는 것이 명상이라고 생각합니다. 이것도 틀린 말은 아니지만 이런 것들은 명상의 껍데기일 뿐입니다. 마음이 감각 대상과 마주쳤을 때 진짜 명상을 할 수 있습니다. 싫은 얘기를 들으면 화가 나고, 좋은 얘기를 들으면 즐거워하는 그곳에서 명상이 시작됩니다. 그러면 어떻게 이런 것들로 명상을 할 수 있을까요? 행복을 좇으며 고통에서 도망치려고만 하면, 죽는 날까지 명상을 해도 부처님의 가르침을 결코 깨닫지 못합니다. '기쁨과 고통이 일어날 때, 어떻게 법으로 기쁨과 고통에서 벗어날 수 있을까?' 이것이 명상의 핵심입니다.

사람들은 일반적으로 불쾌한 상황에 부딪히면 마음을 닫

습니다. 예를 들어, 남들에게 비난을 받으면 이렇게 반응합니다. "날 귀찮게 하지 마세요! 왜 날 비난하죠?" 이는 마음을 닫아버린 사람의 반응입니다. 바로 여기서 명상을 해야 합니다. 사람들이 비난을 하면 그들이 진실을 말하고 있는지를 들어봐야 합니다. 마음을 열고 그들의 말을 진지하게 생각해 봐야 합니다. 어쩌면 그들 말처럼 비난받을 만한 점이 있을지도 모릅니다. 하지만 그들이 옳아도 우리는 바로 기분이 상합니다. 사람들이 잘못을 지적하면 고맙게 여기며 자신을 향상시킬 기회로 삼아야 합니다. 현명한 사람은 이렇게 명상합니다.

혼란에서 평화가 생깁니다. 혼란을 이해해 통찰하면 평화만이 남습니다. 어떤 사람들은 너무 오만해서 비난을 받아들이지 못합니다. 그래서 그들은 논쟁합니다. 어른이 아이를 대할 때 그러는 경우가 많습니다. 사실 아이들도 때로는 똑똑한 말을 합니다. 하지만 아이 엄마는 아이에게 지기 싫어 그 말을 받아들이지 못합니다. 선생님이 모르는 것을 학생이 말할 수도 있지만, 선생님은 학생의 말을 받아들이지 않습니다. 이런 태도는 옳지 않습니다.

부처님의 제자인 사리뿟따 존자는 영리한 분이었습니다. 하루는 부처님께서 그에게 법을 설하고 이렇게 물었습니다. "사리뿟따, 그대는 이것을 믿느냐?" 사리뿟따가 대답했습니다. "저는 아직 믿지 않습니다." 부처님께서는 그를 칭찬하며 말했습니다. "훌륭하구나, 사리뿟따. 그대는 지혜로운 사람이다. 지혜로운 사람은 쉽게 믿지 않는다. 지혜로운 사람은 마음을 열고 듣고 나서 진실인지를 판단하여 믿을지 말지를 결정한다."

부처님은 훌륭한 스승의 본보기를 보여주셨습니다. 사리뿟따 존자의 말은 진실이었습니다. 그는 자신이 느낀 그대로 말했을 뿐입니다. 가르침을 믿지 않는다고 말하면 스승의 권위를 의심하는 듯이 여겨지므로 어떤 이들은 그런 얘기를 꺼려합니다. 그들은 그냥 동의하고 받아들입니다. 하지만 부처님은 화내지 않았습니다. 그는 잘못이 아닌 것은 부끄러워할 필요가 없다고 했습니다. 믿지 않는데 믿지 않는다고 말하는 것은 잘못이 아닙니다. 누군가의 스승이 되는 이들은 부처님의 이런 모습을 본보기로 삼아야 합니다. 때로는 어린아이에게서도 배울 수 있습니다. 지위를 보고 맹목적으로 판단해선 안 됩니다.

서 있을 때나 앉아 있을 때나 걷고 있을 때나 주위의 모든 것들로부터 배울 수 있습니다. 자연스럽게 배우십시오. 형상, 소리, 냄새, 맛, 느낌, 생각 등 모든 것들을 받아들이십시오. 지혜로운 사람은 모든 것에 주의를 기울입니다. 본격적으로 명상을 하면, 어떤 근심도 마음을 짓누르지 않는 단계에 이룹니다.

좋아하는 느낌과 싫어하는 느낌을 아직 알지 못하면, 마음이 여전히 불안합니다. 하지만 진실을 알면 이렇게 반조할 것입니다. '그래, 좋아함과 이 느낌은 아무 관계가 없어. 좋아함은 일어났다 사라지는 느낌일 뿐이야. 싫어함도 그냥 일어났다 사라지는 느낌일 뿐이야. 왜 사라질 것들에 신경써야 하지?'

기쁨과 고통을 '나의 것'으로 생각하면 문제에 빠집니다. 그리고 기쁨과 고통이 끝없는 먹이사슬이 되어 반복됩니다. 대부분 사람들은 이렇습니다.

그런데 요즘 스승들은 법문을 할 때 마음에 대해 별로 이야기하지 않습니다. 그들은 진리에 대해 말하지 않습니다. 진리를 말하면 오히려 반감을 삽니다. "저 사람은 시간과 장소를 가릴 줄 모르는군. 제대로 법문을 할 줄 모르는군."

그러나 우리는 진리에 귀기울여야 합니다. 참된 스승은 머리로 하는 말이 아닌 진리를 말해야 합니다. 속세의 사람들은 머리로만 말할 뿐 아니라 자화자찬까지 합니다. 진정한 스님이라면 이런 식으로 말해서 안 되며, 있는 그대로의 진리를 말해야 합니다.

법을 이해했다면 법에 따라 명상해야 합니다. 명상하기에 출가 생활이 이상적이기는 하지만 그렇다고 출가할 필요는 없습니다. 제대로 명상을 하려면 가족과 소유물을 버리고 세속을 떠나 숲으로 가야 합니다. 이것이 명상하기에 이상적인 환경입니다. 그렇지만 가족과 책임이 있는 사람은 어떻게 명상해야 할까요? 어떤 사람은 재가자가 명상하는 것은 불가능하다고 말합니다. 하지만 출가자보다 재가자들이 훨씬 많습니다. 출가자만 명상하고 재가자는 명상하지 않으면 엄청난 혼란이 생길 것입니다. 출가자만 명상할 수 있다는 것은 잘못된 견해입니다. 출가해서 스님이 되는 것이 핵심이 아닙니다! 명상을 하지 않는다면 스님이 되어도 아무런 의미가 없습니다. 명상을 제대로 이해한다면 어떤 직위와 직업을 가졌든, 선생님이든 의사든 공무원이든, 매일 매 순간 명상할 수 있습니다.

재가자라서 명상을 하지 못한다는 것은 명상의 길을 완전히 벗어난 생각입니다. 그러면 다른 일은 어떻게 합니까? 무언가 부족하다고 느끼면 사람들은 의욕을 갖고 노력해서 그것을 채우려 합니다. 의지만 있으면 무엇이든 할 수 있다는 말입니다. 어떤 이는 명상할 시간이 없다고 말합니다. 그러면 저는 숨쉴 시간은 있는지 물어봅니다. 명상은 기진맥진할 때까지 뛰어다니는 것이 아닙니다. 명상은 그저 일어나는 느낌을 관찰하는 것입니다. 눈으로 형상을 보고 귀로 소리를 듣고 코로 냄새를 맡습니다. 이런 감각들은 마음, 즉 '아는 자'

에게 옵니다. 마음이 이런 감각들을 인식하면 어떻게 될까요? 경험하는 대상을 좋아하면 기쁨이 일어나고, 그 대상을 싫어하면 불쾌감이 일어납니다. 이게 전부입니다.

이 세상 어디서 행복을 찾고 있습니까? 모든 사람들에게 평생 좋은 얘기만 듣기를 바라나요? 그게 가능할까요? 불가능하다면 이제 어떻게 해야 할까요?

세상은 본래 그런 곳입니다. 그래서 이 세상과 이 세상의 진실을 알고, 세상을 명확히 이해해야 합니다. 부처님은 이 세상에서 사셨습니다. 그분도 가정생활을 경험했지만, 그 한계를 알고 가정에 대한 집착을 버렸습니다. 그러면 재가자로서 어떻게 명상해야 할까요? 명상을 하려면 명상의 길을 따르려 노력해야 합니다. 꾸준히 명상하면 이 세상의 한계를 깨닫고 놓아버릴 수 있습니다.

술을 좋아하는 사람들은 "나는 술을 못 끊을 거야"라고 말하곤 합니다. 그들은 왜 술을 끊지 못할까요? 술의 해로움을 깨닫지 못하기 때문입니다. 어떤 것의 해로움을 알지 못하면 그것을 버려서 얻게 되는 이익도 알지 못합니다. 이런 식으로 명상하는 것은 그저 놀이 수준에 불과해 결실을 얻을 수 없습니다. 하지만 어떤 것의 해로움과 이로움을 명확하게 안다면, 다른 사람들이 말해줄 때까지 기다릴 필요도 없습니다.

통발에 뭔가가 잡혔다는 걸 안 어부를 생각해보십시오. 어부는 통발 속에서 파닥거리는 소리를 듣고 어떤 것이 잡혔다는 걸 알아차립니다. 고기라고 생각하고 통발 속에 손을 넣어보지만 어쩌면 다른 것일지도 모릅니다. 뭔지 아직 보지 못해서 어부는 망설입니다. 장어일 수도 있지만 뱀일지도 모릅니다. 던져버리자니 장어일 것 같아 망설여지고, 그렇다고 손을 넣어 잡자니 뱀에 물릴까봐 걱정이 됩니다. 하지만 장어이길 바라는 욕심이 크다보니 잡은 것을 물 밖으로 꺼내고, 줄무늬 뱀을 보는 순간 곧바로 그것을 던져버립니다. "뱀이에요! 버려요!"라고 다른 사람들이 소리칠 필요조차 없습니다. 왜일까요? 어떻게 해야 한다는 말보다 눈으로 뱀을 보는 것이 어떻게 해야 할지를 명확하게 알려주기 때문입니다. '뱀이 물 수도 있다!'는 위험한 상황을 스스로 알아차립니다. 뱀을 던져버리라고 누가 말해줄 필요가 있을까요? 마찬가지로 명상을 해서 모든 것들을 있는 그대로 볼 수 있으면 해로운 일에 전혀 관여하지 않을 것입니다.

하지만 사람들은 보통 이렇게 명상하지 않습니다. 늙음과 병듦과 죽음에 대해 반조하지 않습니다. "어떻게 하면 늙지 않을까? 죽지 않을까?"에 대해서만 얘기합니다. 그래서 명상의 바른 감각을 계발하지 못합니다. 그들은 법문을 들어도 귀를 기울이지 않습니다.

이따금 저는 중요한 행사에 초청되어 법문을 합니다. 하지만 그런 자리에는 그다지 가고 싶지 않습니다. 그곳에 모인 사람들을 보면 그들이 법을 들으러 온 게 아님을 알 수 있습니다. 어떤 이는 술냄새를 풍기고, 어떤 이는 담배를 피우고, 어떤 이들은 잡담을 합니다. 그들은 법에 대한 신심으로 온 사람으로 보이지 않습니다. 이런 곳에서는 법문을 해도 별 효과가 없습니다. 부주의함에 빠진 사람은 보통 이런 생각을 하며 마음이 온 사방을 헤맵니다. '언제쯤 법문이 끝날까? 이 것도 해서는 안 되고, 저것도 해서는 안 되고…… 이런 말뿐 이군.'

어떤 때는 그냥 구색을 맞추려고 저를 초청합니다. "스님, 법문은 짧게 부탁드립니다." 그들은 제가 길게 법문하는 것을 원치 않습니다. 법문이 길면 싫어합니다. 이런 얘기를 들 으면 그들이 어떤 사람인지 알 수 있습니다. 그들은 법에 관해 듣는 걸 좋아하지 않습니다. 그들은 법을 성가시게 여깁니다. 하지만 법문을 짧게 하면 그들은 이해하지 못합니다. 음식을 조금 먹었는데 어떻게 배가 부르겠습니까?

때로는 어떤 주제에 대해 법문을 막 시작하자마자 주정꾼이 소리칩니다. "자, 길을 내주세요, 길을. 이제 스님이 나가 십니다!" 나를 쫓아내려는 것입니다. 이런 사람을 만나면 생 각해볼 거리가 많이 생겨 인간에 대한 통찰을 얻게 됩니다. 이는 물이 가득찬 병을 가지고 와서 물을 더 달라고 하는 격입니다. 더 담을 공간이 없어서 병에 물을 더 부으면 물은 그냥 넘쳐 흘러버립니다. 마음이 뭔가로 이미 가득찬 사람을 가르치는 것은 시간과 에너지 낭비입니다. 저는 열심히 받아들이려 노력하지 않는 사람을 가르치려고 애쓰지 않습니다. 물병에 빈 공간이 있어야 주는 이나 받는 이 모두에게 유익합니다.

요즘은 법문을 하면 이렇게 되기가 쉽습니다. 갈수록 상황이 더 악화됩니다. 사람들은 진리를 찾지 않습니다. 그들은 생계를 유지하고, 가족을 부양하고, 자기 앞가림에 필요한 지식만 얻으려고 공부합니다. 생계를 위해 공부하는 것입니다. 법에 대해서는 별로 공부하지 않습니다. 요즘 학생들은 이전 세대보다 훨씬 많은 지식을 갖고 있습니다. 그들은 필요한 모든 것을 가지고 있습니다. 그래서 훨씬 편리합니다. 하지만 동시에 많은 혼란과 고통을 가지고 있기도 합니다. 왜 그럴까요? 삶을 살아가는 데 필요한 지식만 추구하기 때문입니다.

스님들도 마찬가지입니다. 이따금 이런 말을 듣곤 합니다. "저는 명상하려고 스님이 된 게 아니에요! 저는 공부하려고 출가했어요." 이런 말은 명상의 길에서 벗어난 사람이나 할 수 있는 말입니다. 막다른 골목입니다. 이런 스님들은 외워서 가르침을 폅니다. 그들이 한 가지를 가르칠 수는 있겠지만,

그들의 마음은 완전히 다른 곳에 가 있습니다. 이런 가르침은 진실하지 않습니다.

세상은 이렇게 돌아갑니다. 단순하게 생활하면서 명상하며 평화롭게 살면 별나고 폐쇄적인 사람이라고 비난하고, 심지어 사회의 진보를 막는다고 몰아붙이기까지 합니다. 결국 이런 얘기들을 믿게 되어 세속적으로 전향하게 될지도 모릅니다. 그러면 세속에 점점 더 깊이 빠져들어 헤어나지 못하게 됩니다. 그리고 이렇게 말합니다.

"이제 나는 빠져나갈 수 없어. 너무 깊숙이 들어와버렸거든."

사회는 이런 식으로 굴러갑니다. 그래서 법의 가치를 알기가 어렵습니다.

법의 가치는 책에 있지 않습니다. 책에 있는 것은 법의 외양일 뿐입니다. 법은 직접적인 경험을 통해서만 깨달을 수 있습니다. "법을 깨닫는 것은 자신의 마음을 깨닫는 것입니다." 여기서 진리를 볼 수 있습니다. 진리가 명백해지면 번뇌의 흐름이 끊깁니다.

부처님의 가르침은 불변의 진리입니다. 부처님이 2500년 전에 밝힌 이 진리는 지금도 여전히 존재합니다. 세상이 변해도 이 가르침은 영향을 받지 않고 변하지 않습니다. "여래가 가르친 것을 버려서도 안 되고 거기에 다른 것을 더해서도 안 된다"라고 부처님은 말씀하셨고, 그 가르침을 봉인했습니다. 왜 그렇게 하셨을까요? 그 가르침은 더러움이 묻지 않은 이의 가르침이기 때문입니다. 아무리 세상이 변해도 이 가르침은 영향을 받지 않고 세상과 함께 변하지 않습니다. 잘못된 것을 바르다고 말한들 그 잘못이 줄어들까요? 어떤 것이 바르다면 사람들이 아무리 그렇지 않다고 말한들 달라질까요? 부처님의 가르침은 '진리'이기에 여러 세대가 흘러도 변하지 않습니다.

누가 이 진리를 만들었을까요? 진리는 스스로 생겨났습니다. 부처님이 만들었을까요? 아닙니다, 그분이 만든 게 아닙니다. 그분은 있는 그대로의 진리를 발견해 세상에 알렸을 뿐입니다. 부처님이 이 세상에 있든 없든 진리는 언제나 진리입니다. 부처님은 법을 '깨달았을' 뿐이지 법을 '만든' 것이 아닙니다. 진리는 항상 이곳에 있었습니다. 그러나 누구도 진리를 찾으려 하지 않았고 깨닫지 못했습니다. 부처님은 진리의 영원함을 깨닫고 그것을 법으로 가르치셨습니다. 하지만 진리를 만든 것은 아닙니다.

어느 시기에 이 진리는 빛을 발하고, 명상도 꽃을 피웁니다. 그러나 시간이 지나고 세대가 변하면서 명상이 퇴보하고 가르침들이 희미해집니다. 그러다 시간이 더 지나 그 가르침들이 재발견되고 꽃을 피웁니다. 그리고 시간이 한참 지나 법을 따르는 이들이 늘고 법이 번영하면, 가르침은 다시 어둠 속에 빠져 마침내 퇴락하게 됩니다. 그렇게 혼란이 만연해지면 진리를 세울 시기가 다시 옵니다. 사실 진리는 어디로도 가지 않습니다. 부처님은 떠나셨지만 법은 사라지지 않습니다.

세상은 이렇게 순환합니다. 이것은 망고나무와 비슷합니다. 나무가 자라 꽃을 피우고 열매가 달리고 익어갑니다. 그리고 그 열매가 썩으면 그 씨는 대지로 돌아가 새로운 망고나무가 됩니다. 그 순환이 다시 시작되는 것입니다. 세상도 마찬가지입니다. 세상도 큰 변화 없이 똑같은 방식으로 순환할 뿐입니다.

우리 삶도 마찬가지입니다. 우리는 항상 해왔던 같은 일을 반복합니다. 사람들은 너무 많이 생각하고 많은 관심사가 있지만 어느 것도 우리를 완전함으로 이끌지 못합니다. 수학, 물리학, 심리학 등 많은 학문을 탐구하더라도 진리를 깨닫지 못하는 한 끝나지 않습니다.

소가 끄는 마차를 떠올려보십시오. 소가 걸으면 마차는 바퀴 자국을 남깁니다. 바퀴가 크지 않아도 바퀴 자국은 길게 이어집니다. 마차가 가만히 멈춰 있으면 바퀴 자국이 나지 않지만, 소가 움직이기 시작하면 바퀴 자국이 이어집니다. 소가 마차를 끌면 바퀴는 계속 굴러갑니다. 하지만 어느 순간 소가 지쳐 마구를 벗겨주면, 소는 혼자 걸어가고 빈 마차는 그 자리에 멈춰 있습니다. 그러면 더이상 바퀴가 구르지 않습니다. 그리고 머지않아 마차는 산산이 부서지고 그 부속들은 흙, 물, 불, 바람이라는 네 가지 요소로 돌아갑니다.

세상에서 행복을 추구하면, 마차의 바퀴는 끊임없이 구르고 끝없는 바퀴 자국을 남깁니다. 세상을 따라가다보면 멈출 수도 없고 쉴 수도 없습니다. 나쁜 업은 이렇게 만들어집니다. 예전의 방식을 따르는 한 멈출 수 없습니다. 하지만 여러분이 멈추기만 하면 마차도 멈출 것입니다. 수레바퀴는 더이상 구르지 않을 것입니다. 여러분이 멈춰야 멈출 수 있습니다. 이것이 법을 수행하는 방법입니다.

4장

마음 닦는 공덕

|

요즘 사람들은 공덕을 쌓으러 여기저기를 찾아다닙니다(태국 사람들은 공덕을 쌓기 위해 유명 스님과 사원을 찾아다니며 예를 올리고 공양하는 관습이 있습니다). 파퐁 사원도 빠지지 않고 들르는 것 같습니다. 가는 길에 들르지 않으면 돌아오는 길에라도 들릅니다. 어떤 이들은 너무 바빠서 이야기 나눌 틈도 없습니다. 그들은 대부분 공덕 쌓는 법을 찾아다닙니다. 그런데 잘못된 행동에서 벗어나는 길을 찾는 사람은 별로 없습니다. 사람들은 공덕 쌓는 데만 정신이 팔린 나머지 어디에 공덕을 쌓아야 하는지 알지 못합니다. 이는 세탁하지 않은 더러운 옷감을 염색하려는 것과 같습니다.

스님들이 이렇게 명확하게 말해도 대부분 사람들은 가르침을 실천하기가 어렵습니다. 가르침을 이해하지 못해서 어려운 것입니다. 하지만 이해하면 훨씬 쉽습니다. 구멍이 하나 있고 그 구멍 아래에 어떤 것이 있다고 생각해보십시오. 어떤 사람이 구멍에 손을 넣었는데 손이 바닥에 닿지 않으면 "구멍이 너무 깊어"라고 말합니다. 수백 명 혹은 수천 명의 사람이 구멍에 손을 넣어보고는 모두 "구멍이 너무 깊어"라고 말합니다. "내 팔이 너무 짧아"라고 말하는 사람은 아무도 없습니다.

공덕을 쌓으려는 사람은 우선 잘못된 행동에서 벗어나는 길을 찾아야 합니다. 하지만 사람들은 대부분 거기에 관심이 없습니다. 부처님의 가르침은 매우 단순하지만, 파풍 사원을 지나가듯 그 가르침을 지나쳐버립니다. 법은 대부분 사람들에게 잠시 들르는 곳일 뿐입니다.

불교의 핵심은 '잘못된 행동을 버리는 것'입니다. 이는 부처님의 모든 가르침에 깔려 있습니다. 하지만 사람들은 이런 가르침을 원하지 않기에 건너뜁니다. 행동과 말과 생각에서 크든 작든 잘못을 범하지 않는 것, 이것이 부처님의 가르침입니다.

옷감에 염색을 하려면 먼저 옷감을 빨아야 하지만 대부분 사람들은 그러지 않습니다. 옷감을 살펴보지도 않고 바로 염료에 넣어버립니다. 더러운 옷감에 염색을 하면 옷감은 전보다 상태가 훨씬 나빠집니다. 지저분한 걸레를 염색하면 보기가 좋겠습니까?

사람들은 불교의 가르침을 그냥 지나쳐버립니다. 그들은 그냥 좋은 일을 하고 싶을 뿐 나쁜 행동을 버리고 싶어하지 않습니다. 팔이 짧은 것인데 구멍이 너무 깊다고 말하는 것과 같습니다. 이런 가르침을 듣고서 한 걸음 물러나 자신을 돌아봐야 합니다.

때때로 사람들은 버스를 타고 공덕을 쌓으러 다닙니다. 가는 동안 버스에서 말다툼을 하거나 취해 있기도 합니다. 어디 가느냐고 물으면 모두 덕을 쌓으러 간다고 말합니다. 그들은 덕을 쌓고 싶어하지만 나쁜 행동을 멈추지 않습니다. 그런 식으로는 결코 공덕을 쌓지 못합니다.

이것이 사람들의 모습입니다. 우리는 스스로를 세심하게 돌아봐야 합니다. 부처님은 모든 상황에서 알아차림과 바른 이해를 유지하라고 가르치셨습니다. 선하고 악하고 유익하고 해로운 것은 모두 행동과 말과 생각에 달려 있습니다. 바로 이것을 지켜봐야 합니다. 자신의 행동이 잘못되었는지 그렇지 않은지를 살펴보십시오.

사람들은 이런 것들을 제대로 살펴보지 않습니다. 가정주부가 찡그린 얼굴로 설거지하는 격입니다. 그녀는 접시를 깨끗이 씻는 데 정신이 팔려, 깨끗하지 않은 자신의 마음을 깨닫지 못합니다. 사람들은 접시를 닦는 데만 몰두해서 자

반조, 마음을 비추다 1

신의 더러운 마음은 내버려둡니다. 그들은 자신을 잊어버립니다.

사람들이 온갖 나쁜 짓을 하는 것은 스스로를 보지 않기 때문입니다. 나쁜 짓을 하기 전에는 누군가가 지켜보고 있지 않나 주위를 둘러봅니다. '엄마가 나를 볼까? 남편이? 애들이? 아내가?' 아무도 보고 있지 않으면 바로 나쁜 짓을 합니다. 아무도 지켜보고 있지 않다고 여기고는 사람들이 보기 전에 얼른 나쁜 짓을 합니다. 하지만 자기 자신이 지켜보고 있지 않습니까? 자기 자신은 아무도 아닙니까?

이제 알겠습니까? 이처럼 자신을 보지 못하기에 정말 가치 있는 것을 발견하지 못합니다. 그들은 법을 찾을 수 없습니다. 스스로를 살펴보면 자신을 보게 될 것입니다. 나쁜 짓을 하려 할 때 자신을 보면 그 행동을 멈출 수 있습니다. 좋은 행동을 하고 싶을 때도 자신의 마음을 살펴보십시오. 자신을 살펴보는 방법을 알면 옳고 그름, 해로움과 이익, 그리고 덕과 악덕이 무엇인지 알게 될 것입니다.

이렇게 말하지 않으면, 우리는 마음속에 있는 욕심과 망상을 알지 못합니다. 항상 바깥만 보고 있으면 아무것도 알지 못합니다. 이것이 자신을 살펴보지 않은 사람의 문제입니다. 내면을 지켜보면 선과 악을 볼 수 있을 것입니다. 선을 보면 선을 가슴 깊이 새기고 그에 따라 명상할 수 있습니다.

악행을 버리고 선행을 닦는 것이 불교의 핵심입니다. 몸과 마음과 말로 어떤 잘못된 행동도 하지 않는 것이 바른 명상이며 부처님의 가르침입니다. 그리하면 우리의 옷감이 깨끗해집니다.

그러면 마음에 덕이 생기고 마음을 자유자재로 다룰 수 있습니다. 버스를 타고 지방 여기저기를 누비며 공덕을 쌓으러 다닐 필요가 없습니다. 집에 가만히 앉아 있어도 공덕을 쌓을 수 있습니다. 하지만 사람들은 대부분 악행을 버리지 않은 채 공덕을 쌓으러 여기저기 다니기만 합니다. 빈손으로 집에 돌아가서는 다시 원래의 찡그린 얼굴로 돌아갑니다. 그렇게 찡그린 얼굴로 접시를 닦습니다. 사람들은 내면을 보고 싶어하지 않기 때문에 공덕과 멀어집니다.

이 모든 것들을 알고도 스스로 제대로 깨닫지 못하면, 부처님의 가르침이 가슴속에 스며들 수 없습니다. 마음이 선하고 덕스러우면 행복합니다. 가슴에는 미소가 있습니다. 하지만 우리는 대부분 웃을 시간을 내지 못합니다. 자기 뜻대로 일이 흘러갈 때만 겨우 미소 짓습니다.

사람들은 대부분 원하는 모든 것을 가져야 행복하다고 생각합니다. 그러면 그들은 세상 사람들이 즐겁다고 얘기하는 것만 가져야 합니다. 즐거운 것만 갖는 것이 가능할까요? 이런 것을 원한다면 어떻게 행복을 발견할 수 있겠습니까? 어떻게 매일매일 구미에 맞는 것들만 가질 수 있겠습니까? 이게 가능한가요? 자신의 아이들조차도 기분이 상하는 얘기를 하지 않나요? 부모님 때문에 화가 난 적은 없나요? 다른 사람들뿐만 아니라 자신의 마음마저도 스스로를 화나게 할 수 있습니다. 때로는 어떤 것을 생각하면 불쾌합니다. 뭘 할 수 있지요? 길을 걷다 돌부리에 걸릴 수도 있습니다. "쿵!" "아야!" 무엇이 문제일까요? 누가 다리를 걸었나요? 누구를 탓해야 하죠?

모두 자신의 잘못입니다. 자신의 마음도 스스로를 기분 나쁘게 만들 수 있습니다. 그에 대해 생각해보면 그게 사실이라는 걸 알 수 있습니다. 때때로 우리는 자신이 싫어하는 행동을 하기도 합니다. 그러면 고작 "빌어먹을!"이라고 내뱉을 뿐입니다. 탓할 사람이 없습니다.

법으로 '행복'을 발견해야 합니다. 옳든 그르든 그것에 맹목적으로 집착해서는 안 됩니다. 그것을 알아차리고서 내려놓으십시오. 마음이 편안해지면 미소 지을 수 있습니다. 어떤 것을 싫어하는 순간 마음은 나빠집니다. 그러면 아무런 소득이 없습니다.

불순물을 제거하고 나면 마음이 근심에서 벗어나 평화롭고 친절하며 선해집니다. 악행을 버리고 마음이 빛나면 항상 편안합니다. 고요하고 평화로운 마음은 인간이 성취할 수 있는 것 중 진정으로 최고입니다.

불교에서 공덕은 잘못된 것을 버리는 것입니다. 잘못이 사라지면 긴장도 사라집니다. 긴장이 사라지면 고요가 생깁니다. 고요한 마음은 깨끗하고 명확합니다. 그래서 화난 생각들이 더이상 머물지 못합니다.

어떻게 마음을 명확하게 만들 수 있을까요? 마음을 알아차리기만 하면 됩니다. 예를 들어 이런 생각이 들 수도 있습니다.

"오늘은 정말 기분 나쁜 날이야. 보는 것마다 화나게 하는군. 찬장의 접시도 화를 돋우는군."

그래서 접시들을 모두 부숴버리고 싶을지도 모릅니다. 보는 것마다 나쁘게 보입니다. 닭, 오리, 고양이, 개 모두가 싫어집니다. 남편이 하는 말마다 화가 납니다. 그리고 자신의 마음도 불만족스럽습니다. 이럴 때는 어떻게 해야 할까요? 이 고통은 어디서 시작된 걸까요? 이를 두고 '덕이 없다'고 합니다. 오늘날 태국에서는 사람이 죽으면 그 사람의 덕이 끝난다고 말합니다. 그러나 그렇지 않습니다. 살아 있는데 이미 덕이 끝난 사람도 얼마든지 있습니다.

공덕을 쌓으러 순례를 다니는 것은, 기초공사를 하지 않고 멋진 집을 지으려는 것과 같습니다. 기초가 부실한 이런 집은 곧 무너지기 마련입니다. 다른 방법으로 다시 노력해야 합니다. 자신을 살펴보고 말과 행동 그리고 생각의 잘못을 알아야 합니다. 이렇게 명상하지 않으면 길을 잃어버립니다. 사람들은 숲속이나 파퐁 사원 같은 아주 평화로운 곳에서 명상하고 싶어합니다. 그렇다면 파퐁 사원은 평화로울까요? 아닙니다. 이곳은 진정으로 평화로운 곳이 아닙니다. 정말로 평화로운 곳은 여러분 자신의 집입니다.

지혜가 있으면 어디를 가든 근심 걱정이 없습니다. 세상은 원래 그 자체로 훌륭합니다. 숲속에는 크고 작고 속이 빈 온갖 종류의 나무가 있지만 있는 그대로 훌륭합니다. 나무들은 모두 본래대로 존재할 뿐입니다. 하지만 나무의 진정한 본질을 알지 못한 채 자신의 의견을 강요합니다.

"이 나무는 너무 작아! 이것은 속이 비었잖아!"

나무는 그냥 나무일 뿐입니다. 어쩌면 나무가 우리보다 더 나을지도 모릅니다.

그래서 저는 짧은 경구들을 나무에 걸어둡니다. 여러분이 나무에서 배우도록 말입니다. 아직 나무에서 아무것도 배우지 못했나요? 거기서 적어도 한 가지는 배우십시오. 수많은 모든 나무들이 여러분을 가르칠 것입니다. 자연의 모든 곳에 법이 있음을 이해해야 합니다. 구멍이 너무 깊다고 불평하지 마십시오. 돌아서서 자기 팔을 보십시오! 그러면 행복해질 것입니다.

공덕을 쌓고 덕행을 닦아 마음속에 간직하십시오. 마음은 공덕을 쌓기에 가장 좋은 장소입니다. 지금처럼 공덕을 짓는 것도 좋지만 최선의 방법은 아닙니다. 절을 짓는 데 보시하는 것도 물론 공덕이 되지만 이것이 가장 좋은 방법은 아닙니다. 마음을 훌륭하게 짓는 것이 최고입니다. 그러면 절에 가나 집에 있으나 마음이 항상 선할 것입니다. 자신의 마음에서 이런 미덕을 발견해보십시오. 법당 같은 외적 건물은 나무의 껍질이지 나무의 심재가 아닙니다.

지혜가 있으면 어디를 봐도 법이 있습니다. 하지만 지혜가 부족하면 선도 악으로 보입니다. 어디서 악이 생겼을까요? 바로 우리 마음에서 생겼습니다. 마음이 어떻게 변하는지 지켜보십시오! 남편과 아내가 함께 잘 지내며 정말 행복하게 대화를 나눕니다. 그렇지만 기분 나쁜 날에는 배우자가 하는 모든 말이 기분 나쁘게 들립니다. 마음이 나빠졌기 때문입니다. 마음이 변한 것입니다. 마음이란 그런 것입니다.

악을 버리고 선을 기르려고 다른 곳을 찾아다닐 필요는 없습니다. 마음이 나빠지면 다른 사람을 보지 마십시오. 자신의 마음을 지켜보고, 이 생각들이 어디서 생겼는지 살펴보십시오. 마음이 왜 그런 생각을 하게 됐을까요? 모든 것이 일시적이라는 걸 이해하십시오. 사랑도 일시적이고 미움도 일시적입니다. 여러분은 자신의 아이를 사랑합니까? 물론 그럴 겁니다. 아이를 미워한 적이 있습니까? 이따금 그럴 때도 있을 겁니다. 하지만 아이가 미워도 버릴 수는 없습니다. 왜 그럴까요? 아이는 총알과 다릅니다(태국어로 '아이'는 '룩'이며 '총알'은 '룩쁜', 즉 '총의 아이'이다). 총알은 발사하면 앞으로 날아가지만 아이를 낳으면 모두 부모의 가슴으로 되돌아옵니다. 아이들이 훌륭하게 자라도 부모에게 돌아가고 나빠도 부모에게 돌아갑니다. 아이들은 여러분의 '업'입니다. 업에는 좋은 업과 나쁜 업이 있습니다. 여러분의 아이에게는 좋은 업도 있고 나쁜 업도 있습니다. 나쁜 업도 소중합니다. 소아마비에 걸리거나 다리를 절거나 기형으로 태어난 아이도 다른 아이들보다 훨씬 소중할 수 있습니다. 잠시 집을 비울 때마다 부모는 이런 부탁을 할 것입니다.

"이 어린아이를 잘 보살펴주세요. 약한 아이입니다."

부모는 다른 아이보다 이 아이를 훨씬 더 사랑할 것입니다.

그럴 때는 사랑과 미움을 모두 마음으로 받아들일 준비를 해야 합니다. 마음속에는 사랑과 미움이 언제나 모두 있으므로 둘 중 하나만 취해서는 안 됩니다. 그럴 만한 인연이 있어서 여러분의 자녀로 태어난 것입니다. 자녀들은 자신의 업이므로 그들에 대한 책임감을 가져야 합니다. 자녀들이 속을 썩여 괴롭다면 '이것도 내 업이다'라고 생각하십시오. 자녀들 때문에 기뻐도 '이것도 내 업이다'라고 생각하십시오. 때로는 가정에서 심한 좌절감을 느껴 그냥 도망치고 싶을 때도 있습니다. 너무 심해지면 목을 매 자살하려는 생각까지 합니다. 우리는 이것이 오직 업 때문이라는 사실을 받아들여야 합니다. 잘못된 행동을 버리면 자신을 훨씬 명확하게 볼 수 있습니다.

그래서 자신에 대한 반조가 매우 중요합니다. 보통 명상을 할 때 '붓-도(Bud-dho)', '담-모(Dham-mo)', '상-고(San-gho)' 같은 명상 주제를 이용합니다. 이보다 더 짧은 명상 주제도 있습니다. 짜증이 나거나 마음이 나빠질 때면 이렇게 말해보십시오. "그래서?" 기분이 좋아져도 이렇게 말해보십시오. "그래서? 이것도 확실치 않아." 어떤 사람을 좋아해도, 화가 나도 이렇게 말해보십시오. "그래서?"

'그래서?'는 '이것은 무상하다'라는 의미입니다. 사랑도 미움도 무상합니다. 선도 무상하고 악도 무상합니다. 이런 것들이 어떻게 영원할 수 있겠습니까? 그것들 속에 영원한 것이 어디 있겠습니까?

무상하다는 진리만이 영원하고 확실하며 변치 않습니다. 이것만은 분명합니다. 어느 순간에는 사랑하지만 다음 순간에는 미워합니다. 본래 그렇습니다. 이런 감각 속에서 변한다는 것만이 영원합니다. 그래서 저는 사랑이 일어나면 "그래서?"라고 말하라고 가르칩니다. 그러면 시간이 많이 절약됩니다. '무상(無常), 고통, 무아(無我)'라고 말할 필요도 없습니다. 긴 명상 주제가 마음에 들지 않으면 이 짧은 단어를 명상 주제로 삼으십시오. 사랑이 일어나 사랑에 완전히 빠지기 전에 "그래서?"라고 자신에게 말해보십시오. 그것으로 충분할 것입니다.

모든 것은 무상합니다. 이것은 불변하는 무상함 속에서 영원합니다. 이것이 법의 핵심이며, 진정으로 법을 보는 것입니다.

모든 사람들이 "그래서?"라고 더 자주 말하며 마음을 훈련하면 집착이 줄어들 것입니다. 그리고 사람들은 사랑과 미움에 지나치게 매달리거나 물질에 집착하지 않을 것입니다. 그들은 다른 것이 아닌 진리를 믿을 것입니다. 이것으로 충분합니다. 그 밖에 무엇을 더 알아야 할까요?

가르침을 들었다면 그것을 기억하려 노력해야 합니다. 무엇을 기억해야 할까요? 명상을 하십시오. 이해할 수 있습니까? 이해하면 법이 일어나 마음이 멈춥니다. 마음에 화가 일어날 때 "그래서?"라고 말하기만 하면 바로 화가 멈춥니다. 아직 이해가 안 된다면 깊이 통찰해보십시오. 그리고 이해가 된다면, 마음속에 화가 일어날 때 "그래서? 이것은 영원하지 않아"라고 말하며 화를 버릴 수 있습니다.

오늘 여러분은 내적으로나 외적으로 법을 새길 기회가 있습니다. 내적으로는 제가 얘기하는 소리가 귀로 들어가 마음에 기록됩니다. 그렇지 않다면 이 파퐁 사원에서 시간을 낭비하는 것입니다. 여기 이 녹음기는 중요하지 않습니다. 정말로 중요한 것은 마음속의 녹음기입니다. 녹음기는 고장날 수 있지만 여러분 마음에 새겨진 법은 영원합니다. 그러니 녹음기 건전지를 사느라 돈을 버릴 필요가 없습니다.

5장

감각의 접촉—지혜의 원천

|

진정한 평화는 먼 곳에 있지 않다고 부처님은 말씀하셨습니다. 그것은 바로 우리 내면에 있습니다. 하지만 우리는 이 사실을 계속 간과합니다. 평화를 추구하는 사람들도 여전히 혼란과 불안을 경험합니다. 그들은 아직 자신을 믿지 못하고 명상에서 만족감을 느끼지 못합니다. 집을 떠나 여기저기를 여행하고 있는 것과 같습니다. 집에 도착하지 않는 한 혼란과 불안은 계속됩니다. 우리에게는 여전히 해야 할 일이 남아 있습니다. 우리의 여행이 끝나지 않은 이유입니다. 우리는 아직 목적지에 도착하지 못했습니다.

스님들은 모두 평화를 원합니다. 젊었을 때 저 역시 여기저기 평화를 찾아다녔습니다. 그렇지만 어디를 가도 만족할 수 없었습니다. 숲속으로 가고, 여러 스승들을 찾아가고, 법문을 들었지만 어디서도 만족할 수 없었습니다. 왜 그랬을까요? 우리는 형상, 소리, 냄새, 맛 등의 감각 자극이 적은 곳에서 평화를 찾으려 합니다. 고요한 곳에 살면 만족할 것이라 믿기 때문입니다. 하지만 아무 일도 일어나지 않는 곳에서 정말 고요하게 살면 지혜가 일어날까요? 뭔가를 깨달을 수 있을까요? 생각해보십시오. 눈으로 사물을 볼 수 없으면 어떨까요? 코로 냄새를 맡을 수도 없고, 혀로 맛을 느낄 수도 없고, 몸으로 감촉을 느낄 수 없다면 어떨까요? 이는 시각장애인이나 청각장애인, 코나 혀가 없는 사람, 전신이 마비된 사람과 다를 바 없습니다. 흔히 사람들은 아무 일도 없는 곳에 가면 평화를 찾을 거라 생각하지만, 과연 그럴까요?

제가 풋내기 승려로 명상을 막 시작하던 무렵이었습니다. 좌선하는데 소리가 방해되었습니다. '마음이 평화로워지려면 어떻게 해야 하지?' 그래서 소리가 들리지 않도록 밀랍으로 귀를 막았습니다. 그러자 웅웅거리는 소리만 들렸습니다. 귀를 막으면 평화로워지리라 생각했지만 그렇지 않았습니다. 이런저런 잡념과 혼란은 귀에서 생기는 게 아니었습니다. 마음에서 일어나는 것이었습니다. 마음이야말로 평화를 구해야 하는 곳이었습니다.

다시 말해, 어디서 명상을 하든 마음이 명상을 방해한다는 생각이 들면 아무것도 하고 싶지 않습니다. 비질 따위는 하고 싶지 않습니다. 가만히 앉아 평화만 찾고 싶습니다. 스승이 절의 이런저런 일을 도우라고 해서 일을 해도 일에 온전히 마음을 쏟지 않습니다. 일을 명상과 관계없는 외적인 것이라 여기기 때문입니다.

저의 한 제자는 놓아버리고 평화로워지고 싶은 열망이 아주 강했습니다. 저는 '놓아버림'을 가르쳤습니다. 그래서 그는 모든 것을 놓아버리면 평화로워질 거라고 생각했습니다. 그는 이 절에 도착한 날부터 아무것도 하고 싶지 않았습니다. 바람이 세게 불어서 그의 오두막 지붕이 반쯤 날아가도 지붕을 고치는 데 전혀 관심이 없었습니다. 그는 이것이 그저 외적인 일이라고 생각해서 오두막을 수리하지 않았습니다. 지붕에 난 구멍으로 햇빛이 비치거나 비가 내리면, 그는 오두막 한쪽으로 몸을 옮겨 햇빛을 피하고 비를 피했습니다. 그는 오로지 마음을 평화롭게 만드는 데만 몰두했습니다. 그 이외의 모든 일들은 마음을 산란하게 만들 뿐이라고 여겼습니다.

어느 날 저는 한 오두막 옆을 지나다가 지붕이 부서진 것을 보았습니다. 누가 사는 오두막인지 궁금했습니다. 어떤 사람이 그 오두막의 주인이 누구인지 말해줬습니다. 저는 의아했습니다. 그래서 오두막에 살고 있는 제자에게 다가가 거처에 대한 승려의 의무를 비롯해 많은 부분을 설명했습니다.

반조, 마음을 비추다 1

"우리는 모두 거처가 있고 그곳을 잘 관리해야 한다네. '놓아버림'은 의무를 저버리는 것이 아니네. 이는 바보들이나 하는 짓이네. 천장의 구멍에서 비가 새면 자네는 자리를 옮겨 비를 피했지. 햇빛이 내리쬐어도 마찬가지고 말이야. 왜 그랬나? 왜 그건 놓아버리지 않는가?"

저는 그에게 이에 대해 길게 이야기했습니다. 제가 말을 마치자 그가 말했습니다.

"스님! 스님은 어떨 때는 놓아버리라 하고 어떨 때는 집착하라고 가르치십니다. 어떻게 하라는 말씀인지 잘 모르겠습니다. 저는 지붕이 부서진 것까지 놓아버렸지만 스님은 이것이 잘못이라고 하십니다. 하지만 스님께서 놓아버리라고 가르치지 않으셨나요? 저는 더이상 어떻게 해야 할지 모르겠습니다."

어떤 사람들은 이런 식으로 생각합니다. 이렇게 어리석기도 합니다.

눈, 귀, 코, 혀, 신체, 마음이라는 감각기관을 제대로 알면 이를 통해 쉽게 지혜를 일으킬 수 있습니다. 하지만 그것들을 제대로 알지 못하면 감각들이 우리를 혼란에 빠트린다고 여기며 거부하게 됩니다. 보는 것도 듣는 것도 거부합니다. 일반적인 조건들을 모두 차단해버린다면 무엇으로 명상하겠습니까?

그래서 부처님은 감각기관을 단속하라고 가르치셨습니다. 감각기관을 단속하는 것이 바로 계율입니다. 눈, 귀, 코, 혀, 몸, 마음이라는 감각기관을 단속해야 합니다. 이것이 우리가 계발해야 할 계율이자 삼매입니다. 사리뿟따 존자의 이야기를 곰곰이 생각해보십시오. 비구가 되기 전 사리뿟따는 앗사지 존자가 탁발하는 모습을 보았습니다. 그를 보고 사리뿟따는 이런 생각을 했습니다. '이 스님은 정말 특별하군. 가사는 낡았지만 단정하게 걸쳤고, 빠르지도 느리지도 않게 걸으며, 몸가짐을 절제하는군.' 사리뿟따는 그의 모습에 감동해서 그에게 다가가 예를 올리고 물었습니다.

"실례합니다만, 당신은 누구십니까?"

"나는 사문(불문에 들어가 도를 닦는 사람)입니다."

"당신의 스승은 누구십니까?"

"고타마 존자가 제 스승이십니다."

"고타마 존자는 무엇을 가르치십니까?"

"모든 것들은 조건에 의해 일어나며 조건이 사라지면 그것들도 사라진다는 걸 가르치십니다."

사리뿟따가 법에 관해 묻자 앗사지 존자는 원인과 결과에 대해 간략하게 설명했습니다. 법은 원인에 의해 일어납니다. 원인이 있어야 결과가 생깁니다. 원인이 먼저 사라져야 결과도 사라집니다. 이것이 그가 얘기한 전부였습니다. 하지만 사리뿟따 존자는 그걸로 충분했습니다.

이는 법을 깨닫는 원인이 되었습니다. 그 당시 사리뿟따 존자는 눈이 있고 귀가 있고 코가 있고 혀가 있고 몸이 있고 마음이 있었습니다. 사리뿟따 존자에게 감각기관이 없었다면 지혜가 쉽게 일어날 수 있었을까요? 뭔가를 깨달을 수 있었을까요? 그렇지 않습니다. 그런데 사람들은 대부분 감각 접촉을 꺼립니다. 이렇게 감각 접촉을 꺼리거나 혹은 감각 접촉을 즐겨도 지혜가 계발되지 않습니다. 오히려 반복적으로 눈, 귀, 코, 혀, 몸, 마음에 탐닉하고 감각 대상을 즐기면서 길을 잃습니다. 감각기관은 쾌락에 빠지게 할 수도 있고, 지식과 지혜를 일으킬 수도 있습니다.

그래서 모든 것을 명상의 대상으로 삼아야 합니다. 심지어 나쁜 것들도 말입니다. 명상은 좋고 마음에 드는 것만 대상으로 하는 것이 아닙니다. 그것은 명상이 아닙니다. 세상에서 어떤 것들은 마음에 들고 어떤 것들은 마음에 들지 않습니다. 대체로 우리는 좋아하는 것만 원합니다. 동료 스님들도 마찬가지입니다. 우리는 마음에 드는 스님들하고만 어울리고 싶어하고, 맘에 들지 않는 스님들은 외면합니다. 이렇게 좋고 싫음으로 사람을 가립니다. 일반적으로 싫어하는 것은 보고 싶지 않고 알고 싶지 않습니다. 하지만 부처님께서는 세상을 명확하게 이해하려면 싫어하는 것도 거부해서는 안 된다고 가르치셨습니다. 세상의 진실을 명확하게 이해하지 못하면 어떤 발전도 없습니다. 세상에 살고 있으니 세상을 바르게 이해해야 합니다. 부처님을 비롯한 과거의 모든 성자들도 우리처럼 이 세상에 살았습니다. 그들은 미혹된 사람들이 사는 바로 이 세상에서 진리를 얻었습니다. 감각을 단속하여 지혜를 얻었던 것입니다.

감각을 단속한다는 것은, 보지 않고 듣지 않고 냄새 맡지 않고 맛보지 않고 생각하지 않는다는 의미가 아닙니다. 수행자들이 이를 이해하지 못하면 무언가를 보거나 듣는 순간 겁을 먹고 달아나버릴 것입니다. 그러면서 그것들이 언젠가는 힘을 잃을 것이고 그것들을 초월할 수 있을 거라고 여깁니다. 감각에서 도망가면 진리를 깨닫지 못하고, 똑같은 문제가 반복될 것입니다.

절에서도 숲에서도 산에서도 결코 만족하지 못하는 수행자들이 있습니다. 그들은 두타행을 하면 만족할 것이라 생각해서 여기저기를 떠돕니다. 산꼭대기에 이르러서는 이렇게 생각합니다. '그래. 바로 여기가 내가 찾던 곳이야!' 그러고는 며칠간 평화를 느끼지만 곧 싫증을 냅니다. 그래서 바닷가를 찾아갑니다. '바닷가가 아름답고 시원하군. 여기야말로 아주 적당한 장소야.' 하지만 얼마 지나지 않아 바닷가도 지루해집니다. 숲이든 산이든 바닷가든 싫증이 나고 모든 것이 싫어집니다. 잘못된 견해 때문에 지루해진 것입니다. 이런 지루함은 바른 견해에서 생기는 염오심(厭惡心)과는 완전히 다릅니다.

다시 절로 돌아오면 이런 생각을 합니다. '이제 뭘 해야 하지? 온갖 곳을 다 돌아다녔는데 아무런 소득도 없이 돌아왔군.' 그래서 발우를 버리고 환속을 합니다. 왜 환속을 하게 되었을까요? 명상에 대해 전혀 이해하지 못해서 할 수 있는 것이 아무것도 없기 때문입니다. 남으로 북으로 해변으로 산으로 숲으로 가더라도 아무것도 깨닫지 못합니다. 그렇게 죽을 것입니다. 계속해서 도망만 다녀서는 지혜가 생기지 않습니다.

다른 예를 들어보겠습니다. 감각에서 도망가지 않고 함께 머물기로 마음먹은 스님이 있습니다. 그는 자신을 돌보며 자신과 남들을 이해합니다. 그는 끊임없이 문제를 해결합니다. 주지스님이라면 신경써야 할 일이 끝이 없습니다. 사람들은 항상 주지스님에게 질문을 합니다. 그래서 항상 깨어 있어야 하고 주의를 기울여야 합니다. 잠시도 눈 붙일 틈이 없습니다. 사람들이 항상 다른 문제들로 그를 찾아와 깨우기 때문입니다. 이런 일들을 통해 통찰력과 이해력을 기르게 됩니다. 자신과 남을 매우 능숙하게 다루는 다양한 능력도 갖게 됩니다.

이런 능력은 대상과 접촉하고 직면하고 씨름하며 생깁니다. 도망가면 이런 능력이 생기지 않습니다. 어떤 것에서도 도망가지 말고 지혜로써 이해해야 합니다.

감각을 접촉하는 것은 지혜의 원천입니다. 일을 하고 사람들과 어울리면서 명상해야 합니다. 큰 사찰에서 생활하면 신경써야 할 일들이 많습니다. 어떻게 보면 이런 생활이 번뇌 덩어리로 보일지 모릅니다. 많은 재가신자들이 드나드는 큰 사원에서 여러 비구들, 사미들과 함께 명상하면 번뇌가 많이 일어날지도 모릅니다. 하지만 지혜를 계발하고 어리석음을 버리려면 이렇게 살아야 합니다. 어떤 길로 가야 할까요? 어리석음을 버려야 할까요, 아니면 더 키워야 할까요?

우리는 명상해야 합니다. 눈, 귀, 코, 혀, 몸, 마음이 대상과 접촉하면 차분하게 반조해야 합니다. 괴로움이 일어나면 누가 괴로워합니까? 왜 괴로움이 일어날까요? 괴로움을 두려워하고 직면하지 않는다면 어떻게 괴로움과 싸울 수 있을까요? 괴로움이 일어나도 알지 못하면 어떻게 괴로움에 대처할 수 있을까요?

괴로움에서 벗어나는 길을 알아야 괴로움에서 벗어날 수 있습니다. 괴로움에서 도망친다는 의미가 아닙니다. 괴로움에서 도망치면 괴로움이 쫓아다닐 뿐입니다.

괴로움을 이해하려면 바로 지금 처해 있는 상황을 살펴야 합니다. 부처님은 문제가 일어나는 바로 그곳에서 문제를 해결해야 한다고 가르치셨습니다. 괴로움이 일어나는 곳에서 괴로움으로부터 벗어날 수 있습니다. 문제는 바로 여기에서 해결해야 합니다. 가장 어리석은 이는 두려워서 괴로움으로부터 도망치는 사람입니다. 그는 끊임없이 더욱더 어리석어질 것입니다.

괴로움은 성스러운 진리입니다. 선뜻 납득이 가지 않을 것입니다. 하지만 성스러운 진리, 즉 괴로움과 괴로움의 원인, 괴로움의 소멸과 괴로움의 소멸에 이르는 사성제(四聖諦)에 따라 명상하지 않는 것은 참된 명상이 아닙니다.

부처님은 지혜를 통해 괴로움에서 벗어나는 방법을 가르치셨습니다. 가시를 밟아서 발바닥에 가시가 박혔다고 생각해보십시오. 걷다보면 고통스러울 때도 있고 괜찮을 때도 있습니다. 돌이나 그루터기를 밟으면 정말 고통스럽습니다. 그래서 아픈 발을 살펴보지만 아무것도 발견하지 못합니다. 그러면 다시 아무 일도 없었던 것처럼 길을 걷습니다. 그러다다시 어떤 것을 밟으면 또다시 고통스럽습니다. 이렇게 반복됩니다.

고통의 원인은 무엇일까요? 고통의 원인은 발에 박힌 가시입니다. 고통은 늘 가까이 있습니다. 고통이 일어나서 고통스러운 부위를 살펴보지만 가시를 발견하지 못합니다. 그러다 또 고통스러우면 발을 다시 살펴봅니다.

고통이 일어나면 무시하지 말고 인식해야 합니다. '아직 가시가 박혀 있구나' 하며 알아야 합니다. 고통스러울 때마다 가시를 빼야겠다는 생각이 들 것입니다. 가시를 빼지 않으면 나중에는 고통이 더 심해집니다. 가시를 빼고 싶다는 생각이 간절해질 때까지 고통은 계속될 것입니다. 그리하여 결국은 가시를 빼야겠다고 결심하게 됩니다.

우리 수행도 이와 같습니다. 고통스러울 때마다, 문제가 생길 때마다 살펴야 합니다. 문제를 직면하고 가시를 빼야 합니다. 마음이 답답할 때마다 그것을 알아차려야 합니다. 가만히 들여다보면 알게 되고 보게 되며, 그 자체를 경험하게 될 것입니다.

흔들림 없이 지속적인 노력을 기울이며 명상해야 합니다. 발바닥에서 고통을 느낀다면 가시를 뽑아버려야 한다는 생각을 잊어서는 안 됩니다. 마찬가지로 마음에서 고통이 일어나면 번뇌를 뿌리 뽑겠다고 굳게 다짐해야 합니다. 이 다짐이 늘 그 자리에 있어야 합니다. 그러면 결국에는 번뇌가 손안에 들어와버릴 수 있습니다.

모든 행복과 괴로움은 원인에 의해 생깁니다. 원인이 사라지면 결과도 사라집니다. 집착하거나 애착하지 않으면 괴로움이 일어나지 않습니다. 괴로움은 존재에서 생기고, 존재가 있으면 태어남이 있습니다. 집착이나 애착이 있으면 반드시 괴로움이 생깁니다. 괴로움이 일어나면 현재 일어나는 괴로움을 살펴보십시오. 그리고 이렇게 자문해보십시오. '왜 고통이 일어나지?' 행복이 일어나도 자문해보십시오. '행복은 무엇 때문에 일어나지?' 이렇게 매 순간 자문하면 행복과 괴로움이 모두 집착에서 일어남을 깨닫게 될 것입니다.

능숙한 수행자들은 '마음에는 고정된 실체가 없고 일어남과 사라짐만이 있다'는 사실을 알고 있습니다. 그들은 모든 각도에서 마음을 반조해보고서 마음에는 고정불변하는 실체가 없다는 걸 깨닫습니다. 일어남과 사라짐, 사라짐과 일어남만 있을 뿐 지속되는 실체가 없다는 것입니다. 앉거나 걷거나 모든 것을 이 같은 방식으로 봅니다. 용광로에 달궈진 둥근 쇳덩이는 어디를 만져보아도 뜨겁지 않은 곳이 없듯이, 보이는 모든 것들은 고통일 뿐입니다.

이것을 깨닫지 못하면 아무것도 모르는 것입니다. 이런 사실을 깊이 반조하고 명확히 이해해야 합니다. 태어남의 작용을 이해하고, 존재로 다시 태어나지 않아야 합니다. 그러면 '아, 저 사람은 정말 못 견디겠어. 하는 일마다 모두 망치잖아. 이렇게 했으면 좋겠는데'하는 생각은 더이상 일어나지 않을 것입니다. 좋고 싫은 것에 대한 인습적인 기준만 남을 뿐입니다. 세상의 인습은 사람들과 소통하기 위해 이용할 뿐

내면은 비워야 합니다. 이것이 성자의 삶입니다. 바로 이것을 목표로 삼아 명상해야 합니다. 의심해서는 안 됩니다.

명상을 시작하기 전에 저는 이런 생각을 했습니다. '모든 사람들이 불교라는 종교를 알고 있는데, 왜 어떤 사람은 명상을 하고 어떤 사람을 명상을 하지 않지? 명상을 하더라도 왜 잠시 하다가 포기해버릴까? 그리고 포기는 하지 않더라도 왜 열심히 명상하는 사람이 거의 없을까?' 그래서 저는 이렇게 결심했습니다. '그래, 이번 생에는 몸과 마음을 모두 바쳐서 부처님의 가르침을 하나도 빠짐없이 따를 거야. 고통에 빠져 허우적대지 않도록 이번 생에 깨달음에 이르고 말 거야. 명상 말고 다른 모든 것들은 놓아버릴 거야. 그리고 어떤 어려움과 고통이 있더라도 이겨내고 최선을 다해 노력할 거야. 그러지 않으면 평생 의심만 하며 보내게 될 테니.'

이런 생각으로 명상을 시작했습니다. 어떤 행복이나 어려움, 괴로움이 닥쳐도 수행하리라 결심했습니다. 내 인생 전체를 하루처럼 생각하면서 모든 것을 버렸습니다. '나는 부처님의 가르침을 따를 것이다. 미혹한 세상이 어째서 이토록 고통스러운지 이해하기 위해 법을 따르리라.' 저는 가르침을 통달하고 싶었고, 법을 실천하고 싶었습니다.

출가자들은 세속적인 모든 삶을 버립니다. 출가자들은 사람들이 즐기는 보이는 것, 소리, 냄새, 맛, 느낌을 모두 버립니다. 이렇게 모두 버리더라도 여전히 감각을 경험합니다. 그래서 수행자들은 적은 것에 만족하고 집착을 버려야 합니다. 말을 하든 식사를 하든 매 순간 적은 것에 만족해야 합니다. 단순하게 먹고, 단순하게 자고, 단순하게 생활해야 합니다. 이렇게 명상하면 할수록 더 큰 만족감을 얻게 됩니다. 그러면 자신의 마음을 들여다볼 수 있습니다.

법은 스스로 깨달아야 하는 것입니다. 스스로 깨닫는다는 것은 스스로 명상해야 한다는 의미입니다. 스승의 역할은 50퍼센트밖에 안 됩니다. 제가 지금 전하는 가르침도 그 자체로는 아무런 쓸모가 없습니다. 가르침을 듣는 것도 물론 가치는 있겠지만, 제 말을 그대로 믿어버리는 것은 어리석은 태도입니다. 들은 가르침을 명상에 적용해 실천하고, 스스로 법을 발견해야 합니다.

명상의 결실은 말로 표현할 수 없습니다. 그래서 부처님은 명상의 결실을 자세히 밝히지 않으셨습니다. 태어날 때부터 눈이 먼 사람에게 '밝은 노란색'을 설명해도 이해할 수 없는 것과 같습니다.

스스로 법을 명확하게 보면, 앉아 있을 때나 서 있을 때나 걸을 때나 누워 있을 때나 모든 의심이 사라집니다. "당신은 명상을 잘못하고 있어요"라고 다른 사람이 말해도 전혀 흔들리지 않습니다. 자신의 마음에 확실한 증거가 있기 때문입니다.

수행자는 언제나 이래야 합니다. 스스로 알아야 하는 것이지 다른 사람이 얘기해줄 수 없습니다. 그런데 5년 혹은 10년 동안, 아니 한 달이라도 바른 견해를 가지고 이렇게 수행하는 사람은 별로 없습니다.

한때 승납이 2, 3년 되는 늦깎이 스님들과 북부 지방에서 함께 지낸 적이 있습니다. 저는 그 당시 승납이 10년째였습니다. 나이 많은 신참 스님들과 생활하면서 저는 발우를 받고 승복을 빨고 타구를 비우는 등 신참 승려가 해야 할 일들을 했습니다. 누구를 위해서가 아니라 수행이라 생각하며 했습니다. 다른 스님들이 의무를 다하지 않아서 공덕을 쌓을 좋은 기회가 생겼다고 생각했고, 그렇게 함으로써 만족감을 느꼈습니다.

포살일이 되면 포살할 법당을 청소하고 마실 물을 준비했습니다. 다른 스님들은 이런 일에 대해 아무것도 몰라서 그냥 지켜보기만 했습니다. 하지만 그들은 그저 몰랐던 것이므로 저는 그들을 비난하지 않고 해야 할 일을 했습니다. 일을 끝내고 나면 기뻤습니다. 수행할 때는 신심과 에너지가 솟아났습니다.

제 처소나 다른 스님들의 처소가 지저분하면 청소를 했습니다. 다른 사람에게 감명을 주기 위해서가 아니라 그냥 제 수행을 하는 것이었습니다. 오두막이나 거처를 청소하는 것은 마음속의 쓰레기를 청소하는 것과 같습니다.

법과 함께 한다면, 평화와 절제 그리고 훈련된 마음과 함께한다면, 자연스럽게 조화로운 삶을 살게 될 것입니다. 모두 서로 도우면 힘든 일도 금방 끝낼 수 있습니다. 이것이 최선의 길입니다.

저는 각양각색의 스님들을 만났습니다. 그런 만남은 성장의 기회가 되었습니다. 어느 큰 사찰에서는 특정한 날을 정해서 승복을 세탁했습니다. 그날이 되면 저는 솥에 잭푸르트나무(숲속 수행승들은 잭푸르트나무의 심재를 끓인 물로 승복을 염색하거나 세탁한다)를 넣고, 승복을 빨고 염색할 수 있는 누런 물이 우러나도록 물을 끓였습니다. 그러면 어떤 스님들은 다른 사람이 잭푸르트나무를 끓이길 기다렸다가 승복을 빨고는 자기 오두막으로 돌아가 승복을 널어놓고 낮잠을 잤습니다. 그들은 불을 피울 필요도 없었고, 세탁하고 나서 뒷정리를 할 필요도 없었습니다. 그들은 자신들이 똑똑해서 이득을 봤다고 생각했습니다. 하지만 이는 정말 어리석은 행동입니다. 이런 사람들은 모든 일을 남에게 미루며 어리석음을 더 키웁니다.

그러니 말하든 먹든 무엇을 하든 자신을 살펴보십시오. 편하게 살고 편하게 먹고 편하게 자고 싶겠지만 그래서는 안 됩니다. 출가한 목적에 대해 반복해서 반조한다면, 언제나 주의깊게 생활할 것입니다. 그리고 모든 상황에서 정진할 것입니다.

그러나 정진하지 않으면, 앉아도 도시에 있는 것처럼 앉게 되고 걸어도 도시에 있는 것처럼 걷게 됩니다. 그러면 도시에서 재가자들과 어울리고 싶어질 것입니다. 명상하려는 노력을 하지 않으면 이런 방향으로 흘러갑니다. 자신의 마음에 저항하지 않고 감정에 따라 흘러가도록 내버려둡니다. 이것은 어린애의 응석을 모두 받아주는 것과 같습니다. 어린아이가 원하는 대로 부모가 모두 들어주는 것이 그 아이를 위하는 길일까요? 처음에는 아이의 응석을 좀 받아줄 수도 있겠지만, 엉덩이를 때려 바르게 훈육해야 할 때도 있습니다. 그러지 않으면 아이는 결국 어리석어집니다.

마음도 마찬가지입니다. 자기 자신을 알아야 하고, 스스로를 훈련시키는 방법을 알아야 합니다. 다른 사람이 자신을 대신해 마음을 훈련시켜줄 수는 없습니다. 자신의 마음을 훈련하는 방법을 모르면 결국 문제가 생깁니다. 명상하는 데는 제한이 없습니다. 서 있을 때나 걸을 때나 앉아 있을 때나 누워 있을 때나 항상 명상할 수 있습니다. 절에서 마당을 쓸다가 혹은 한줄기 햇살을 보고서 법을 깨달을 수도 있습니다. 하지만 그러려면 항상 '알아차림'을 유지해야 합니다. 열심히 명상하면 언제 어디서나 법을 깨달을 수 있습니다.

방심하지 말고 항상 주의를 기울여야 합니다. 탁발을 나가면 온갖 종류의 느낌들이 일어납니다. 이런 느낌들은 모두 훌륭한 법입니다. 절에 돌아와 음식을 먹을 때도 통찰의 대상이 되는 훌륭한 법들이 많이 있습니다. 꾸준히 노력한다면 모든 것이 통찰의 대상이 될 것입니다. 그러면 지혜가 일어나고 법을 볼 것입니다. 이것이 '법에 대한 반조'입니다. '법에 대한 반조'는 깨달음의 일곱 가지 요소〔七覺支〕 중 하나입니다. 알아차림이 있으면 법에 대한 탐구의 요소가 함께 있으며 그냥 받아들이지는 않습니다.

명상이 이 정도 수준에 이르면 밤낮없이 계속 명상하게 됩니다. 어떤 것도 명상을 방해하지 못합니다. 설사 명상을 방해하는 번뇌가 일어나더라도 즉시 알아차립니다. 명상이 이런 흐름을 타면, 마음속에 '법에 대한 반조'가 있어서 끊임없이 법을 탐구할 것입니다. 그러면 마음이 여기저기를 쫓아가지 않습니다.

계속해서 주의를 기울이고 끊임없이 배우십시오. 때로는 나무나 동물을 보고도 배울 수 있습니다. 이것들을 내면으로 가져와 자신의 마음속에서 명확하게 보십시오. 어떤 감각이 일어나 마음에 영향을 미치면 그것을 스스로 명확하게 알아차리십시오.

벽돌 굽는 가마를 본 적이 있습니까? 불길이 거의 1미터 가까이 되어도, 벽돌 가마를 제대로 만들면 열기가 모두 가마 속에 있어 금방 벽돌을 구울 수 있습니다. 수행자들도 이렇게 명상해야 합니다. 모든 느낌들을 내면으로 돌려 바른 견해로 바꾸어야 합니다. 사물을 보고 소리를 듣고 냄새를 맡고 맛을 보는 감각들을 모두 내면으로 돌려야 합니다. 이런 감각들을 통해 지혜가 일어납니다.

6장

계율의 이해

|

명상은 쉽지 않습니다. 예를 들면 "몸을 알아야 한다. 몸안의 몸을 알아야 한다." 혹은 "마음을 알아야 한다. 마음 안의 마음을 알아야 한다."처럼 이해하기 어려운 가르침도 많습니다. 이에 대해 명상해보지 않으면 도저히 이해할 수 없습니다.

계율도 마찬가지입니다. 과거에 저는 '작은 스승'이었습니다. '큰 스승'이 되지 못했습니다. 왜 작은 스승이었을까요? 계율을 가르쳤지만 수행을 하지 않았기 때문입니다. 저의 명상은 아직 너무 미진해서 계율을 전혀 배우지 않은 것과 다름없었습니다.

모든 계율을 완벽하게 아는 것은 불가능합니다. 계율은 복잡 미묘해서 알게 모르게 언제고 계율을 어길 수 있습니다. 그런 점이 어렵습니다. 그렇지만 계율의 내용과 가르침을 아직 잘 이해하지 못하더라도 존중하는 마음으로 부지런히 계율을 배워야 한다고 부처님은 강조하셨습니다. 이해할 수 없으면 이해하려고 노력해야 합니다. 계율을 배우려 노력하지 않는 것도 그 자체로 계율을 범하는 것입니다.

예를 들어 한 여자가 있는데 남자인지 여자인지 모르고 그녀의 몸에 손을 댄다고 생각해보십시오. 남자인지 여자인지 확실히 알지 못해도 그녀의 몸에 손을 대는 것은 계율을 어기는 것입니다. 저는 이것이 왜 잘못인지 의문을 품었습니다. 하지만 명상의 측면에서 보니 이해가 되었습니다. 수행자는 알아차림을 유지해야 하고 항상 신중해야 하기 때문입니다. 수행자는 말하거나 접촉하거나 어떤 것을 잡기 전에 먼저 철저하게 생각해봐야 합니다. 위의 경우에는, 알아차림이 없거나 혹은 부족했거나 충분히 고려하지 못했다는 것이 문제였습니다.

다른 예를 들어보겠습니다. 오전 열한시밖에 안 되었지만, 하늘이 구름으로 덮인 날입니다. 해도 보이지 않고 시계도 없습니다. 정오가 지났으리라 짐작하지만 식사를 합니다. 그런데 식사를 하던 중 구름이 걷힙니다. 해의 위치를 보고 열한시 정도 되었다는 사실을 알게 됩니다. 하지만 이 역시 계율에 어긋납니다(계율에 따르면 승려는 새벽과 정오 사이에만 식사를 할 수 있다). 아직 정오가 지나지 않았는데 왜 계율을 어긴 것일까요?

충분히 생각하지 않고 삼가지 않았기에 계율을 어긴 것입니다. 계율을 어길지도 모른다고 의심하면서 행동을 하는 것은 가벼운 범계인 둑까따(dukkaṭa, 일흔다섯 가지 비구의 마음가짐에 관한 규율을 어기는 것으로, 스스로 마음속으로 참회해야 한다)에 해당합니다. 정오가 지나지 않았으니 식사를 한 것은 잘못이 아니지만, 부주의하고 태만하여 계율을 어긴 것입니다. 실제로 정오가 지났는데 정오가 되지 않았다고 생각해 음식을 먹으면 좀더 무거운 계율인 빠찟띠야(pācittiya, 비구의 일상생활과 승단의 생활에 관련된 규칙들로 아흔두 가지가 있다. 이를 어겼을 때는 두 명 내지 세 명의 비구 앞에서 참회해야 한다)를 어긴 것입니다. 의심하면서도 행동하는 것은 그 행동이 옳든 그르든 계율을 어긴 것입니다. 그 행동이 잘못된 게 아니라면 가벼운 잘못을 저지른 것이며, 행동이 그르다면 보다 무거운 잘못을 저지른 것입니다. 이런 계율은 이해하기 어렵고 당혹스럽게 느껴질지도 모릅니다.

제가 아잔 문 스님을 만난 것은 처음 수행을 시작했을 무렵이었습니다. 그 당시 초급 계율서인 『뿌바식카(Pubbasikkhā)』를 공부해서 제법 잘 이해하고 있었습니다. 하지만 『청정도론(淸淨道論)』의 '계율의 장', '삼매의 장', '지혜의 장'을 읽고 나서는 머리가 터져버릴 것 같았습니다. 『청정도론』의 내용은 인간의 능력을 벗어난 것 같았습니다. 하지만 부처님께서 아무런 도움이 되지 않는 불가능한 내용을 가르칠 리는 없을 것 같았습니다. '계율의 장'에는 세밀한 가르침이 담겨 있고, '삼매의 장'은 이보다 더 세세한 가르침을 담고 있습니다. '지혜의 장'은 훨씬 더 섬세한 가르침이 담겨 있습니다. 저는 이 가르침들을 실천할 수 없을 것 같았습니다. 막다른 골목에 선 심정이었습니다.

저는 명상의 돌파구를 찾지 못해 힘든 시기를 보내고 있었습니다. 그때 아잔 문 스님을 친견했습니다.

"스님! 지금 어떻게 해야 할지 모르겠습니다. 이제 막 명상을 시작했는데 무엇이 바른길인지 모르겠습니다. 온갖 의심이 일어나서 명상을 어떻게 해야 할지 전혀 모르겠습니다."

아잔 문 스님이 제게 물었습니다.

"문제가 뭔가?"

"명상을 하던 중에 『청정도론』을 읽었습니다. 그런데 거기 나오는 내용은 실천이 불가능한 것 같습니다. '계율의 장', '삼매의 장', '지혜의 장'에 담긴 가르침은 너무 비현실적인 것 같습니다. 세상 누구도 이런 가르침을 정확하고 세세하게 실천할 수 없을 겁니다. 각각의 계율을 외우는 것조차도 불가능할 것 같습니다. 제 능력 밖의 일 같습니다."

그러자 아잔 문 스님이 말했습니다.

"자네 말이 맞네. 거기에는 너무 많은 가르침들이 담겨 있지. 하지만 그 핵심은 단순하다네. '계율의 장'의 모든 계율을 지키기는 정말 힘드네. 하지만 모든 계율은 사실 사람의 마음에서 나온 것이라네. 그래서 잘못된 행동에 대한 수치심과 두려움을 갖도록 마음을 훈련하면 절제되고 주의깊은 마음을 가지게 될 것이네. 그러면 많은 것을 얻으려는 욕심이 일어나지 않을 것이네. 적은 것에 만족하고 원하는 바가 적어지지. 그러면 알아차림이 점점 더 강해진다네. 그리고 어디에 있든 언제나 알아차림을 유지할 수 있고, 더욱더 신중해진다네. 자네가 하려는 말이나 행동에 의심이 생기면, 말하지도 행동하지도 말게. 이해하지 못하는 것이 있다면 스승에게 물어보게. 계율을 하나하나 모두 지키며 명상하면 정말 부담스러울 것이네. 하지만 이보다 더 중요한 것은, 자신의 잘못을 인정할 자세가 되었는가 하는 걸세."

이 가르침은 매우 중요합니다. 각각의 계율들을 모두 지켜야 한다는 것이 아니라 자신의 마음을 훈련하는 방법을 알아야 한다는 말입니다.

"책에서 읽은 것들도 모두 마음에서 일어나는 것이라네. 자네가 아직 마음을 명확하고 예리하게 계발하지 못했다면 항상 의심에 싸여 있을 것이네. 부처님의 가르침을 자네 마음으로 가져오게나. 마음을 고요하게 하고, 의심이 일어나면 그냥 버리게. 확실히 알지 못한다면 말하지도 행동하지도 말게. 그리고 항상 절제력을 잃지 말게."

아잔 문 스님의 말씀은 부처님의 참된 가르침의 기준이 되는 여덟 가지 특징과 부합했습니다. 번뇌의 소멸, 고통에서 벗어나기, 감각적 욕망에 대한 금욕, 적은 것에 만족하기, 지위에 대한 관심을 버리고 겸손하기, 은둔과 한거(閑居), 근면한 정진, 평정심 유지하기, 이 여덟 가지가 진정한 계율이며 부처님의 가르침입니다. 이에 어긋나는 것은 부처의 가르침이 아닙니다.

"정말로 진실하다면 잘못된 행동에 대한 부끄러움과 두려움을 가질 것이네. 그러니 마음속에 의심이 있다는 걸 알면 어떤 말이나 행동을 하지 않을 것이네. '계율의 장'에 있는 내용은 그저 말일 뿐이네. 계율 책에 적혀 있는 '잘못된 행동에 대한 부끄러움과 두려움'도 물론 마음에 있는 것과는 다르다네."

아잔 문 스님의 계율에 대한 가르침에서 저는 많은 것을 배우고 이해할 수 있었습니다.

저는 계율을 정말 열심히 공부해서 충분히 이해하고 있었습니다. 안거중 어떤 날에는 저녁 여섯시부터 동이 틀 때까지 공부했습니다. 『뿌바식카』에 나오는 범계의 모든 항목들을 노트에 적어 걸망에 넣어 다니기도 했습니다. 하지만 나중에는 이렇게 하는 것이 너무 과하다는 생각이 들어 점차 놓아버리기 시작했습니다. 무엇이 중요하고 무엇이 중요하지 않은지를 이해하고 나서 중요하지 않은 것들을 버릴 수 있었습니다. 마음에 모든 주의력을 쏟자, 계율 책과는 점점 멀어지게 되었습니다.

하지만 제자들을 가르칠 때는 여전히 『뿌바식카』를 기준으로 삼습니다. 여러 해 동안 파퐁 사원에서는 제가 직접 대중들 앞에서 『뿌바식카』를 읽었습니다. 그 당시 법상에 올라가면 적어도 밤 열한시나 자정까지 법문을 했고, 어떤 날은 새벽 한두시가 되어서야 법회가 끝났습니다. 모두가 관심을 갖고 법회에 임했습니다. 계율 독송을 듣고 나서는 들은 계율에 대해 깊이 생각했습니다. 듣기만 해서는 계율을 이해할 수 없습니다. 계율을 들은 뒤에는 그것을 검토하고 탐구해야 합니다.

여러 해 동안 계율을 공부했지만 제 지식은 여전히 완벽하지 못합니다. 책에는 모호한 부분이 너무 많기 때문입니다. 이제는 그런 책을 읽어본 지가 너무 오래되어 다양한 계율

항목에 대한 기억이 좀 희미해졌습니다. 하지만 제 마음속에 계율에 대한 이해가 있기에, 부족하지도 않고 의심하지도 않습니다. 저는 책을 덮고 마음을 계발하는 데 몰입했습니다. 마음으로 덕행의 가치를 제대로 이해하면, 혼자 있든 사람들과 함께 있든 잘못된 행동을 하지 않습니다. 아주 작은 생명일지라도 죽이지 않습니다. 저는 누가 백만금을 주더라도 개미를 손으로 때려잡지 않을 것입니다. 개미의 생명이 산더미 같은 돈보다 훨씬 더 가치 있기 때문입니다.

하지만 벌레가 다리에 기어올라와 털어내다가 벌레를 죽일 수는 있습니다. 이런 경우에는 벌레가 죽더라도 죄책감을 느끼지 않습니다. 마음이 흔들리지도 혼란하지도 않습니다. 벌레를 죽일 의도가 없었기 때문입니다. 경전에서는 "계율의 핵심은 의도다"라고 말합니다. 과거에 계율을 제대로 이해하지 못했을 때는 이런 일 때문에 많이 괴로워했습니다. '내가 의도적으로 죽인 건 아니잖아. 정말 그럴 의도는 없었어. 그건 사실이지만 충분히 주의를 기울이지 않았던 건 아닐까?' 당시에는 이런 생각을 하며 걱정하고 불안해했습니다.

이처럼 계율 때문에 수행자들은 혼란스러워하기도 합니다. 하지만 계율은 지켜야 할 가치가 충분합니다. 그래서 스승들은 "아직 알지 못하는 계율이 있으면 배워야 하고, 아는 이에게 물어야 한다"고 거듭 강조합니다.

계율을 잘 모르면 계율을 어겼는지 어기지 않았는지조차 알 수 없습니다. 롭부리 주의 코옹곳 사원에 계셨던 아잔 포 스님의 예를 들어보겠습니다. 어느 날 아잔 포 스님이 제자와 함께 있을 때 여자 신도들이 아잔 포 스님에게 여쭸습니다.

"스님! 스님을 모시고 여행을 가고 싶습니다. 함께 가실 수 있나요?"

스님은 대답하지 않았습니다. 그러자 옆에 앉아 있던 제자가 아잔 포 스님이 듣지 못했다고 생각하고 스님에게 말했습니다.

"스님! 들으셨습니까? 여신도들이 스님을 모시고 여행을 가고 싶답니다."

"들었네."

여신도들이 다시 물었습니다.

"스님! 가실 수 있나요?"

그렇지만 아잔 포 스님은 여행에 대해 대답하지 않고 가만히 앉아 있었습니다. 여신도들이 모두 떠나고 난 뒤 제자가 스님에게 물었습니다.

"스님! 왜 대답을 안 하셨습니까?"

스님이 말했습니다.

"자네는 이런 계율을 모르는가? 오늘 온 사람들은 모두 여자들이었지. 여자들이 여행을 함께 가자고 제안하면 동의해서는 안 되네. 여자들 스스로가 여행 계획을 잡았다면 내가 가고 싶으면 갈 수 있다네. 내가 여행을 계획하는 데 관여하지 않았기 때문이네."

제자는 생각했습니다.

'아! 내가 정말 어리석었구나.'

여행 계획을 세우고 여자들과 함께 여행을 가는 것은 계율에 어긋납니다. 단둘이 아닌 여러 명과 단체로 여행을 가더라도 빠찟띠야에 해당합니다.

다른 예를 들어보겠습니다. 재가신자들은 보시물을 놓는 쟁반 위에 돈을 얹고 아잔 포 스님에게 보시를 하곤 했습니다. 아잔 포 스님은 보시용 천을 펼쳐놓고는 그 끝을 잡고 있었습니다. 하지만 신자들이 돈이 담긴 쟁반을 가져와 보시용 천 위에 놓으면 천에서 손을 놓았습니다. 돈을 그대로 내버려뒀습니다. 돈이 거기에 있다는 것을 알았지만 전혀 관심을 기울이지 않고 일어나 밖으로 나가버렸습니다. 계율에 따르면, 돈에 대한 욕망이 없다면 재가자들이 돈을 놓는 것을 막을 필요가 없기 때문입니다. 돈에 대한 욕망이 있다면 "스님은 돈을 받을 수가 없습니다"라고 말할 것입니다. 하지만 돈에 대한 욕망이 없다면 말할 필요도 없이 돈을 내버려두고 자리를 뜨면 됩니다.

아잔 포 스님과 함께 오랫동안 생활한 제자들 중에서도 그의 수행을 이해하지 못하는 이들이 있었습니다. 참으로 안타까운 일입니다. 하지만 저는 아잔 포 스님의 이런 많은 세심한 수행을 관찰하며 깊이 숙고했습니다.

계율을 제대로 이해하지 못해서 환속하는 경우도 있습니다. 계율을 공부하다보면 수많은 의심들이 일어납니다. 이런 생각은 과거까지 뻗어가 의심하게 만듭니다. '내 수계는 제대로 된 것일까? 나에게 계를 준 스님은 청정했을까? 수계식에 참석했던 스님들은 계율에 대해서 아무것도 몰랐는데 그들이 적절한 거리에 앉아 있었을까? 독송은 정확하게 했을까? 계를 받은 법당은 적당한 곳이었을까? 너무 작지는 않았나?……' 이런 의문들이 꼬리를 물면 마음은 지옥으로 변합니다.

마음을 가라앉혀야 괴로움이 줄어듭니다. 아주 침착하게 마음을 먹어야 하며, 이리저리 의심이 뻗쳐나가서는 안 됩니다. 하지만 마음을 침착하게 하는 데만 너무 집중하다보면 잘못들을 되돌아보지 않을 수도 있습니다. 저는 정말 혼란스러웠습니다. 거의 환속할 뻔하기도 했습니다. 저와 스승들의 수행에서 많은 문제를 보았기 때문입니다. 이런 의심 때문에 불에 타는 듯 괴로웠고, 잠을 이룰 수가 없었습니다.

의심이 일어나면 일어날수록 저는 더욱더 열심히 명상했

습니다. 의심이 일어나면 그 의심을 대상으로 명상했습니다. 그러자 지혜가 생겼고 마음이 변하기 시작했으며, 모든 의심이 사라졌습니다. 어떻게 이런 변화가 일어났는지는 잘 모르겠습니다. 다른 사람에게 설명하더라도 이해하지 못할 것입니다.

"현자는 자기 자신을 알아야 한다"라는 가르침을 저는 깊이 생각했습니다. 직접적 경험을 통해 앎을 얻어야 합니다. 분명 법을 공부해야 하지만, 공부만으로는 충분치 않습니다. 제대로 명상하기 시작하면 모든 것이 의심스러워집니다. 명상을 시작하기 전에, 저는 작은 계율은 어겨도 신경쓰지 않았습니다. 하지만 명상을 시작하고서는 둑까따를 빠라지까(pārājika, 『율장(律藏)』—스님들이 지켜야 계율에 관한 내용이 담긴 계율서—에서 가장 엄격한 규율로 네 가지를 범하는 것. 이를 범하면 승단에서 추방된다)만큼이나 심각하게 여겼습니다. 이전에는 둑까따를 아주 사소하게 여겼습니다. 둑까따를 범한 경우 저녁에 잘못을 고백하면 잘못이 사라진다고 생각했습니다. 그래서 같은 잘못을 반복했습니다. 이런 고백은 순수하지 않습니다. 잘못된 행동을 바꾸고 멈추려는 결심을 하지 않았기 때문입니다. 절제하지 않고 진실하지 않고 놓아버리지 않아서 잘못을 계속 반복했습니다.

궁극적 진리의 차원에서는 잘못을 고백하는 절차도 필요

하지 않습니다. 자신의 마음이 청정하다는 걸 알게 되고 의심이 모두 없어지면 이런 잘못은 그 자리에서 사라집니다. 의심이 아직 남아 있어서 마음이 청정하지 못하면 우리는 계속 불안해합니다. 마음이 정말 청정하지 않으면 잘못을 놓아버릴 수 없습니다. 자기 자신을 보지 못하는 것, 이것이 핵심입니다. 계율은 우리가 실수를 저지르지 않도록 보호해주는 울타리와 같습니다. 그래서 계율에 관한 문제를 세심하게 다뤄야 합니다.

계율의 진정한 가치를 스스로 깨닫지 못하면 계율을 지키기가 어렵습니다. 파퐁 사원에 오기 여러 해 전에 저는 돈을 포기하기로 결심했습니다. 안거 기간 동안 이 문제를 오래 고민했습니다. 결국 지갑을 들고 그 당시 저와 함께 생활하던 동료 스님에게 갔습니다. 그리고 그의 앞에 지갑을 놓고 이렇게 말했습니다.

"스님! 이 돈을 가지세요. 오늘부터 저는 승려 생활을 하는 한 돈을 받거나 지니지 않을 겁니다. 증인이 되어주세요."

"그러지 말고 돈을 갖고 계세요. 공부하는 데 필요할지도 모르잖아요."

스님은 이렇게 말하며 돈을 받으려 하지 않았습니다.

그는 당황하며 이렇게 물었습니다.

"왜 돈을 전부 버리려고 하세요?"

저는 이렇게 대답했습니다.

"저는 걱정하지 마세요. 어젯밤에 결심했습니다."

그가 돈을 받은 그날부터 그와 저 사이에는 거리가 생긴 것 같았습니다. 우리는 더이상 서로를 이해할 수 없었습니다. 그는 여전히 이날의 증인으로 남아 있습니다. 그날 이후로 저는 돈을 사용하지 않았고 뭔가를 사거나 팔지 않았습니다. 돈에 관해서는 철저히 절제했습니다. 어떤 잘못을 저지르지 않았더라도 잘못된 행동을 항상 경계했습니다. 내적으로는 꾸준히 명상했습니다. 재물은 더이상 필요하지 않았고, 돈을 독약처럼 여겼습니다. 사람이나 개 혹은 다른 생명체들이 독약을 먹으면 고통을 당하거나 죽게 됩니다. 독약의 이런 위험을 알면 독약을 버리기가 어렵지 않습니다.

신도들이 보시하는 음식이 의심스러우면 저는 그 음식을 받지 않았습니다. 아무리 맛있는 음식일지라도 먹지 않았습니다. 예를 들어 탁발에서 젓갈을 받을 때가 있었습니다. 숲에서 수행하며 탁발을 나가면 받는 거라곤 쌀밥과 약간의 젓갈뿐입니다. 거처로 돌아와 음식 봉지를 풀어보고 젓갈이라는 걸 알게 되면 그것을 바로 버렸습니다. 계율을 어기는 것보다 맨밥만 먹는 편이 나았습니다. 계율을 제대로 이해하면 이렇게 행동하게 됩니다. 그러면 계율이 더욱 단순해집니다.

계율을 지키지 않는 스님이 발우나 면도기 같은 필수품을 주려 하면 받지 않았습니다. 절제하지 못하는 사람은 못할 일이 없다고 생각했기 때문입니다. 절제하지 못하는 스님들은 계율의 가치를 알지 못합니다. 그래서 정당하지 않은 방법으로 그 물건들을 얻었을 수도 있습니다. 그만큼 저는 철저했습니다.

그러자 동료 스님들이 저를 탐탁지 않게 보며 수군거렸습니다. "저 스님은 사람과 사귀는 법을 몰라. 사람들과 어울릴 줄 모르는군." 그렇지만 저는 흔들리지 않았고, 이렇게 생각했습니다. '우리는 모두 함께 죽을 운명이니 죽으면 모두 함께 어울리겠지.' 저는 인내했습니다. 말도 거의 하지 않았습니다. 제가 명상하는 것을 남들이 비난해도 저는 꿈쩍도 하지 않았습니다. 설명하더라도 그들이 이해하지 못할 거라 생각했기 때문입니다. 그들은 명상에 대해 아무것도 몰랐습니다. 그 당시 장례식에 참여한 적이 있는데, 한 사람이 이렇게 말했습니다. "저 스님이 돈을 받지 않는다고 해도 듣지 말게. 스님 걸망에 돈을 넣고 아무 말도 하지 말게. 스님 모르게 말이야." 그러면 저는 이렇게 말했습니다. "제가 송장인 줄 아십니까? 술을 곡차라 부른다고 술이 차가 되는 건 아니죠. 술을 곡차라 부르고 마신다고 술에 취하지 않습니까? 당신들은 미쳤군요!"

계율을 지키며 사는 것은 어렵습니다. 그러려면 적은 것에

만족하면서 은둔하며 지내야 합니다. 한때 저는 저를 따르는 스님들과 함께 마을 사찰에 잠시 머문 적이 있습니다. 그 절의 주지스님은 저와 승납이 같았습니다. 아침이면 모두 함께 탁발을 나갔다가 절로 돌아와 발우를 내려놓았습니다. 그러면 신도들이 음식 담긴 접시를 식당으로 곧장 가져와 공양할 준비를 했습니다. 그러고 나면 스님들이 음식을 들어 한 줄로 배열해서 신도들이 공양을 올릴 수 있도록 했습니다. 그러고는 스님이 한쪽 끝에 있는 음식 접시에 손가락을 대고, 한 신도가 다른 쪽 끝의 음식 접시에 손을 댔습니다. 이것이 전부였습니다. 그런 뒤 스님들이 음식을 가지고 와서 나누어 먹었습니다.

그 당시 저와 동행하던 다섯 스님들은 누구도 그 음식에 손을 대지 않았습니다. 저희들은 탁발에서 받은 맨밥만 먹었습니다. 우리들 중 누구도 그 접시들에 담긴 음식에 손대지 않았습니다.

이렇게 며칠이 지나자, 주지스님이 우리 행동을 불편해하는 기색을 느낄 수 있었습니다. 아마도 그 절의 한 스님이 그에게 이렇게 말한 것 같았습니다. "저희 절에 머무는 객스님들이 신도들이 준비한 음식을 드시지 않습니다. 이유를 모르겠습니다."

저는 그 절에 며칠 더 머물러야 했기에 주지스님에게 이유를 설명하러 갔습니다.

"주지스님, 잠깐 시간 있으십니까? 저희가 신도들이 공양 올리는 음식을 먹지 않아서 주지스님을 비롯한 절의 스님들이 불편해하시는 것 같습니다. 이 부분에 대해 설명하고 싶습니다. 사실 별건 아닙니다. 공양 올리는 음식과 관련해서 저희는 이렇게 행동해야 한다고 배웠기 때문입니다. 재가자들이 음식을 가져다놓고 난 뒤 스님들이 음식 용기의 뚜껑을 열어 배열하고, 그러고서 재가자들이 음식을 공양 올리는 것은 잘못입니다. 이는 둑까따를 어기는 것입니다. 특히 신도가 정식으로 공양 올리지 않은 음식을 스님이 손으로 만지면 이 음식은 부정한 음식이 됩니다. 『율장』에 따르면 이런 음식을 먹으면 계율을 어기는 것입니다. 단지 이런 이유 때문입니다. 저는 다른 스님들을 비판하려는 것도 아니고 이 절의 스님들이 이렇게 수행하도록 강요하고자 하는 의도도 전혀 없습니다. 며칠 더 이 절에 머물러야 하니 저희들이 이런 의도로 그렇게 행동했다는 것을 설명하고 싶었습니다."

그는 손을 들어 합장하며 "사두"(빠알리어로 훌륭하다는 뜻)를 외치며 찬탄했습니다. "저는 사라부리 지방에서 이렇게 사소한 계율까지 지키는 스님을 본 적이 없습니다. 요즘은 정말 그런 스님들이 없습니다. 있더라도 사라부리가 아닌 다른 지방에 있을 겁니다. 스님의 행동을 찬탄하고 싶습니다.

저는 스님 말씀에 전적으로 동의합니다. 아주 훌륭하십니다."

다음날 아침 탁발에서 돌아오자 어떤 스님도 음식이 담긴 접시에 다가가지 않았습니다. 스님들이 음식을 먹지 않을까 걱정하는 마음에 신도들이 직접 음식을 분류하고 스님들에게 공양을 올렸습니다. 그날부터 그 절의 스님들과 사미들이 아주 긴장한 것 같았습니다. 저는 그들의 마음을 편안하게 해주기 위해 그들에게 이런저런 설명을 했습니다. 그들은 저희들이 두려워서 방에 들어가 조용히 입을 다물고 있었습니다.

부끄러워하는 그들의 마음을 편안하게 해주려고 이삼일 동안 노력했습니다. 그들에게 반감은 전혀 없었습니다. 음식이 부족하다거나 이런저런 음식을 가져다 달라는 부탁도 하지 않았습니다. 저는 이전에 칠팔일씩 단식을 한 적도 있었습니다. 그래서 맨밥만 먹어도 죽지 않는다는 걸 알고 있었습니다. 공부한 대로 수행하니 힘이 솟아났습니다.

저는 부처님을 본보기로 삼았습니다. 어디를 가든 다른 사람 일에 관여하지 않았습니다. 오직 명상에만 몰두했습니다. 저 자신과, 저 자신의 명상에 몰입해야 했기 때문입니다.

명상을 하는 사람은, 계율을 지키지 않거나 명상을 하지 않는 사람과 함께 살 수 없으며 서로 각자의 길을 가야 합니다. 예전에 저는 이런 것을 이해하지 못했습니다. 저는 스승으로서 다른 이들을 가르쳤지만 명상은 하지 않았습니다. 정말 잘못된 것입니다. 명상과 지식은 하늘과 땅처럼 그 차이가 큽니다.

그래서 저는 숲속에 명상센터를 세우려는 스님이 있으면 그러지 말라고 합니다. 스스로 제대로 알지 못하면 가르치지 말아야 합니다. 어떤 스님들은 숲속에서 생활하면 평화로울 것이라고 생각하지만 이는 명상의 핵심을 이해하지 못한 것입니다. 그들은 풀 베는 일(풀베기는 계율에서 금지되어 있다) 등 온갖 일을 합니다. 하지만 그래서는 명상이 발전할 수 없습니다. 숲이 아무리 고요해도 잘못된 행동을 하면 명상이 발전할 수 없습니다.

그들은 숲속에 사는 숲속 수행승들을 보고서 숲에서 생활합니다. 하지만 그들은 숲속 수행승과 다릅니다. 승복의 색깔도 다르고 먹는 습관도 다르며 모든 것이 다릅니다. 그들은 명상으로 스스로를 단련하지 않습니다. 이렇게 살아서는 아무 소용이 없습니다. 절이 약장수들의 공연처럼 뽐내거나 광고를 하는 곳과 다름없어집니다. 더이상 발전이 없습니다. 명상이 부족한데 남을 가르치려는 이는 아직 성숙하지 못한 사람입니다. 그들은 제대로 이해하지 못해서 이내 포기하고 뿔뿔이 흩어집니다.

그래서 우리는 공부해야 합니다. 계를 받은 지 얼마 되지 않은 스님들을 위한 초급 교리서인 『나와꼬와다』에서는 이렇게 가르칩니다.

"이해할 때까지 공부하고 기억하라. 그리고 때때로 스승에게 좀더 자세한 가르침을 구하라. 그러면 스승이 설명해줄 것이다."

이렇게 공부해서 계율을 제대로 이해해야 합니다.

7장

명상의 기본

|

매년 경전 시험을 끝내고 갖는 모임에서, 계를 준 스승으로서 의무를 다하는 것이 얼마나 중요한지 새삼 깨닫습니다. 스승이 의무를 다하면 승가는 화합하고 서로 존중하며 결국 승가에 많은 도움이 됩니다. 궁극적으로 승가에 큰 이익이 됩니다.

부처님 당시부터 지금까지 어떤 조직이든 그 구성원들이 서로 존중하지 않으면 그 조직은 결속될 수 없고 발전할 수도 없었습니다. 나태해지기 시작하고 명상은 퇴보합니다.

이곳에 사찰을 세우고 명상한 지 25년째입니다. 사찰은 꾸준히 성장하고 있지만 쇠퇴할 수도 있습니다. 모두가 주의를 기울이고 서로를 존중하며 명상의 기본을 꾸준히 지켜나가야 합니다. 그러면 스님들은 서로 화합하며 불교의 발전에 오래 기여할 수 있습니다.

공부와 명상은 한 쌍입니다. 공부와 명상을 함께 해왔기 때문에 불교가 성장하고 번영할 수 있었습니다. 단순히 경전만 공부했다면 나태해졌을 것입니다.

이 절을 세운 첫해에는 일곱 스님들이 안거했습니다. 저는 스님들이 경전 시험 준비를 위해 공부를 시작하면 명상을 게을리한다는 생각이 들었습니다. 저는 그 이유를 찾고 싶었습니다.

저는 일곱 스님에게 경전을 가르쳤습니다. 아침식사가 끝난 뒤부터 저녁 여섯시까지 사십 일 동안 가르쳤고, 일곱 스님은 모두 경전 시험에 합격했습니다.

이것은 좋은 일이었지만, 조심성이 부족한 몇몇 스님들에게 문제가 생긴 것 같았습니다. 시험에 합격하려면 경전을 수없이 읽고 암송하며 공부해야 합니다. 절제력이 부족하고 부주의한 스님들은 하루종일 경전만 공부하고 반복해 암송하며 명상을 소홀히 했습니다. 시험이 끝나자 스님들은 걷기명상은 아예 하지 않고 잠깐씩 좌선만 했습니다. 서로 어울리는 시간이 늘었고 절제력과 평정심이 약해졌습니다.

걷기명상을 하든 좌선을 하든 제대로 하겠다는 결심을 하고 명상에 집중해야 합니다. 서 있거나 앉아 있거나 누워 있거나 걷거나 마음을 고요하게 하도록 노력해야 합니다. 하지만 경전 공부에 몰두한 나머지 머릿속에 단어들이 가득차서 자신을 잊어버립니다. 이런 이들은 지혜가 없고 절제력과 알아차림이 부족합니다. 마음은 점점 더 산만해지고, 의미 없는 잡담과 사교로 하루를 보내게 됩니다. 경전 공부 때문이 아니라 더이상 노력하지 않고 스스로를 잊어버렸기 때문에 이런 문제들이 생깁니다.

경전은 명상의 길을 가리키는 나침반과 같습니다. 명상을 제대로 이해하면 경전을 읽거나 공부하는 것도 모두 명상이 됩니다. 하지만 스스로를 잊어버리고 경전 공부만 하면 잡담이나 무의미한 일들에 열을 올리게 됩니다. 명상은 내팽개치고 머지않아 환속하고 싶어집니다. 공부나 명상이 잘못된 것이 아니라 자기 자신을 성찰하는 데 실패한 것입니다. 수행자가 자신을 성찰하지 못했기 때문이지, 경전 공부나 명상 그 자체에 문제가 있는 게 아닙니다.

이런 문제점을 인식하고서 두번째 안거부터는 경전 가르치는 일을 그만뒀습니다. 그뒤 해가 갈수록 점점 더 많은 젊은이들이 스님이 되려고 사찰로 왔습니다. 몇몇 스님들은 법과 계율에 대해 몰랐고 경전에 대해 무지했습니다. 이런 상황을 바로잡고자 경전에 대한 소양이 있는 선배 스님들이 그들을 가르치도록 했습니다. 그 이후 지금까지 그렇게 해오고 있습니다.

하지만 매년 경전 시험이 끝나고 나면 저는 모든 스님들에게 마음을 다잡고 명상하라고 말합니다. 명상과 직접 관계 없는 경전들은 벽장으로 치우게 합니다. 이렇게 스스로 마음을 다잡고 일상적 명상으로 돌아갑니다. 매일 하는 예불 같은 단체 수행도 다시 시작합니다. 이것이 나태와 수행에 대한 거부감을 이겨내는 우리의 원칙입니다.

저는 스님들에게 이렇게 말합니다.

"명상의 기본을 잊지 말아야 하네. 적게 먹고, 적게 말하고, 적게 자게. 절제하고 평정심을 유지하고 초연하게 지내게. 좌선과 걷기명상을 규칙적으로 하고, 정기적으로 적절한 때에 스님들과 모임을 가지게."

이렇게 노력하십시오. 소중한 기회를 낭비하지 말고 명상하십시오. 스승의 지도 아래 명상할 수 있는 이런 기회를 놓치지 말고 최선을 다해 명상하십시오. 좌선, 걷기명상, 아침 저녁 예불 같은 수행에 전념하십시오. 이것이 여러분의 의무이니 수행에 자신의 전부를 쏟으십시오.

승복을 입고 시간만 축내며 속세를 그리워하며 혼란에 빠진 사람은 강하지 않습니다. 그들은 온전히 명상에 전념하지 않습니다. 빈둥거려서는 안 됩니다. 비구나 사미로서 잘 먹고 잘 지내는 것을 당연하게 받아들여서는 안 됩니다. 감각적 쾌락과 안락에 탐닉하는 것은 위험합니다. 힘써 명상하고 스스로 잘못된 행동을 끊임없이 고치고, 외적인 것들에 빠지지 않아야 합니다.

명상에 열의가 있는 사람은 걷기명상과 좌선을 게을리하지 않고 절제와 평정심을 유지합니다. 어떤 스님은 식사를 마치면, 승복을 벗어놓고 해야 할 일을 마친 뒤 바로 걷기명상을 시작합니다. 그의 오두막을 지나칠 때면 걷기명상으로 길이 반질거리는 것을 볼 수 있습니다. 그는 열의를 갖고 명상을 하기에 명상이 지루하지 않습니다.

이렇게 명상에 몰두하면 큰 문제가 일어나지 않습니다. 하지만 걷기명상이나 좌선을 제대로 하지 않으면 그저 여기저기 돌아다니기만 합니다. 여기가 싫어서 다른 곳으로 떠나고, 다른 곳이 싫어서 다시 여기로 돌아옵니다. 마음 내키는 대로 여기저기 쫓아다닙니다. 하지만 여기저기를 많이 떠돌 필요는 없습니다. 바로 이 자리에서 명상하며 자세히 배우십시오.

명상의 발전과 퇴보는 전적으로 여기에 달려 있습니다. 제대로 명상하고 싶다면 공부와 명상의 균형을 유지해야 합니다. 마음이 편안하고 몸이 건강하면 평정심을 유지할 수 있습니다. 하지만 몸이 건강해도 마음이 혼란스러우면 명상이 힘들어집니다.

명상은 마음을 계발하고 번뇌를 버리는 공부입니다. 제가 말하는 공부는 이런 것입니다. '마음이 감각을 경험할 때 그 감각에 집착하는가? 감각으로 인해 여전히 문제를 일으키는가? 그 감각을 좋아하거나 싫어하는가?' 간단히 얘기하자면, '여전히 자신의 생각에 빠지는가?'입니다. 대부분 경우에 생각에 빠집니다. 마음에 들면 좋아하고 마음에 들지 않으면 싫어합니다. 그러면 마음이 오염됩니다. 이런 불완전한 문제들을 갖고 있습니다. 따라서 이런 문제들을 버리기 위해 끊임없이 마음을 계발하는 노력을 멈추지 말아야 합니다. 명상할 때 어떤 것에 걸려 있는지 상태를 알고서 바로잡으려 노력해야 합니다.

스승과 함께 있든 떨어져 있든 차이가 없어야 합니다. 어떤 이들은 스승과 함께 살기를 꺼립니다. 걷기명상을 하지 않는다고 스승이 야단칠까봐 걱정이 되어 그런 것입니다. 제대로 명상하는 사람은 다른 사람을 두려워할 필요가 없습니다. 오히려 자신의 행동과 말, 생각으로 잘못을 저지르는 것을 두려워해야 합니다. 이런 잘못으로부터 스스로를 보호해야 하고 스스로를 잘 가르쳐야 합니다. 명상을 통해 자기 자신을 알고 빠르게 발전시켜야 합니다. 이것이 제가 말하는 공부입니다. 명확한 깨달음이 올 때까지 이를 잘 들여다보십시오.

수행자는 모든 번뇌 속에서도 견뎌내며 인내합니다. 이것도 훌륭하지만, 이 단계는 '법을 꿰뚫어 보지 못하고 명상하는' 수준입니다. 명상해서 법을 꿰뚫어 보면, 잘못된 것은 무엇이든 버리고 유익한 것은 무엇이든 계발합니다. 자신에게서 이를 보면 행복을 경험합니다. 다른 사람들이 어떤 말을 해도 자신의 마음을 알아서 흔들림이 없습니다. 어디서든 평화로울 수 있습니다. 지금 막 출가한 젊은 스님들은 선배 스님들이 좌선이나 걷기명상을 열심히 하지 않는다고 생각할지도 모릅니다. 하지만 그런 겉모습을 흉내내려 하지 말고, 그들의 내면을 본받으십시오. 선배 스님들은 겉으로 명상하는 것처럼 보이지 않을지 모르지만 내면으로는 명상하고 있습니다. 눈으로 그들의 마음을 볼 수는 없습니다. 불교 명상은 마음을 닦는 것입니다. 말과 행동으로는 명상하는 것처럼 보이지 않아도, 마음까지 그런 건 아닙니다.

오랫동안 깊이 명상한 스승은 말과 행동에 신경쓰지 않는 듯이 보여도 마음을 항상 단속합니다. 그래서 그는 고요합니다. 하지만 그의 외적인 행동만 보고 그것을 흉내내려 해서는 안 됩니다. 그는 여러분과 수준이 다릅니다. 선배 스님들은 빈둥거리는 듯 보여도 언제나 방심하지 않습니다. 그들은 이런저런 대상들과 함께 살아가지만 그것들로 인해 혼란스러워지지 않습니다. 이는 눈에 보이지 않습니다. 그러니 겉모습만으로 판단하지 마십시오. 우리가 말하거나 행동할 때 그 말과 행동은 마음의 상태와 일치합니다. 하지만 깊이 명상한 이의 말과 행동은 그의 마음 상태와 완전히 다를 수 있습니다. 그의 마음이 법과 계율에 머물고 있기 때문입니다. 예를 들어 때로는 스승이 제자를 가혹하게 대하며 거칠고 부주의해 보이는 말을 할 수도 있습니다. 우리가 볼 수 있는 것은 말과 행동일 뿐, 법과 계율에 머물고 있는 마음은 볼 수가 없습니다.

"신중함은 불사(不死)로 가는 길이요, 부주의함은 죽음으로 가는 길이다."(『법구경』, 21)

부처님의 이 가르침을 명심하십시오. 다른 사람의 행동은 중요하지 않습니다. 그저 항상 방심하지 마십시오.

"비구는 걸식하는 사람이다"라는 말이 있습니다. 승려를 이런 식으로 이해하면 명상은 아주 낮은 차원이 됩니다. 하지만 부처님께서 말씀하신 대로 비구를 '윤회에서 위험을 보는 이'라고 이해하면 명상은 훨씬 심오해집니다.

윤회의 위험을 보는 이는 세상의 결점들과 문제들을 봅니다. 이 세상은 정말 위험합니다. 하지만 사람들은 이런 위험을 보지 못하고 세상의 즐거움과 행복만을 봅니다. 윤회의 고통은 너무 커서 견디기 어렵습니다. 행복도 윤회의 일부입니다. 윤회의 위험을 보지 못하면 행복할 때 행복에만 집착하며 고통을 잊어버립니다. 불이 뜨겁다는 사실을 모르는 아이처럼 윤회의 위험을 모릅니다.

"비구는 윤회의 위험을 보는 자이다." 이렇게 이해하고서, 앉으나 서나 걸으나 누우나 이 가르침이 자신에게 깊이 스며들면 평정심이 생깁니다. 자신을 살펴보면 방심하고 있지 않다는 걸 알 것입니다. 편안히 앉아 있어도 마찬가지입니다. 무슨 일을 하든 그 위험을 봅니다. 이전과는 매우 다른 상태에 있습니다. 이것이 '윤회에서 위험을 보는 자'가 되는 명상입니다.

윤회의 위험을 보는 사람은 개념과 개념의 초월을 이해하기에, 윤회하는 세상에 살지만 윤회에서 벗어나 있습니다. 이런 사람의 말은 보통 사람들의 말과 다릅니다. 생각과 행동도 다르며 보통 사람들보다 훨씬 지혜롭습니다.

그래서 "본받되 흉내내지 말라"라는 말이 있습니다. 어리석은 이는 모든 것에 집착합니다. 그래서는 안 됩니다. 자신을 망각하지 마십시오.

저는 건강이 별로 좋지 않습니다. 그래서 제가 죽고 나서도 승려들이 간직해야 할 몇 가지 가르침을 주려 합니다. 부모가 살아 있을 때는 자녀들이 잘 지내지만, 부모가 죽고 나면 자녀들이 흩어집니다. 잘살다가 가난해집니다. 이는 세속에서뿐만 아니라 승가에서도 비슷합니다. 스승이 살아 있을 때는 모두들 잘 지내고 번영하지만, 스승이 죽고 나면 승가가 바로 쇠퇴하기 시작합니다. 이유가 무엇일까요?

스승이 살아 있을 때 제자들이 현실에 안주하며 자신을 잊고, 공부와 명상에 제대로 노력을 기울이지 않았기 때문입니다. 세속에서는 아버지와 어머니가 살아 있을 때 자녀들은 부모에게 모든 것을 의지합니다. 그래서 부모가 죽고 나면 자신을 돌보는 방법을 배우지 못해 가난뱅이가 됩니다. 승가에서도 마찬가지입니다. 스승이 떠나거나 죽으면 승려들은 편을 가르며 쇠퇴합니다. 스승에게 의지할 때는 모든 일들이 순조롭지만, 스승이 죽으면 제자들은 갈라지고 견해가 충돌합니다.

그릇된 생각을 하는 이들끼리 모이고 바르게 생각하는 이들도 자기들끼리 다른 곳에서 모입니다. 불편하게 느끼는 이들은 오랜 동료들을 떠나 자신의 제자들과 함께 새로운 사찰을 만들고 새로운 전통을 시작합니다. 이는 잘못된 것이지만, 상황은 이런 식으로 흘러갑니다. 스승이 살아 있을 때 스승이 가르친 명상을 자신의 마음속에 확립하지 못해 일어나는 일입니다.

부처님 시대에도 다를 바가 없었습니다. 나이가 많은 수밧다라는 비구에 관한 이야기가 경전에 있습니다. 마하가섭 존자가 빠와 지방에서 돌아오는 길에 한 수행자에게 부처님의 안부를 물었습니다. 그러자 그는 부처님께서 일주일 전에 반열반(般涅槃, 완전한 열반으로, 보통 부처님이 돌아가실 때 오온이 소멸됨을 의미한다)에 드셨다고 대답했습니다.

아직 깨달음에 이르지 못한 승려들은 비탄에 잠겨 울부짖으며 통곡했습니다. 법을 성취한 이들은 이렇게 반조했습니다.

"부처님께서 돌아가셨군. 길을 떠나셨군."

하지만 번뇌가 많은 수밧다 비구는 이렇게 말했습니다.

"모두들 왜 우는가? 부처님이 돌아가신 건 좋은 일이네. 이제 우리는 편안하게 살 수 있게 되었네. 부처님은 살아 계실 때 이런저런 규칙들로 우리들을 성가시게 하셨지. 그래서 마음대로 무엇을 하지도 못하고 말하지도 못했네. 부처님이 돌아가셨으니 얼마나 좋은가! 이제 원하는 건 무엇이든 할 수 있고 말할 수 있게 되었네. 그러니 울 이유가 있는가?"

오랜 옛적부터 지금까지 그래왔습니다.

유리잔 하나를 깨지지 않도록 잘 간수한다고 생각해보십시오. 그 유리잔을 사용하고서는 씻어서 안전한 곳에 보관해둡니다. 이렇게 유리잔을 아주 조심스럽게 다루면 비록 영원히는 아니겠지만 오랫동안 유리잔을 쓸 수 있습니다. 우리가 유리잔을 쓰고 나서 다른 사람이 쓸 수도 있습니다. 유리잔을 부주의하게 사용해서 매일 깨뜨리는 것과 10년 동안 사용하는 것 중 어느 편이 나은가요?

명상도 이와 같습니다. 예를 들어, 여기서 지내며 꾸준히 명상하고 있는 이들 중 열 명만 제대로 명상을 해도 이 파퐁 사원은 번창할 것입니다. 백 가구가 살고 있는 마을에 오십 명만 좋은 사람이 있어도 마을이 번창하는 것처럼 말입니다. 사실 명상을 잘하는 이는 열 명도 찾기 힘들 겁니다. 여기 이 사원의 경우, 정말로 명상에 전념해서 제대로 명상하는 스님은 대여섯 명도 되지 않을 겁니다.

어쨌든 우리의 유일한 의무는 명상을 잘하는 것입니다. 우리가 가진 게 뭐가 있습니까? 재물도 소유물도 가족도 없습니다. 식사도 하루에 한 번만 합니다. 비구나 사미로서 모든 것을 포기하고 아무것도 소유하지 않습니다. 사람들이 즐기는 모든 것을 버리고, 명상하려고 출가해 스님이 되었습니다. 그런데 왜 탐욕과 분노와 어리석음에 빠져 다른 것들에 연연해합니까?

명상을 하지 않으면 아무런 역할이 없으므로, 재가자들보다 우리가 못해집니다. 어떤 역할이나 의무도 하지 못한다면 수행자의 삶을 낭비하는 것입니다.

방심하는 것은 죽은 것과 마찬가지입니다. 이렇게 자문해보십시오.

"죽을 때 명상할 시간이 있을까?"

계속해서 이렇게 물어보십시오.

"내가 언제 죽을까?"

이렇게 반조한다면 마음이 매 순간 깨어 있을 것입니다. 방심하지 않으면 알아차림은 자동적으로 따라올 것입니다. 지혜가 명확해져 모든 것을 진실로 있는 그대로 볼 수 있을 것입니다. 알아차림이 마음을 보호하며, 밤낮으로 항상 감각들의 일어남을 알 것입니다. 알아차림이 있다는 것은 이런 것입니다. 알아차림이 있으면 마음이 고요합니다. 마음이 고요하면 방심하지 않습니다. 방심하지 않으면 명상을 잘하고 있는 것입니다. 이것이 우리의 의무입니다.

8장

여기 있는 이유

|

이번 안거에는 기력이 떨어지고 건강이 좋지 않습니다. 그래서 신선한 공기를 마시려고 이 산에 왔습니다. 목소리가 나오지 않고 숨도 차서, 사람들이 방문해도 예전처럼 맞이할 수 없습니다. 지금 여기 앉아 아직 육신의 눈으로 볼 수 있다는 걸 축복으로 생각해야 할 것 같습니다. 곧 볼 수 없게 될 테니 말입니다. 호흡이 멈추고 목소리가 사라질 것입니다. 몸과 같은 총체는 조합된 요소들의 조건에 따라 변합니다. 부처님께서는 이것을 조건 지어진 모든 현상들의 쇠퇴와 소멸이라고 말씀하셨습니다.

그러면 어떻게 쇠퇴할까요? 얼음 한 조각을 떠올려보십시오. 이 얼음은 원래 물이었습니다. 물을 얼리면 얼음이 됩니다. 하지만 얼마 지나지 않아 얼음은 녹습니다. 큰 얼음덩어리를 햇볕 아래 두면, 얼음이 녹는 것이 몸이 사라지는 것과 아주 유사함을 알 수 있습니다. 얼음은 점차 사라지고, 오래지 않아 흥건한 물만 남습니다. 이것이 조건 지어진 모든 것들의 쇠퇴와 소멸입니다. 태초부터 지금까지 오랜 세월 동안 이러했습니다. 이를 피할 수는 없습니다. 태어날 때부터 늙음과 병듦, 그리고 죽음을 지니고 있는 것입니다.

그래서 부처님께서는 모든 조합된 것들의 쇠퇴와 소멸을 말씀하셨습니다. 여기 법당에 앉아 있는 이들은, 비구든 사미든 재가신자든 모두 예외 없이 쇠퇴하는 존재들입니다. 지금 이 몸뚱이는 얼음덩이처럼 단단합니다. 물이 얼음이 되고 얼음은 물이 됩니다. 이런 쇠퇴가 자기 자신에게 보입니까? 이 몸을 지켜보십시오. 몸은 날마다 늙고 있습니다. 머리카락도 손톱도, 모든 것들이 늙고 있습니다.

언제나 지금 같지는 않았죠? 한때는 지금보다 훨씬 작았습니다. 여러분은 자라서 성숙했습니다. 지금부터는 자연의 이치에 따라 쇠퇴할 것입니다. 얼음덩이처럼 몸이 쇠퇴해 곧 사라질 것입니다. 우리 몸은 모두 흙, 물, 불, 바람의 네 가지 원소로 이루어져 있습니다. 이 네 가지 원소가 모인 것을 사람이라 부릅니다. 원래는 무엇이라 부르기 힘들지만, 우리는 이것을 사람이라고 부릅니다. 여기에 미혹되어, 서로를 더 쉽게 구분할 수 있도록 '남자', '여자'라고 부르고 호칭을 붙입니다. 하지만 사실 거기에는 어떤 사람도 존재하지 않습니다. 흙, 물, 불, 바람만이 존재합니다. 이것들이 서로 모인 결과물을 사람이라 부르는 것입니다. 그렇지만 흥분할 건 없습니다. 이것을 주의깊게 들여다보면 거기에는 아무도 없습니다.

몸에서 살, 피부, 뼈와 같이 단단한 요소를 흙의 요소라고 합니다. 몸에서 액체처럼 유동하는 것을 물의 요소라고 합니다. 몸의 따뜻한 기능은 불의 요소입니다. 그리고 몸을 도는 흐름이 바람의 요소입니다.

파퐁 사원에는 남자도 여자도 아닌 신체가 있습니다. 큰 법당에 매달려 있는 해골이 그것입니다. 해골은 남자나 여자라는 느낌이 들지 않습니다. 사람들이 남자인지 여자인지 물어보아도 서로 멍하게 쳐다보기만 합니다. 그것은 피부와 살이 모두 사라진 해골일 뿐입니다.

사람들은 이런 것에 무지합니다. 어떤 사람들은 파퐁 사원 법당에 들어가 해골을 보고는 부리나케 밖으로 도망칩니다. 그들은 해골이 무서워서 해골을 보고 있을 수가 없습니다. 이런 사람들은 스스로를 한 번도 본 적이 없습니다. 그들은 해골이 얼마나 대단한 가치가 있는지를 반조해봐야 합니다. 절에 오려면 차를 타거나 걸어야 합니다. 그런데 뼈가 없다면 어떻게 여기 올 수 있겠습니까? 걸어서 올 수 있을까요? 하지만 차를 타고 파퐁 사원에 와서 법당의 해골을 보고는 곧바로 밖으로 뛰쳐나갑니다. 그들은 한 번도 이런 해골을 본 적이 없습니다. 해골을 지니고 태어났지만 본 적은 결코 없습니다. 지금 해골을 볼 기회가 생겼으니 얼마나 운이 좋은가요. 나이든 사람들조차도 해골을 보고 두려워합니다. 왜 이렇게 야단일까요? 자기 자신과 전혀 교감하지 않고, 자기 자신을 제대로 알지 못하기 때문입니다. 어쩌면 집에 가서 사나흘 동안 잠을 이루지 못할지도 모릅니다. 하지만 해골과 함께 잠을 잡니다. 해골과 함께 옷을 입고, 해골과 함께 음식을 먹고, 해골과 함께 모든 것을 하면서 해골을 두려워합니다.

자신의 실체를 모르다니 정말 딱합니다. 그들은 항상 밖을 봅니다. 나무나 다른 사람 같은 외적인 대상들을 보며 이렇게 말합니다. "이것은 크군." "이것은 작군." "이건 짧군." "이건 길군." 다른 것들을 보느라 너무 바빠서 자신을 보지 못합니다. 정말 가여운 사람들입니다. 그들에게는 피난처가 없습니다.

수계식에서 계를 받는 이는 머리카락, 몸의 털, 손톱, 이, 피부라는 다섯 가지 명상 주제를 배워야 합니다. 몇몇 제자들과 좀 배웠다는 이들은 수계식에서 이 부분을 들으면 킬킬거립니다. '스승님은 여기서 뭘 가르치려 하시는 거지? 우리가 머리카락을 얼마나 오래 갖고 있었는데 왜 이것에 대해 가르치시는 거지? 이미 알고 있는 것까지 가르칠 필요는 없는데. 왜 번거롭게 이미 알고 있는 걸 가르치려 하실까?' 어리석은 사람은 이렇게 생각합니다. 그들은 머리카락을 이미 볼 수 있다고 생각합니다. 제가 "머리카락을 보라"라고 말하는 것은, 머리카락을 '진실로 있는 그대로 보라'는 의미입니다. 몸의 털을 진실로 있는 그대로 보고, 손톱과 이 그리고 피부를 진실로 있는 그대로 보라는 것입니다. 이것이 제가 말하는 "보라"의 의미입니다. 피상적으로 보는 것이 아니라 진리에 따라 보는 것입니다. 진실로 있는 그대로 볼 수 있으면, 그것들에 완전히 빠져들지 않을 것입니다. 머리카락, 손톱, 이, 피부가 아름답나요? 깨끗한가요? 진짜 실체가 있나요? 견고한가요? 전혀 그렇지 않습니다. 그것들은 아름답지도 않고 실체도 없지만, 우리는 그렇다고 상상합니다.

　머리카락, 손톱, 이, 피부에 사람들은 아주 집착합니다. 부처님은 몸의 이런 부위들을 명상 주제로 삼으셨고, 이것들을 우리가 알도록 가르치셨습니다. 몸의 이런 부위들은 일시적이고 불완전하며 주인이 없습니다. '내'가 아니며, '나의 것'이 아닙니다. 이것들을 가지고 태어나고 이것들에 현혹되지만, 이것들은 더러운 것입니다. 일주일 동안 씻지 않으면 서로 가까이 다가갈 수 있겠습니까? 냄새가 아주 지독할 겁니다. 많은 사람들이 함께 열심히 일하며 땀을 많이 흘리면 냄새가 지독할 겁니다. 집에 돌아와 비누와 물로 몸을 씻으면 냄새가 어느 정도 사라지지만 비누의 향기가 악취를 대신합니다. 비누로 몸을 문지르면 향기로워지는 것 같지만, 몸의 악취는 잠깐 억눌러놓았을 뿐 여전히 거기에 있습니다. 비누 향기가 사라지면 몸의 냄새가 돌아옵니다.

이 몸이 아름답고 사랑스럽고, 오래 지속될 것이며 튼튼하다고 여기기 쉽습니다. 결코 병들지도 늙지도 죽지도 않을 것이라고 생각하기도 합니다. 우리는 현혹되고 속아서, 자기 내면의 진정한 피난처를 알지 못합니다. 진정한 피난처는 '마음'입니다. 우리가 앉아 있는 이 큰 법당은 진정한 피난처가 될 수 없습니다. 이 법당은 비둘기와 도마뱀의 피난처가 됩니다. 법당이 우리 것이라고 생각할 수도 있겠지만 사실은 그렇지 않습니다. 우리는 다른 모든 것들과 함께 여기서 살아갑니다. 이곳은 일시적인 피난처일 뿐 조만간 여기를 떠나야 합니다. 사람들은 이런 피난처를 진정한 피난처로 착각합니다.

그래서 부처님께서는 자신의 피난처를 찾으라고 말씀하셨습니다. 진정한 마음을 찾으라는 의미입니다. 진정한 마음은 정말 중요합니다. 사람들은 보통 중요한 것들은 보지 않고 중요하지 않은 것들에 대부분의 시간을 낭비합니다. 예를 들어 집 안 청소를 할 때 바닥을 쓸거나 설거지 등은 열심히 하지만 자신의 마음은 알아차리지 못합니다. 마음이 썩어서 화가 나 인상을 찌푸린 채 설거지를 합니다. 자신의 마음이 그리 깨끗하지 않지만 이를 보지 못합니다. 저는 이것을 '일시적인 피난처'라고 부릅니다. 집안은 아름답게 꾸미지만 자신의 마음을 아름답게 가꿀 생각은 하지 못합니다. 그들은 고통에 대해 깊이 생각하지 않습니다. 부처님께서는 자신의 마음에서 피난처를 찾으라고 가르치셨습니다. 달리 누가 피난처가 되겠습니까? 진정한 피난처는 다른 누가 아닌 '마음'입니다. 다른 것들에 의지할 수도 있지만, 그것들은 의지할 만한 것이 아닙니다. 먼저 자기 자신에게 피난처가 있어야 다른 것들에 의지할 수 있습니다.

그러니 모두 이 가르침을 깊이 생각해보십시오. '나는 누구지? 나는 왜 여기에 있지? 나는 왜 태어났지?'라고 스스로에게 물어보십시오. 대답을 알지 못하는 사람도 있을 것입니다. 그들은 행복하길 바라지만 고통이 멈추지 않습니다. 부자거나 가난하거나 젊거나 늙거나 똑같이 고통받습니다. 모두가 고통입니다. 지혜가 없기 때문입니다. 가난한 이는 충분히 갖지 못해서 행복하지 않고, 부유한 이는 너무 많이 가져서 행복하지 않습니다.

어린 사미승이었을 때 저는 남자 하인 백 명, 여자 하인 백명, 백 마리 코끼리, 백 마리 물소를 가진 부자가 되면 행복할 것인가에 대한 법문을 한 적이 있습니다. 신자들은 이 법문을 정말 열심히 들었습니다. 하지만 물소 백 마리나 소 백 마리, 혹은 남자 하인과 여자 하인 각 백 명을 돌본다고 상상해보십시오. 이 모두를 관리해야 한다면 어떨까요? 사람들은 사물의 이면을 보지 못합니다. 사람들은 수백 마리의 소와 물소, 그리고 수백 명의 하인을 갖고 싶은 욕심이 있습니다. 하지만 제가 보기에는 물소 오십 마리도 너무 많습니다. 가축들의 고삐를 묶는 일만 해도 엄청날 것입니다. 사람들은 이런 점은 고려하지 않고, 소유의 즐거움만 생각합니다. 그들은 소유에서 생기는 문제들은 살펴보지 않습니다.

지혜가 없으면 우리를 둘러싼 모든 것들이 고통의 원천이 됩니다. 하지만 지혜가 있으면 눈, 귀, 코, 혀, 몸, 마음 모두가 우리를 고통에서 벗어나도록 이끌어줍니다. 눈이 반드시 좋은 것은 아닙니다. 기분이 나쁠 때는 다른 사람들을 보기만 해도 화가 나서 잠을 이룰 수가 없습니다. 아니면 사랑에 빠질 수도 있습니다. 자신이 원하는 대로 되지 않으면 사랑도 고통입니다. 욕망 때문에 사랑과 미움 모두가 고통입니다. 원하는 것은 고통입니다. 즉 갖지 못한 것을 원하는 것은 고통입니다. 설사 그것을 얻더라도 고통입니다. 잃을까봐 두렵기 때문입니다. 오직 고통만이 있습니다. 크고 멋진 집이 있어도 마음이 건강하지 못하면 삶은 기대하는 대로 풀리지 않습니다.

'나는 왜 태어났을까? 이번 생에 정말로 무언가를 성취했나?' 이렇게 스스로를 살펴봐야 합니다. 농촌 사람들은 어려서부터 벼농사를 짓습니다. 재산을 모으는 시간이 부족할까 봐 열일곱이나 열여덟 살이 되면 서둘러 결혼을 합니다. 부자가 될 거라고 생각하며 어려서부터 일을 시작합니다. 일흔, 여든, 아흔 살이 될 때까지 벼농사를 짓습니다. 그들에게 저는 이런 질문을 합니다. "태어나서 지금까지 일하셨죠? 이제 죽을 날도 얼마 남지 않았는데, 죽을 때 뭘 갖고 가시렵니까?" 이 질문에 "모르겠어요!"라는 대답 말고는 들어본 적이 없습니다. 그래서 이런 격언이 있습니다. "산길에서 딸기를 따면서 지체하지 말라. 곧 밤이 올지니." 그들은 그렇든 말든 딸기 덤불 속에 앉아 게걸스럽게 먹습니다. "모르겠어요. 모르겠어요"라고 대답하는 데 만족하면서 말입니다.

어릴 때는 좀 외로워서 혼자 사는 게 별로라고 생각합니다. 그래서 함께 살 배우자를 찾습니다. 하지만 결혼하면 갈등이 생깁니다. 미혼일 때는 삶이 매우 고요하지만, 다른 이와 함께 살면 갈등이 생깁니다.

아이들이 어릴 때 부모들은 '애들이 크면 좋아지겠지'라고 생각합니다. 세 명, 네 명, 다섯 명의 아이들을 키우며 '애들이 다 크면 짐이 더 가벼워지겠지'라고 생각합니다. 하지만 아이들이 클수록 짐은 더 무거워집니다. 작은 나무토막을 던 져버리고 큰 나무토막을 들면서 무게가 더 가벼워지리라 생 각하는 것과 마찬가지입니다. 아이들이 어릴 때는 많은 것을 필요로 하지 않습니다. 밥 한 그릇이나 바나나 하나면 충분 해서 그리 힘들지 않았습니다. 하지만 아이들이 크면 오토바 이나 자동차를 원합니다. 부모는 자식을 사랑하기에 이런 요 구를 무시하지 못합니다. 그래서 자식들에게 원하는 것을 주 려 애씁니다. 여기서 문제가 생깁니다. 때로는 이것 때문에 부모들이 언쟁을 벌입니다. "차를 사줘서는 안 돼요. 돈이 없 잖아요." 하지만 아이를 사랑하는 여러분은 어딘가에서 돈을 빌립니다. 이런 것들 말고도 부모는 아이들 교육도 시켜야 합니다. "공부를 끝내면 괜찮아지겠지." 하지만 공부에는 끝 이 없습니다. 불교 공부에는 끝이 있지만 다른 모든 학문은 돌고 돕니다. 교육 문제는 큰 골칫거리입니다. 아이가 네댓이 면 부모들은 날마다 다툽니다.

미래에 기다리고 있는 고통을 보지 못하고 앞으로는 고통 이 결코 일어나지 않으리라 생각합니다. 고통이 일어나고서 야 그 고통을 봅니다. 우리 몸에 내재한 이런 고통은 예견하 기 힘듭니다. 제가 소 치는 아이였을 때 이를 하얗게 만들려 고 숯으로 이를 문지르곤 했습니다. 그리고 집으로 돌아가서 는 근사해진 하얀 이를 거울에 비춰보곤 했습니다. 나이가 쉰이 넘고 예순이 되니 이가 흔들거리기 시작했습니다. 이가 빠지기 시작하자 입을 얻어맞기라도 한 듯 통증이 너무 심했습니다. 음식을 먹을 때는 더욱 아팠습니다. 그래서 치과에 가서 이를 모두 뽑아버리고 지금은 틀니를 하고 있습니다. 열여섯 개 이를 한번에 모두 빼버렸습니다. 치과 의사가 한 번에 이를 열여섯 개나 빼기를 주저해서 저는 이렇게 말했습니다. "그냥 빼주세요. 결과는 제가 책임지겠습니다." 치과 의사는 이를 한번에 전부 빼주었습니다. 적어도 다섯 개 정도는 아직 괜찮았지만 그것들도 모두 빼버렸습니다. 이를 뽑고 난 뒤 이삼일 동안은 식사를 할 수 없었습니다.

소 치는 아이였을 때 저는 이 닦는 것이 대단한 일이라고 생각했습니다. 저는 제 이를 사랑했고 이가 근사하다고 생각했습니다. 하지만 결국 이를 빼야만 합니다. 저는 여러 해 동안 치통 때문에 죽을 만큼 고통스러웠습니다. 때로는 위아래 잇몸이 동시에 퉁퉁 붓기도 했습니다.

여러분 중에서도 언젠가 이 같은 경험을 하는 사람이 있을 겁니다. 이가 아직 튼튼할 때는 매일 칫솔질을 하며 이를 깨끗하고 희게 관리합니다. 하지만 나중에 문제가 생길 수 있으니 조심해야 합니다.

우리 몸에서 일어날 수 있는 고통에 대해 알려주려는 것입니다. 몸에서 의지할 수 있는 건 아무것도 없습니다. 아직 젊을 때는 그런대로 괜찮지만, 나이가 들면 모든 것들이 허물어지기 시작합니다. 자연의 법칙에 따라 조건이 변해갑니다. 웃거나 울거나, 고통스럽거나 힘들거나, 살아 있거나 죽었거나 그 조건에는 아무런 차이가 없습니다. 존재가 겪는 자연적인 과정을 바꿀 수 있는 지식이나 학문은 없습니다. 치과에 가서 치료받을 수는 있겠지만, 결국 이는 자연적 흐름을 따르게 됩니다. 치과 의사도 같은 문제를 겪습니다. 결국에는 모든 것이 무너집니다.

아직 기운이 남아 있을 때 이런 사실들을 깊이 생각해봐야 합니다. 아직 젊을 때 명상해야 합니다. 공덕을 짓고 싶다면 서둘러 지으십시오. 그런 건 노인들이나 하는 일이라고 생각하지 마십시오. 사람들은 대부분 나이가 들어서야 절에 와서 명상을 하려 합니다. 남자나 여자나 똑같이 "나는 늙을 때까지 기다릴 거야"라고 말합니다. 왜 그런 말을 하는지 모르겠습니다. 늙은 사람에게 기운이 얼마나 있나요? 노인과 젊은이가 달리기를 해보면 그 차이를 알 수 있습니다. 사람들은 절대 죽지 않을 것처럼 늙을 때까지 기다립니다. 쉰이나 예순이 되어서 손자가 절에 가자고 하면 이렇게 말합니다. "너나 가렴. 나는 이제 귀가 잘 안 들려서 말이야." 귀가 좋았을 때는 뭘 들었나요? "잘 모르겠어요!" 딸기로 장난이나 치고 있었겠지요. 결국 귀가 완전히 먹고 나서야 절에 갑니다. 구제 불능입니다. 법문을 듣지만 무슨 얘기를 하는지 알아듣지 못합니다. 사람들은 몸이 완전히 고장나야 명상에 대해 생각합니다.

타고난 몸의 이런 속성들을 관찰하기 시작해야 합니다. 몸은 점점 무거워지고 짐이 됩니다. 저도 옛날에는 다리가 튼튼했고 달릴 수도 있었습니다. 지금은 조금만 걸어도 다리가 무거워집니다. 전에는 다리가 저를 끌고 다녔지만, 이제는 제가 다리를 끌고 다녀야 합니다. 어렸을 때 저는 노인들이 신음 소리를 내며 자리에서 일어나는 모습을 보았습니다. 그런 지경이 되어도 그들은 아직 깨닫지 못합니다. 앉을 때나 설 때나 언제나 "아이고!" 하고 신음을 내뱉습니다. 하지만 그들은 무엇이 신음 소리를 내게 만드는지 알지 못합니다. 몸의 소멸을 보지 못합니다. 자신이 언제 이 몸을 떠나게 될지 전혀 알지 못합니다. 내재된 자연적 흐름에 따라 조건들이 변하면서 모든 고통을 일으킵니다. 이런 고통을 류머티즘, 관절염, 통풍 등으로 부릅니다. 의사가 약을 처방해도 이를 완전히 치료할 수는 없습니다. 결국에는 모든 것들이 산산이 흩어집니다. 의사마저도 말입니다! 자연의 이치에 따라 조건이 변해가는 것입니다. 이것이 육체의 길이며 본질입니다.

이런 사실을 살펴보십시오. 길 앞에서 독사를 발견하는 것처럼, 일찍 이런 것들을 알면 좋습니다. 독사를 발견하면 길

반조, 마음을 비추다 1

옆으로 피해 독사에게 물리지 않을 수 있습니다. 그렇지만 독사를 보지 못하면 독사를 밟을지도 모릅니다.

고통이 일어나면 사람들은 어찌할 바를 모릅니다. 사람들은 고통에서 벗어나 자유로워지고 싶어합니다. 하지만 고통이 일어날 때 대처하는 방법을 모릅니다. 늙고 병들고 죽을 때까지 이렇게 살아갑니다.

옛날에는 어떤 사람이 임종을 맞이할 때 가까운 친척이 병자의 귀에 "붓도, 붓도……"라고 속삭여주었습니다. 왜 '붓도'라고 속삭였을까요? 화장용 장작더미에 얹히게 될 사람에게 '붓도'라고 일러준들 무슨 도움이 되겠습니까? 젊고 건강할 때는 왜 '붓도'를 배우지 않았나요? 호흡을 헐떡거리는 지금에야 이렇게 합니다. "어머니, 붓도, 붓도!" 왜 이렇게 시간을 낭비하나요? 그래봐야 어머니를 혼란스럽게 할 뿐입니다. 평화롭게 떠나도록 그냥 내버려두십시오.

결혼을 하면 처음에는 함께 잘 살지만, 50년쯤 지나면 서로를 이해할 수 없게 됩니다. 아내가 어떤 말을 하든 남편은 견딜 수 없고, 남편이 하는 말이라면 아내는 들으려 하지 않습니다. 그들은 서로 등을 돌립니다.

제가 가정을 꾸려본 적이 없어서 쉽게 말하는지도 모릅니다. 제가 왜 가정을 꾸리지 않았을까요? 가정의 의미를 알고 있었기 때문입니다. 가정에는 '묶다'라는 의미가 포함되어 있습니다. 어떤 사람이 앉아 있는 우리를 밧줄로 묶으면 어떻게 되겠습니까? 묶이게 됩니다. 구속됩니다. 남자와 여자는 각자가 속한 구속의 세계에서 살아가게 됩니다.

'가정'은 무거운 단어입니다. 사소한 문제가 아니라 정말 심각한 것입니다. 가정이 담고 있는 '묶인다'라는 의미는 고통을 상징합니다. 어디에 갈 수도 없고, 구속의 세계에 머물러야 합니다. 가정에서 집은 '괴롭히는 것'이란 의미입니다. 고추를 볶아본 적이 있습니까? 고추를 볶으면 집안사람들 모두가 숨이 막히고 기침을 합니다. 가정은 혼란을 의미합니다. 가정은 그렇게 고생할 만한 가치가 있는 것이 아닙니다. 그래서 저는 출가했고, 환속하지 않았습니다. 가정은 두려운 것입니다. 가정에 자리잡으면 어디도 갈 수 없습니다. 아이, 돈 등 여러 문제들을 감당해야 합니다. 죽는 날까지 말다툼이 끊이지 않습니다. 그렇다 한들 어디로 갈 수 있을까요? 아무리 고통스러워도 묶여 있기에 어디도 갈 수 없습니다. 눈물이 쏟아지고 또 쏟아집니다. 가정이 없어야 눈물이 멈출 수 있습니다. 그 외에 다른 길은 없습니다.

이에 대해 반조해보십시오. 지금 이를 깨닫지 못한다면 나중에 깨닫게 될 것입니다. 어떤 사람들은 이미 어느 정도 이런 현실을 깨달았습니다. 그리고 어떤 이들은 한계에 이르렀을 것입니다. 그래서 이렇게 생각합니다. '이대로 머물러야 하나, 아니면 떠나야 하나?' 파퐁 사원에는 오두막이 칠팔십 채 정도 있습니다. 오두막이 거의 다 차면 저는 부부싸움을 한 이들을 위해 몇 채는 비워두라고 오두막을 관리하는 스님에게 일러둡니다. 아니나 다를까 곧 한 부인이 짐을 가지고 도착합니다. "큰스님, 저는 세상이 지긋지긋해요." 그러면 저는 이렇게 말합니다. "어허! 그런 말 마세요. 그런 말은 쉽게 하는 게 아니에요." 그런 뒤 남편도 절로 와서 세상이 지긋지긋하다고 토로합니다. 절에 온 지 이삼일이 지나면 세상에 대한 염증이 사라집니다.

그들은 세상이 지긋지긋하다고 말하지만 사실은 스스로를 속이고 있는 것입니다. 각자 오두막에서 조용히 혼자 앉아 있다보면 얼마 지나지 않아 '언제쯤 부인이 와서 집으로 돌아가자고 할까?' 하고 생각합니다. 그들은 뭐가 뭔지 제대로 모릅니다. 그들이 말하는, 세상에 대한 염증은 무엇일까요? 그들은 어떤 일 때문에 화가 나서 절로 달려옵니다. 집에서는 모든 것이 잘못된 듯 보였을 겁니다. 남편도 아내도 잘못된 듯 보였을 것입니다. 하지만 사흘 정도 혼자서 지내면 이런 생각이 듭니다. '음, 결국 아내가 옳았어. 내가 잘못했군.' '남편이 옳았어. 내가 그렇게 화를 내면 안 됐는데.' 그들은 서로 입장을 바꿔봅니다. 이런 식이기에 저는 세상일을 그리 심각하게 여기지 않습니다. 그 안팎의 사정을 이미 알고 있었기에 저는 스님의 길을 택했습니다.

숙제를 하나 내드리겠습니다. 들판에 있건 도시에 있건 이 말을 떠올려보십시오. '내가 태어난 이유는 뭘까? 내가 가지고 갈 수 있는 건 뭘까?' 스스로에게 이렇게 자문해보십시오. 반복해서 스스로에게 물어보십시오. 그러면 지혜로워질 것입니다. 그러지 않으면 어리석은 채로 남을 것입니다. 지금 당장에는 모든 것을 이해하지 못하겠지만, 나중에는 이해할 것입니다. '그래, 이게 큰스님이 말씀하신 뜻이었구나. 전에는 내가 이해하지 못했구나' 하고 말입니다.

반조, 마음을 비추다 1

2부

명상

9장

감각의 홍수

|

형상, 소리, 냄새, 맛, 신체적 감각에 빠지는 것을 감각의 홍수라고 합니다. 외면만 보고 내면을 보지 않아서 감각에 빠집니다. 사람들은 자기 자신은 보지 않고 남들만 봅니다. 다른 모든 사람은 봐도 자신은 보지 못합니다. 자신을 보는 것은 그리 어렵지 않지만 사람들은 제대로 노력하지 않습니다.

예를 들어 아름다운 여자를 보면 어떤 일이 일어나나요? 자신의 마음속을 지켜보십시오. 여자의 얼굴을 보자마자 여러분은 다른 것들을 떠올립니다. 눈으로는 아주 조금만 보는데 마음이 나머지 모든 것들을 보게 합니다.

왜 그럴까요? 감각에 빠졌기 때문입니다. 자신의 생각과 상상에 빠져 있기 때문입니다. 이는 노예가 되는 것과 마찬가지입니다. 그렇게 되면 다른 사람이 여러분을 통제합니다.

여러분은 다른 사람이 앉으라면 앉아야 하고 걸으라면 걸어야 합니다. 노예라서 명령을 거부할 수 없습니다. 감각의 노예가 되는 것도 마찬가지입니다. 아무리 열심히 노력해도 감각에서 벗어나기 힘듭니다. 감각에 빠진 자신을 남이 건져주리라 생각하는 것도 심각한 문제입니다. 스스로 감각의 지배에서 벗어나야 합니다.

그래서 부처님은 고통을 초월하는 명상을 남겨주셨습니다. 예를 들어 열반의 경우, 부처님은 완전한 깨달음을 얻으셨는데도 왜 열반에 대해 자세히 설명하지 않으셨을까요? 왜 명상을 통해 스스로 열반을 발견해야 한다고 말씀하셨을까요? 어떤 사람들은 실제로 이런 걱정을 합니다. "부처님이 정말로 아셨다면 우리에게 말씀하셨을 텐데 왜 숨기려 하셨을까?"

이는 잘못된 생각입니다. 진리는 그런 식으로 볼 수 없습니다. 진리를 보려면 명상을 하면서 마음을 계발해야 합니다. 부처님은 지혜를 계발하는 길을 가리켜주셨을 뿐입니다. 부처님은 스스로 명상해야 한다고 말씀하셨습니다. 명상을 하면 누구나 그 목표에 이를 것입니다.

하지만 부처님께서 가르치신 길은 우리의 습관과 반대입니다. 우리는 금욕과 절제를 정말 싫어합니다. 그래서 이렇게 말합니다. "열반을 원하는 이들이 열반에 쉽게 도달할 수 있는 길을 보여주세요." 지혜도 마찬가지입니다. 부처님이 지혜를 보여줄 수는 없습니다. 지혜는 그냥 물려줄 수 있는 게 아닙니다. 부처님이 지혜를 계발하는 법을 보여줄 수는 있지만, 얼마만큼 지혜를 계발하느냐는 각자에게 달려 있습니다. 사람들이 쌓은 복과 덕은 태어날 때부터 다릅니다. 그래서 어떤 사람은 법을 빨리 깨닫고, 어떤 사람은 늦게 깨닫습니다. 부처님과 그 제자들은 모두 스스로 명상했지만, 스승으로부터 조언을 구하고 명상의 기술을 전수받았습니다.

모든 의문들이 해소될 때까지 법문을 듣고 싶을지도 모릅니다. 하지만 듣기만 해서는 의심이 결코 해소되지 않습니다. 듣거나 생각하는 것만으로는 의심을 극복할 수 없습니다. 법을 듣는 것만으로는 깨달음에 이르지 못하지만 도움은 됩니다. 부처님 당시에는 법문을 듣다가 깨달음을 얻어 최고의 경지인 아라한에 이른 이들이 있었습니다. 하지만 이들은 이미 명상을 많이 했고 법을 깊이 이해하고 있었습니다. 이는 축구공과 같습니다. 축구공에 공기를 넣으면 공이 팽창합니다. 그러면 축구공 속의 공기는 밖으로 빠져나가려고 모든 방향으로 압력을 가하지만, 공에는 구멍이 없어서 공기가 빠져나갈 수 없습니다. 바늘로 축구공에 구멍을 내면 곧바로 공기가 밖으로 빠져나갑니다.

법을 듣다가 깨달음을 얻은 제자들의 마음은 이 축구공과 같았습니다. 그들의 내면에는 이런 '압력'이 있었습니다. 아주 작은 것들이 진리를 가려서 지혜가 터져나오지 못했습니다. 그러다 법문을 듣자마자 법문이 적절한 곳을 때려 지혜가 일어났습니다. 곧바로 이해하고 곧바로 놓아버리고 진정한 법을 깨달았습니다. 그래서 쉽게 깨달음을 얻은 것입니다. 마음이 바로 섰습니다. 마음이 바뀌고 전환되어 관점이 바뀌었습니다. 이것은 어렵다고도 할 수도 있고 매우 쉽다고도 할 수 있습니다.

이는 우리 스스로 해야만 합니다. 부처님은 지혜를 계발하는 방법을 알려줄 수 있을 뿐입니다. 그러면 왜 스승의 법문을 듣고 나서도 그 진리를 자신의 것으로 만들 수 없을까요? 진리를 가리는 어떤 장막이 있기 때문입니다. 달리 표현하자면, 감각의 홍수에 빠져 있기 때문입니다. 존재의 홍수에 빠져 있기 때문입니다.

존재는 '태어남의 세계'입니다. 감각적 욕망은 형상, 소리, 맛, 냄새, 느낌, 생각에서 태어납니다. 이런 것들을 자신과 동일시하며, 마음은 관능에 집착하고 매달립니다.

어떤 수행자들은 명상을 지루해하고 지긋지긋해하고 피곤해하면서 게을러집니다. 그들의 마음에는 법이 없습니다. 야단을 맞으면 그런 질책을 오래 담아둡니다. 안거를 시작할 때 야단을 맞으면 안거가 끝난 뒤에도 그 일을 잊지 못합니다. 야단맞은 것이 마음 깊이 맺히면 죽을 때까지도 그 일을 잊지 못합니다. 그러면서 자제하고 절제하며 성실히 명상하라는 부처님의 가르침은 왜 가슴 깊이 새기지 않을까요? 왜 계속 잊어버릴까요? 예를 들어 여기에는 공양을 끝낸 뒤 발우를 씻을 때 '잡담을 하지 말라'라는 원칙이 있습니다. 하지만 이 정도도 사람들에게 능력 밖의 일 같습니다. 잡담은 특별히 도움이 될 게 없고 우리를 관능에 묶는다는 것을 알면서도 사람들은 여전히 말하기를 좋아합니다. 얼마 지나지 않아 서로 의견이 어긋나기 시작하고, 결국은 논쟁과 시시한 언쟁에 빠지게 됩니다.

이런 것은 미묘하고 섬세한 것이 아니라 아주 기본적인 것입니다. 하지만 사람들은 이것을 지키기 위해 그리 많은 노력을 기울이는 것 같지 않습니다. 그들은 법을 보길 원한다고 말합니다. 하지만 자기식대로 법을 보려 할 뿐 명상의 길을 따르고 싶어하지 않습니다. 이 정도 수준에 머물러 있습니다. 모든 명상의 원칙들은 법을 꿰뚫어 보게 해주는 뛰어난 수단들입니다. 하지만 사람들은 이런 원칙대로 명상하지 않습니다.

'참된 명상' 혹은 '열정적 명상'은 반드시 모든 에너지를 쏟아야 한다는 의미가 아닙니다. 그저 마음으로 어느 정도 노력을 기울이십시오. 일어나는 모든 느낌들, 특히 관능에 깊이 빠진 느낌들에 노력을 기울이십시오. 이런 느낌들이 우리의 적입니다.

하지만 사람들은 이렇게 실천하지 않습니다. 매년 안거가 끝날 때쯤에는 상황이 더욱더 악화됩니다. 일부 승려들은 자신의 한계점에 도달합니다. 그들은 일관성 있게 명상하지 못합니다. 매년 이런 점을 지적하지만, 사람들은 이를 기억하는 것 같지 않습니다. 어떤 원칙을 세워도 1년도 못 되어 무너집니다. 잡담과 어울림이 시작되고, 모든 것이 산산조각 납니다. 늘 그런 식입니다.

명상에 진정 관심이 있다면 이런 이유를 깊이 생각해봐야 합니다. 이는 그런 행동들의 부작용을 사람들이 보지 못하기 때문입니다.

불교 승려가 되면 단순한 삶을 살게 됩니다. 하지만 어떤 스님들은 매일같이 총알이 날아다니는 전쟁터에 가려고 환속합니다. 그들은 전쟁터를 더 좋아하고, 정말로 그곳으로 가고 싶어합니다. 사방에 위험이 도사리고 있지만 그들은 갈 준비가 되어 있습니다. 왜 위험을 보지 못할까요? 그들은 총에 맞아 죽을 각오는 되어 있지만 덕을 기르며 죽고 싶어하지는 않습니다. 이 정도면 무슨 이야기인지 알 수 있을 것입니다. 그들은 노예이기 때문에 그 위험을 보지 못합니다.

정말 놀랍지 않습니까? 그들은 위험을 볼 수 있다고 생각하지만 사실은 볼 수 없습니다. 볼 수 없다면 거기서 벗어날 방법이 없습니다. 그들은 윤회를 돌고 돌기로 마음먹은 것입니다. 이런 간단한 얘기만 들어도 이해가 싹틉니다.

"왜 태어났습니까?"라고 물으면 그들은 대답하지 못할 겁니다. 답을 알지 못하기 때문입니다. 그들은 감각의 세계와 존재에 빠져 있습니다. 존재는 태어남의 세계, 즉 우리의 고향입니다. 존재는 태어남의 예비 조건입니다. 태어남이 있는 곳에는 어디에나 존재가 있습니다.

예를 들어 아주 좋아하는 사과나무 과수원이 있다고 생각해보십시오. 지혜로 반조하지 않으면 이것은 우리에게 존재입니다. 과수원에 사과나무가 수백, 수천 그루 있다고 생각해봅시다. 이 나무들이 우리 나무라고 생각하는 한 우리는 각각의 나무 속에서 '태어나게' 될 것입니다. 어떤 의미에서는, 존재하게 되는 마음이 각각의 나무 속으로 벌레처럼 기어들어가 태어나게 된다고 할 수 있습니다. 인간의 몸은 집에 여전히 남아 있지만, 그 모든 나무에 촉수를 뻗은 것과 같습니다.

그러면 어떻게 '존재'임을 알 수 있을까요? 나무가 자신의 것이라는 생각에 집착하기 때문에 존재(태어남의 세계)입니다. 어떤 사람이 도끼로 그 나무 중 한 그루를 베면 집에 있는 우리도 그 나무와 함께 '죽을' 것입니다. 우리는 화가 나서 일을 바로잡으려 합니다. 어쩌면 그 때문에 싸울지도 모릅니다. 이런 다툼이 '태어남'입니다. '태어남의 세계'는 자신의 것으로 집착하는 과수원입니다. 어떤 것을 자신의 것으로 여기는 순간 바로 태어납니다.

무엇에 집착하든 거기에 태어납니다. 바로 거기에 존재합니다. 이것은 '알지 못하는 앎'입니다. 다른 사람이 자신의 나무를 자른다는 것은 알지만, 그 나무가 사실 자신의 것이 아님을 알지 못합니다. 이것을 '알지 못하는 앎'이라고 합니다. 우리는 존재로 태어납니다.

조건 지어진 존재의 바퀴는 이렇게 구릅니다. 사람들은 존재에 집착하고 존재에 의지합니다. 존재를 품는 것이 태어남입니다. 놓아버리지 못하면 바퀴처럼 구르며 윤회의 굴레에 갇힙니다. 잘 생각해보십시오. 자신 혹은 자신의 것이라고 집착하는 것이 무엇이든 바로 여기서 태어납니다.

태어남이 일어나려면 먼저 '태어남의 세계', 즉 '존재'가 있어야 합니다. 그래서 부처님은 이렇게 말씀하셨습니다. "그대가 어떤 것을 소유하고 있더라도 그것을 소유하지 말라." 그것을 그냥 내버려두고 자신의 것으로 만들지 마십시오. 이런 '소유'와 '소유하지 않음'을 이해해야 합니다. 이 둘의 진실을 알아야 합니다. 고통 속에서 허우적거리지 마십시오.

태어난 그곳으로 돌아가 다시 태어나고 싶습니까? 안거가 끝날 무렵이면 수행자들은 그곳으로 돌아가 다시 태어나고 싶어합니다.

사람 뱃속에서 지내는 것이 어떨지 한번 생각해보십시오. 얼마나 불편하겠습니까? 오두막에서 하루 동안 지낸다고 생각해봐도 충분히 알 것입니다. 문과 창문을 모두 닫으면 벌써 숨이 막힙니다. 그러니 아홉 달, 열 달 동안 사람 뱃속에 있으면 어떻겠습니까? 사람들은 그것이 얼마나 힘든지 모릅니다. 그들에게 왜 사는지, 혹은 왜 태어났는지 물어보면 그들은 알지 못합니다. 아직도 뱃속으로 돌아가고 싶습니까? 무엇에 집착합니까? 무엇에 매달립니까?

형성과 태어남에는 원인이 존재합니다. 저희 절의 큰 법당에는 사산된 아이의 시신이 병에 담겨 보존되어 있습니다. 하지만 이것을 보고 놀라는 이는 아무도 없습니다. 어머니 뱃속에 있는 아기는 병 속에 보존된 아기와 꼭 같습니다. 하지만 여러분은 이런 아기를 더 만들고 싶어하고 스스로 뱃속으로 돌아가길 원하기까지 합니다. 왜 이런 것의 위험과 명상의 이익을 보지 못할까요?

이것이 존재입니다. 그 뿌리는 바로 여기 있습니다. 모든 것은 이렇게 돌고 돕니다. 부처님께서는 이런 점을 숙고해보라고 하셨습니다. 사람들은 이에 대해 생각하지만 여전히 깨닫지 못합니다. 모두들 다시 돌아갈 준비가 되어 있습니다.

뱃속이 그리 편안하지 않다는 것을 알지만, 자신의 머리를 뱃속에 집어넣고 다시 한번 목을 올가미에 집어넣고 싶어합니다.

제가 이런 이야기를 하면 사람들은 말합니다. "그러면 모든 사람들이 스님이 돼야 할 텐데, 그러면 세상이 어떻게 굴러가겠습니까?" 모든 사람이 출가할 일은 절대로 없으니 걱정하지 마십시오. 어리석은 이들 때문에 세상이 존재합니다. 이것은 단순한 문제가 아닙니다.

저는 아홉 살 때 처음 사미승이 되었습니다. 그때부터 명상을 시작했습니다. 하지만 그 당시 저는 아무것도 몰랐습니다. 비구가 되고 나서는 매우 조심스럽게 행동했습니다. 저는 사람들이 탐닉하는 감각적 즐거움에 그다지 흥미가 없었습니다. 저는 감각적 욕망 속에서 고통을 봤습니다. 이것은 맛있는 바나나를 볼 때 그 바나나가 아주 달콤하다는 것을 알지만 독이 들어 있다는 사실도 알고 있는 것과 같습니다. 바나나가 아무리 달콤해도, 아무리 끌려도 그 바나나를 먹으면 죽는다는 걸 알았습니다. 이런 사실을 항상 반조했습니다. 바나나를 먹고 싶을 때마다 그 속에 든 독을 보았습니다. 그래서 결국 그런 것들에 대한 관심을 끊을 수 있었습니다. 지금 나이에는 그런 것들에 전혀 끌리지 않습니다.

어떤 이들은 독을 보지 못합니다. 그리고 어떤 이들은 독을 보지만, 자신의 운을 믿고 독을 먹어보려 합니다. 하지만 이런 말이 있습니다. "상처가 있다면 독을 만지지 말라."

저 역시 그런 시도를 해볼까 하고 생각해본 적이 있습니다. 스님으로 생활한 지 5, 6년 정도 되었을 때 저는 부처님을 떠올렸습니다. 부처님은 5, 6년 명상을 하고서 세속적 삶을 끝냈습니다. 하지만 저는 여전히 세속에 관심이 있었고, 세속으로 돌아갈 생각을 하고 있었습니다. '잠시 세속으로 돌아가 세상을 건설하는 일을 하면 어떨까? 그러면 경험도 생기고 배우는 것도 있겠지. 부처님에게도 라훌라라는 아들이 있었잖아. 내가 너무 엄격한 건 아닐까?'

저는 앉아서 한동안 이런 고민을 했습니다. 하지만 그후 이런 생각이 들었습니다. '그래, 다 좋아. 하지만 앞의 부처님과 나라는 이 부처님은 다를 것 같아 걱정이군.' 나의 내면에서 이런 말이 들렸습니다. '앞의 부처님과는 달리 이 부처님은 진흙탕에 빠질 것만 같군.' 이렇게 저는 세속적 생각을 떨쳐냈습니다.

여섯번째인가 일곱번째 안거부터 스무번째 안거까지 저는 정말로 싸움을 해야만 했습니다. 요즘은 총알이 다 떨어진 것 같지만, 저는 오랫동안 총을 쏴야 했습니다. 젊은 비구와 사미승들은 아직 탄환이 많이 남아 있습니다. 그렇기에 나가서 자신의 총을 쏴보고 싶을 겁니다. 하지만 그러기 전에 깊이 고민해보십시오.

감각적 욕망은 포기하기 어려운 것입니다. 감각적 욕망을 있는 그대로 보기는 정말 힘듭니다. 우리는 적절한 방법을 사용해야 합니다. 고기를 먹는 것 같은 감각적 즐거움을 생각해보십시오. 고기를 먹고 나서는 이빨 사이에 낀 고기를 이쑤시개로 빼내야 합니다. 그러면 한동안 편안함을 느낍니다. 그리고 아마 더이상 고기를 먹지 않으리라 마음먹을지도 모릅니다. 하지만 다시 고기를 보면 참을 수가 없습니다. 그래서 고기를 또 먹게 되고, 이빨 사이에 다시 고기가 낍니다. 그런 뒤 이빨 사이의 고기를 다시 빼내고, 고기를 다시 먹을 때까지 잠시 편안함을 느낍니다. 그뿐입니다. 이보다 더한 감각적 욕망은 없습니다. 감각적 욕망의 압력은, 쌓이고 쌓이면 조금씩 빠져나갈 뿐입니다. 왜 그리 야단인지 모르겠습니다.

저는 다른 누구에게 이런 것을 배운 게 아닙니다. 명상하는 과정에서 제게 일어났던 일입니다. 저는 좌선을 하며 감각적 욕망이 붉은 개미의 집 같다고 반조하곤 했습니다. 마을 사람들이 나무 작대기로 붉은 개미의 집을 쑤시면 개미들이 쏟아져 나와 나무 아래로 기어와서는, 그들의 얼굴로 올라오고 눈과 귀를 깨뭅니다. 그렇지만 그들은 자신들이 처한 어려움을 아직 모릅니다.

하지만 이것이 우리 능력을 넘어서는 것은 아닙니다. 부처님은 이런 가르침을 주셨습니다. "어떤 것의 해로움을 알았다면, 그것이 좋아 보여도 해롭다는 걸 안다. 그 해로움을 아직 알지 못했다면 그것이 좋다고 생각한다. 그래서 거기서 빠져나올 수 없다."

이런 사실을 아시나요? 아무리 더러워도 사람들이 좋아하는 일이 있습니다. 깨끗하지 않은 일이지만 사람들은 기꺼이 자원합니다. 그래서 그들에게 대가를 지불할 필요가 없습니다. 돈을 많이 준다고 해도 사람들은 다른 더러운 일을 하지 않으려 합니다. 하지만 '이런' 더러운 일은 사람들을 기쁘게 하기에 돈을 지불할 필요가 없습니다. 이것이 깨끗한 일이어서가 아닙니다. 왜 사람들은 이런 일을 좋아할까요? 이렇게 행동하는 사람들을 어떻게 똑똑하다고 하겠습니까?

이 절에는 개가 여러 마리 있습니다. 개들은 돌아다니며 서로를 뭅니다. 몇몇 개들은 상처를 입기도 했습니다. 다음 달에도 개들은 그럴 것입니다. 작은 개가 무리에 들어가면 몸집이 더 큰 놈이 그 개를 쫓아갑니다. 그리고 작은 개는 물린 다리를 끌고 캥캥거리며 달아납니다. 하지만 개떼가 달리기 시작하면 그놈도 절뚝거리며 무리를 쫓습니다. 몸집이 작은 개도 언젠가는 기회가 있으리라 생각합니다. 하지만 남는 것은 물린 다리뿐입니다. 짝짓기 기간 동안 그 개에게는 단 한 번의 기회도 생기지 않습니다. 이 절에서 그 광경을 직접

반조, 마음을 비추다 1

목격할 수 있습니다.

무리 지어 다니며 짖어대는 개들이 사람이었다면 노래를 부르고 있을 것입니다. 정말 즐겁게 지내고 있다고 생각해 노래를 부르고 있지만, 자신들을 그렇게 행동하게 만드는 것이 무엇인지 알지 못한 채 그저 맹목적으로 본능을 따르고 있을 뿐입니다.

이 점을 깊이 생각해보십시오. 진정 명상을 하려면 자신의 느낌들을 이해해야 합니다. 예를 들어 비구와 사미승, 재가신자들 중 누구와 어울려야 할까요? 말 많은 사람과 어울리면 여러분 역시 말이 많아집니다. 자신의 말도 이미 넘치는데 여기에 다른 사람의 말까지 더해지면 여러분은 폭발합니다.

사람들은 말이 많고 시답잖은 얘기를 하는 사람과 사귀길 좋아합니다. 그런 얘기는 몇 시간이고 앉아서 들을 수 있습니다. 하지만 법이나 명상에 대해 들을 때는 그 시간을 견디지 못합니다. "그분 부처님, 공양받아 마땅한 분……"이라고 법문을 시작하자마자 사람들은 이미 반쯤 잠에 듭니다. 그들은 법문을 전혀 받아들이지 못합니다. 법문이 끝날 때쯤 감았던 눈을 뜨며 잠에서 깹니다. 이러니 법문이 무슨 도움이 되겠습니까? 진정한 법 수행자라면 법문을 들으면 한껏 고무되고 가슴이 벅차오를 것입니다. 그들은 뭔가를 배웁니다.

매 순간 세속의 길과 법의 길의 갈림길에 섭니다. 어느 길

을 선택하겠습니까? 선택은 여러분에게 달려 있고, 해탈은
바로 여기서 결정됩니다.

10장

두 가지 길

|

삶에는 두 가지 가능성이 있습니다. 세속에 대한 탐닉에 빠지느냐, 아니면 세속을 초월하느냐 하는 것입니다. 부처님은 세속에서 자유로워져 영적 해탈을 이루셨습니다.

마찬가지로 두 종류의 지식이 있습니다. 세속에 관한 지식과, 영적 지식 혹은 진정한 지혜가 그것입니다. 아직 명상을 통해 훈련하지 않았다면, 지식이 아무리 많아도 이것은 세속적인 것이어서 해탈에 이를 수 없습니다.

부처님은 "세상의 모든 것들은 세상을 돌고 돈다"라고 말씀하셨습니다. 세상을 따르면 마음이 세상에 얽매입니다. 오거나 가거나 마음이 오염되어 결코 만족하지 못합니다. 세속적 사람들은 항상 뭔가를 찾습니다. 그래서 결코 만족하지 못합니다. 세속적 지식은 사실 무지와 같습니다. 명확한 이해가 있는 지식이 아닙니다. 그래서 이런 지식에는 끝이 없습니다. 재산을 축적하고 지위를 얻고 칭찬과 쾌락을 추구하는 것 같은 세속적 목표를 중심으로 돌고 돕니다. 우리를 단단히 옭아매는 엄청난 어리석음입니다.

어떤 것을 갖게 되면 질투와 걱정, 이기심이 생깁니다. 몸으로 막을 수 없는 위협을 느끼면, 서로를 날려버리기 위해 무기들과 핵폭탄까지 다양한 도구들을 머리를 써서 발명합니다. 어째서 이런 모든 문제들과 장애물들이 생길까요?

이것이 세속의 방식입니다. 부처님은 이렇게 말씀하셨습니다.

"세속을 따라가기 시작하면 끝이 없다."

해탈을 위해 명상하십시오! 진정한 지혜에 따라 살기는 쉽지 않습니다. 하지만 명상의 길과 그 결실을 열심히 추구하고 열반을 열망하는 이라면, 참고 인내할 수 있을 것입니다. 자족하며 인내하고, 적은 것에 만족하십시오. 적게 먹고, 적게 자고, 적게 말하고, 절제하며 살아가십시오. 이렇게 실천하면 세속의 것들이 끝날 것입니다.

세속의 씨앗을 뿌리 뽑지 못하면 계속해서 문제에 빠지고 혼란스러워하면서 끝없는 궤도를 맴돌게 됩니다. 계를 받을 때조차 그것들이 여러분을 잡아당깁니다. 그리하여 자신의 견해와 의견을 만들고 자신의 모든 생각을 색칠하고 꾸며냅니다.

　사람들은 이것을 깨닫지 못합니다. 그래서 세상에서 뭔가를 해낼 거라고 말하지만, 그건 그들의 희망 사항일 뿐입니다. 새롭게 정권을 잡은 정부의 장관처럼 말입니다. 그는 모든 해답을 가지고 있다고 생각합니다. 그래서 전 정권의 모든 것들을 치워버리면서 이렇게 말합니다. "보세요. 내가 다 처리할 겁니다." 어떤 것들은 도입하고 어떤 것들은 폐기하면서 어떤 일도 완성하지 못합니다. 이것이 전부입니다. 그래서 결국 아무것도 이루지 못합니다.

　어떻게 해도 모든 사람을 만족시킬 수는 없습니다. 한 사람이 적은 것을 좋아하면 다른 사람은 많은 것을 좋아합니다. 어떤 이는 짧은 것을 좋아하고, 다른 이는 긴 것을 좋아합니다. 또 어떤 이는 짠 것을 좋아하고, 다른 이는 매운 것을 좋아합니다. 모든 사람이 만족스럽기란 불가능합니다.

　우리 모두는 각자의 인생에서 뭔가 성취하길 원합니다. 하지만 이 복잡한 세상에서 진정한 완성을 이루기는 거의 불가능합니다. 고귀한 왕자로 태어난 부처님조차도 세속의 삶에서는 그 무엇도 완성할 수 없었습니다.

감각의 올가미

부처님께서는 욕망과 욕망을 충족시키는 여섯 가지인 형상, 소리, 냄새, 맛, 감촉, 마음 대상에 대해 말씀하셨습니다. 행복, 고통, 선, 악 등에 대한 욕망과 갈망이 모든 것에 스며듭니다.

시각적인 것의 경우, 여자만한 것이 없습니다. 그렇지 않습니까? 매력적인 여자라면 보고 싶은 마음이 들지 않겠습니까? 정말 매력적인 여자가 걸어오면 쳐다보지 않을 수 없습니다. 여자의 모습이 여러분의 가슴을 꿰뚫습니다. 여자의 향기만한 것도 없습니다. 가장 맛있는 음식의 맛도 여자의 맛에는 비교할 수 없습니다. 촉각도 마찬가지입니다. 여자를 어루만지면 아찔하고 흥분하며 세상이 빙빙 도는 듯합니다.

고대 인도에 탁실라 출신의 유명한 마법사가 있었습니다. 그는 한 제자에게 자신이 알고 있는 모든 부적과 주문을 가르쳤습니다. 제자가 모든 것을 통달하고 자신의 길을 갈 준비가 되었을 때, 그는 그의 스승이 남긴 마지막 가르침을 주었습니다. "나는 너에게 내가 알고 있는 모든 부적과 주문, 그리고 보호 주술을 가르쳤다. 날카로운 이빨이나 뿔, 그리고 큰 엄니를 가진 존재들도 두려워할 필요가 없다. 너는 이 모든 것들로부터 보호받을 것이다. 이것은 내가 보증할 수 있다. 하지만 안전을 보증할 수 없는 단 한 가지가 있으니, 그것은 여자의 마력이다. 나도 이건 어찌할 수 없구나. 여자로부터 보호해주는 주문은 없다. 그러니 너 스스로 주의해야 할 것이다."

여자는 남자에게 문제를 일으키고 남자는 여자에게 문제를 일으킵니다. 둘은 서로 반대입니다. 남자가 남자와 함께 지내면 아무런 문제가 없습니다. 여자가 여자와 함께 지내도 아무런 문제가 없습니다. 남자가 여자를 보면 절구질을 하듯 심장이 쿵쿵 방망이질 칩니다. 여자가 남자를 보아도 절구질을 하듯 심장이 쿵쿵 방망이질 칩니다. 이는 무엇일까요? 이 힘이 무엇일까요? 남녀는 서로에게 끌리지만, 그 대가를 치러야 한다는 사실은 누구도 알지 못합니다.

정신적 대상들은 마음에서 일어납니다. 정신적 대상들은 욕망에서 태어납니다. 값비싼 소유물에 대한 욕망, 부자가 되고 싶은 바람, 혹은 대상을 쫓아가는 불안함 등에서 정신적 대상들이 일어납니다. 이런 종류의 탐욕은 그리 깊지도 강하지도 않지만, 충분히 여러분을 실신시키거나 통제력을 잃게 만들 수 있습니다. 하지만 성적 욕망이 일어나면 평정심을 내동댕이쳐버리고 통제력을 잃습니다. 자신을 낳아준 부모마저도 잊어버립니다.

부처님은 감각 대상이 마라(불교의 악마)의 올가미라고 가르치셨습니다. 마라는 우리를 해치는 어떤 것입니다. 올가미는 덫처럼 우리를 묶는 것입니다. 감각 대상은 마라의 올가미이자 사냥꾼의 덫입니다. 그리고 그 사냥꾼은 마라입니다.

동물들이 사냥꾼의 올가미에 잡히면 곤경에 처하게 됩니다. 꼼짝없이 잡혀서 사냥꾼이 죽이러 오기를 기다려야 합니다. 덫이 획 하고 펼쳐지면서 목에 걸리고 질긴 줄이 새를 단단히 옭아매 도망치려 해도 도망칠 수 없습니다. 이리저리 퍼덕거려보지만 단단히 잡혀서 덫의 주인이 오기를 기다립니다. 사냥꾼이 오면 도망칠 수 없습니다.

형상, 소리, 냄새, 맛, 감촉, 마음 대상을 옭아매는 올가미도 마찬가지입니다. 이것들은 우리를 잡고 단단히 묶습니다. 감각에 집착하는 것은, 물고기가 낚싯바늘에 걸리는 것과 같습니다. 어부가 오면 아무리 버둥거려도 빠져나갈 수 없습니다. 사실 우리는 물고기처럼 잡히는 게 아니라 개구리처럼 잡힙니다. 물고기는 입에만 낚싯바늘이 걸리지만 개구리는 낚싯바늘 전체를 위장까지 삼켜버립니다.

감각에 집착하는 이들도 똑같습니다. 이들은 간이 아직 망가지지 않은 술꾼과 같아서 마시고 또 마셔도 술이 부족합니다. 끝없이 술에 빠져 생각 없이 술을 마십니다. 그들은 붙잡혀 있습니다. 그리고 나중에 병과 통증으로 고통받습니다.

한 남자가 길을 걸어갑니다. 그는 여행하느라 목이 말라 간절히 물을 마시고 싶어합니다. 그는 길가에 멈춰서 물을 좀 달라고 부탁합니다. 물을 가진 이가 이렇게 말합니다. "원한다면 이 물을 마셔도 좋습니다. 이 물은 색깔도 좋고 냄새도 좋고 맛도 좋습니다. 하지만 이 물을 마시면 병에 걸릴 겁니다. 미리 말씀드리자면, 이 물을 마시면 죽거나 혹은 죽을 만큼 아플 겁니다." 목마른 남자는 그 말을 귀담아듣지 않습니다. 그는 수술을 받아 일주일 동안 물을 마시지 못한 사람과 같습니다. 그는 물을 달라고 울부짖습니다. 감각에 목마른 사람도 이와 같습니다. 부처님은 형상, 소리, 냄새, 맛, 감촉, 마음 대상이 독이라고 가르치셨습니다. 이것들은 위험한 올가미입니다. 하지만 이 남자는 목이 말라서 말을 듣지 않습니다. "물을 주세요. 결과가 아무리 고통스러워도 괜찮아요. 물만 마시게 해주세요." 그래서 그는 물을 조금 들이킵니다. 물맛이 좋아서 그는 갈증을 다 채울 만큼 물을 마십니다. 그리고 죽을 만큼 고통스러워합니다. 그는 욕망에 사로잡혀 말을 듣지 않았습니다.

사람들은 이렇게 감각적 쾌락에 사로잡힙니다. 그는 형상, 소리, 냄새, 맛, 감촉, 마음 대상을 마십니다. 이 모두가 너무 달콤합니다. 그래서 단숨에 마셔버립니다. 그러고는 죽을 때까지 벗어나지 못합니다.

세속의 길과 해탈

어떤 사람들은 욕망 때문에 죽습니다. 그리고 어떤 이들은 욕망 때문에 거의 죽음에 이릅니다. 세속적 지혜는 감각과 감각 대상을 좇습니다. 아무리 지혜로워도 세속적 의미에서만 지혜로운 것입니다. 대상이 아무리 매력적이어도, 그것은 세속적 의미에서만 매력적인 것입니다. 그것은 해탈의 행복이 아니기에, 여러분을 세상에서 자유롭게 해줄 수 없습니다.

스님이 되어 명상하는 것은 진정한 지혜를 꿰뚫고 집착을 버리기 위해서입니다. 명상을 통해 집착에서 벗어나십시오. 몸을 살펴보십시오. 모든 게 지긋지긋하게 느껴지고 신물이 날 때까지 주위를 둘러싸고 있는 모든 것을 살펴보십시오. 그러면 평정심이 일어날 것입니다. 하지만 아직 명확하게 보지 못했다면 평정심이 쉽게 일어나지 않습니다.

우리는 여기에 와서 계를 받습니다. 그리고 공부하고 읽고 명상합니다. 마음을 굳게 먹으려 하지만 어렵습니다. 어떤 명상을 할 결심을 하고, 명상할 것이라고 말하지만 하루이틀 어쩌면 몇 시간이 지나 모든 것을 잊어버립니다. 그런 뒤 기억이 떠오르고 다시 마음을 굳게 먹습니다. '그래, 이번에는 제대로 할 거야.' 얼마 지나지 않아 감각들 중 하나에 이끌려 결심이 산산조각 납니다. 그러고는 처음부터 다시 시작합니다.

부실시공한 댐처럼 명상이 연약합니다. 아직은 진정한 명상을 알 수도 없고 따를 수도 없습니다. 진정한 지혜에 도달할 때까지 이런 식으로 진행됩니다. 진리를 꿰뚫고 나면 모든 것들에서 자유로워지고 오로지 평화만이 남습니다.

마음은 모든 오랜 습관들로 인해 평화롭지 않습니다. 이런 습관들은 과거 행위들에서 이어받은 것입니다. 이런 습관들은 우리를 따라다니며 지속적으로 괴롭힙니다. 출구를 찾으려 해도 오랜 습관들이 우리를 구속하며 제자리로 잡아당깁니다. 이런 버릇들은 자신의 오랜 거처를 잊지 않습니다. 이런 습관들은 사용하던 것, 좋아하던 것, 쓰던 것 등 모든 익숙한 옛것들에 집착합니다. 우리는 이렇게 살고 있습니다.

자신을 자유롭게 하려고 아무리 노력해도, 자유의 가치와 구속의 고통을 깨닫지 못하면 놓아버릴 수 없습니다. 보통은 어려움을 견디고, 계율을 지키고, 외적인 것을 따르며 맹목적으로 명상합니다. 자유 혹은 해탈을 얻으려고 명상하지 않습니다. 욕망을 놓아버리는 것의 가치를 알고 나서야 제대로 명상할 수 있습니다. 그래야만 진정한 명상이 가능합니다.

모든 일을 할 때 분명하게 알아차려야 합니다. 분명하게 보면, 더이상 참을 필요도 없고 스스로를 밀어붙일 필요도 없습니다. 이 점을 놓치기 때문에 어렵고 부담스럽게 느껴집니다. 몸과 마음을 다해 어떤 일을 완전히 마쳤을 때 평화가 생깁니다. 마치지 못한 일이 남아 있으면 불만이 생깁니다. 그러면 어딜 가나 걱정에서 벗어나지 못합니다. 모든 것을 마치려 하지만 그것은 불가능합니다.

저를 자주 방문하는 상인들의 예를 들어보겠습니다. 그들은 이렇게 말합니다. "빚을 모두 갚고 재산이 정리되면 출가할 겁니다." 이렇게 말하지만 모든 것들이 정리될까요? 여기에는 끝이 없습니다. 빚을 갚고 다시 융자를 내고, 그 융자를 다시 갚는 식으로 계속 반복됩니다. 상인은 빚에서 자유로워지면 행복할 거라고 생각하지만, 빚을 갚는 일은 끝이 없습니다. 이렇게 세속은 우리를 속입니다. 이렇게 돌고 돌면서 자신이 곤경에 처해 있다는 걸 깨닫지 못합니다.

꾸준한 명상

명상을 할 때는 바로 마음을 봅니다. 명상이 느슨해지기 시작하면 이를 알아차리고 마음을 단단히 먹습니다. 하지만 시간이 지나면 다시 느슨해집니다. 이렇게 우리는 마음에 휘둘립니다. 하지만 바른 알아차림이 확고하게 자리잡은 이들은 스스로를 단속합니다. 자신을 제자리로 돌려놓고 단련하고 명상하며 마음을 계발합니다.

알아차림이 형편없는 사람들은 무너집니다. 계속해서 길을 잃고 옆길로 빗나갑니다. 명상이 굳건하게 뿌리내리지 못해서 세속적 욕망이 그들을 끊임없이 끌고 다닙니다. 어떤 것은 이쪽으로, 다른 것은 저쪽으로 그들을 끌고 다닙니다. 그들은 기분과 욕망을 따르느라 세속적 순환을 결코 끝내지 못합니다.

계를 받는 것은 그리 쉬운 일이 아닙니다. 계를 받으려면 마음으로 굳은 결심을 해야 하며, 명상에 대한 확신이 있어야 합니다. 좋아함과 싫어함에 싫증이 나고 진리에 따라 볼 수 있을 때까지 명상을 계속할 수 있을 정도로 확신이 있어야 합니다. 보통 자신이 싫어하는 것들에는 재미를 느끼지 못합니다. 어떤 것을 좋아한다면 그것을 포기할 준비가 되어 있지 않은 것입니다. 자신이 좋아하는 것들과 싫어하는 것들, 고통과 행복에 모두 싫증이 나야 합니다.

이것이 바로 법의 핵심입니다! 부처님의 법은 심오하고 섬세해서 이해하기가 쉽지 않습니다. 참된 지혜가 아직 일어나지 않았다면 법을 볼 수 없습니다. 여러분은 앞도 보지 않고 뒤도 돌아보지 않습니다. 행복을 경험하면 행복만이 있을 거라 생각합니다. 고통이 일어나면 고통만이 있을 거라 생각합니다. 큰 것이 있는 곳에는 작은 것이 있고, 작은 것이 있는 곳에는 큰 것이 있다는 사실을 보지 못합니다. 한쪽 측면만을 보기에 결코 끝이 나지 않습니다.

모든 것에는 양면이 있습니다. 이를 알면 행복이 일어나도 길을 잃지 않고, 고통이 일어나도 길을 잃지 않습니다. 행복과 고통이 서로 의지하고 있음을 알기에, 행복이 일어나도 고통을 잊어버리지 않습니다.

예를 들어 음식은 모든 존재들이 몸을 유지하는 데 도움이 됩니다. 하지만 음식이 배탈을 일으킬 때에는 해로울 수도 있습니다. 어떤 것의 장점을 볼 때는 그 단점도 알아야 합니다. 그리고 그 반대 경우도 마찬가지입니다. 분노와 증오를 느낄 때 사랑과 이해에 대해서도 반조해야 합니다. 그러면 마음이 좀더 균형잡히고 안정될 것입니다.

텅 빔의 위대함

선(禪)에 관한 책을 읽은 적이 있습니다. 선에서는 가르침을 줄 때 그리 많은 설명을 하지 않습니다. 예를 들어 명상중에 스님이 잠들면 딱 하고 죽비로 등짝을 때립니다. 그러면 졸고 있던 제자는 자신을 때려준 이에게 고마움을 표합니다. 선 수행에서는 마음을 계발할 기회를 주는 모든 느낌들에 감사하도록 가르칩니다.

어느 날 스님들의 모임이 있었습니다. 법당 밖에는 깃발이 바람에 날리고 있었습니다. 두 스님이 '깃발이 날리는 이유'를 두고 논쟁을 하게 되었습니다. 한 스님은 바람 때문이라고 했고, 다른 스님은 깃발 때문이라고 주장했습니다. 그들은 자신들의 좁은 견해 때문에 언쟁을 했고 결론을 내릴 수 없었습니다. 그들은 죽는 날까지 이렇게 말싸움을 할 수도 있었겠지만 그들의 스승이 그 사이에 나서서 이렇게 말했습니다.

"너희 둘 다 틀렸다. 바르게 이해하면 깃발도 없고 바람도 없다."

이것이 명상입니다. 아무것도 갖지 않는 것. 깃발도 갖지 않고 바람도 갖지 않는 것. 깃발이 있으면 바람이 있고, 바람이 있으면 깃발이 있습니다. 진리에 따라 볼 수 있을 때까지 이를 철저하게 숙고하고 반조해야 합니다. 이렇게 제대로 명상하면 아무것도 남지 않을 것입니다. 모든 것이 비어 있습니다. 깃발도 비어 있고 바람도 비어 있습니다. 위대한 '텅 빔' 속에는 깃발도 없고 바람도 없습니다. 태어남도 없고 늙음도 없고 병듦도 없고 죽음도 없습니다. 깃발과 바람에 대한 인습적 이해는 관념일 뿐입니다. 실제로는 아무것도 없습니다. 이것뿐입니다! '텅 빔'이라는 표현 외에는 더이상 할말이 없습니다.

이렇게 명상하면 완전함을 볼 것이고, 모든 문제들이 끝날 것입니다. 위대한 '텅 빔' 속에서는 죽음의 신도 여러분을 찾지 못할 것입니다. 늙음과 병듦, 그리고 죽음을 따라갈 것이 아무것도 없습니다. 진리에 따라, 즉 바른 견해에 따라 보고 이해하면 이 위대한 '텅 빔'밖에 없습니다. 그러면 더이상 '우리'도 없고, '그들'도 없고, '자아'도 없습니다.

감각의 숲

세상은 끝없이 계속됩니다. 이것을 모두 이해하려 하면 혼돈과 혼란만이 생깁니다. 하지만 세상을 명확하게 숙고하면, 진정한 지혜가 일어납니다. 부처님은 세상사에 아주 능통하셨습니다. 부처님은 세속적 지식이 풍부해, 영향력을 미치고 이끌 수 있는 대단한 능력을 지니고 있었습니다. 그는 세속적 지혜를 전환해 초월적 지혜를 꿰뚫고 성취했습니다. 그리하여 매우 탁월한 존재가 되었습니다. 이렇게 명상하며 내적으로 반조하면 완전히 다른 차원의 이해를 얻을 것입니다. 대상을 보아도 대상이 없습니다. 소리를 들어도 소리가 없습니다. 냄새가 나도 냄새가 없습니다. 모든 감각들이 나타나지만 지속되는 것은 하나도 없습니다. 그저 감각들이 일어났다 사라질 뿐입니다.

　이런 사실에 따라 이해하면 감각은 실체가 되지 않습니다. 감각은 나타났다 사라지는 느낌일 뿐입니다. 사실은 아무것도 없습니다. 아무것도 없다면 '우리'도 없고 '그들'도 없습니다. '우리'가 없으면 우리에게 속한 것이 아무것도 없습니다. 이렇게 고통이 소멸합니다. 고통을 소유하는 이가 없는데 누가 고통을 받겠습니까?

고통이 일어나면 고통에 집착해서 몹시 고통스러워집니다. 마찬가지로 행복이 일어날 때는 행복에 집착해서 그 결과 즐거워집니다. 이런 느낌에 대한 집착은 자아 관념과 '우리'와 '그들'이라는 생각을 계속해서 일으킵니다. 여기서 모든 것이 시작되고, 이것이 우리를 끝없는 순환 속으로 끌고 다닙니다.

그래서 우리는 명상하고 법에 따라 생활합니다. 숲속에서 살기 위해 각자의 집을 떠납니다. 그리고 법이 주는 마음의 평화를 받아들입니다. 우리는 두려움이나 현실도피 때문이 아니라 자기 자신과 싸우기 위해 떠나왔습니다. 하지만 도시에 사는 사람들이 도시에 사는 것에 집착하게 되듯, 숲에 살려고 온 사람들은 숲속에 사는 것에 집착하게 됩니다. 숲에서 자신의 길을 잃고 도시에서 자신의 길을 잃습니다. 육체적, 정신적 한거는 해탈에 이르는 명상에 도움이 됩니다. 그래서 부처님은 숲에서 생활하는 것을 칭찬하셨습니다. 하지만 부처님은 숲에서 사는 데 의지하여 평화와 고요에 갇혀버리는 건 원치 않으셨습니다. 명상은 지혜를 일으키기 위한 것입니다. 여기 숲속에서 지혜의 씨앗을 뿌리고 키울 수 있습니다. 혼동과 소란이 있으면 씨앗이 자라기 어렵습니다. 하지만 숲속에서 사는 방법을 배우고 나면, 도시로 돌아가도 도시의 모든 감각적 자극들에 만족할 수 있습니다. 숲속에서 사는 법을 배운다는 것은, 지혜를 키우고 계발한다는 의미입니다. 그러면 어디를 가든 이 지혜를 적용할 수 있습니다.

감각이 자극받으면 우리는 동요하고, 감각이 우리의 적이 됩니다. 감각이 적이 되는 이유는, 우리가 아직 어리석고 감각을 다룰 지혜가 없기 때문입니다. 하지만 사실 감각은 우리의 스승입니다. 그러나 어리석음 때문에 깨닫지 못합니다. 도시에 살 때는 자신의 감각이 어떤 가르침을 줄 수 있다는 생각을 결코 하지 못했습니다. 진정한 지혜가 일어나지 않으면, 감각과 감각의 대상들을 계속 적으로 여깁니다. 하지만 진정한 지혜가 일어나면, 감각들은 더이상 적이 아니라 통찰과 명확한 이해로 이끄는 길이 됩니다.

이 숲속의 야생 닭을 생각해보십시오. 야생 닭들이 인간을 얼마나 무서워하는지는 모두 알고 있을 겁니다. 하지만 숲속에 살면서 저는 야생 닭들을 가르칠 수 있었고 그들로부터 배우기도 했습니다. 저는 닭들에게 쌀을 던져주기 시작했습니다. 처음에는 닭들이 무서워해서 먹이 근처에 오지 않았습니다. 하지만 한참 지나자 닭들은 그에 익숙해졌고 쌀을 기다리기 시작했습니다. 여기에 배울 점이 있습니다. 원래 닭들은 쌀이 위험한 거라고 생각했습니다. 쌀을 적으로 생각했습니다. 사실 쌀은 전혀 위험하지 않지만, 야생 닭들은 쌀이 먹는 것인 줄 몰라서 두려워했습니다. 마침내 두려워할 필요가 전혀 없음을 스스로 깨달았을 때, 야생 닭들은 어떤 위험도 없이 먹이를 먹을 수 있었습니다.

이렇게 닭들은 자연스럽게 배웁니다. 숲에 사는 우리도 이와 비슷하게 배웁니다. 이전에는 우리의 감각이 문제라고 생각했습니다. 그리고 감각을 제대로 이용하는 방법을 몰라서 감각이 많은 문제를 일으켰습니다. 하지만 명상 경험을 통해 진리에 따라 감각을 보는 법을 배웁니다. 닭이 쌀을 이용하듯 감각을 이용하는 방법을 배웁니다. 그러면 감각이 더이상 우리를 방해하지 않고 문제들이 사라집니다.

잘못 생각하고 잘못 이해하고 잘못 조사하면, 감각이 우리를 방해할 것입니다. 하지만 바르게 조사하기 시작하면, 그 경험이 지혜와 이해를 가져다줄 것입니다. 닭에게도 이해가 생깁니다. 이를 두고 어떤 의미에서는 닭이 '위빠사나'를 수행했다고 말할 수 있습니다. 닭들은 진리에 따라 알았습니다. 즉 통찰을 얻었습니다.

명상할 때 감각을 도구로 제대로 이용하면 법을 깨달을 수 있습니다. 모든 수행자들은 이에 대해 깊이 생각해봐야 합니다. 이것을 명확하게 보지 못하면 계속 싸움에 빠지게 됩니다.

그래서 우리는 고요한 숲에 살면서 예민한 감각을 계속해서 계발하고 지혜를 배양할 토대를 준비합니다. 하지만 여기 고요한 숲속에 살면서 어느 정도 마음의 평화를 얻었더라도, '이거면 충분해'라는 생각은 하지 마십시오. 이 정도에 안주하지 마십시오. 지혜의 씨앗을 기르기 위해 여기 왔다는 걸 기억해야 합니다.

지혜가 성숙해 진리에 따라 이해하기 시작하면, 더이상 여기저기 끌려 다니지 않을 것입니다. 보통은 즐거운 기분이면 이렇게 반응하고, 불쾌한 기분이면 이와는 다르게 반응합니다. 어떤 것을 좋아하면 기분이 들뜨고, 어떤 것을 싫어하면 기분이 가라앉습니다. 이렇게 여전히 적들과 싸웁니다. 이런 싸움이 사라지면 안정되고 균형이 잡힙니다. 마음의 기복은 더이상 존재하지 않습니다. 세상이 이런 것임을 이해하고 있는 그대로를 알게 됩니다. 이것이 세속의 법입니다.

세속의 법이 변해 깨달음의 길이 됩니다. 세속의 법에는 여덟 가지가 있습니다. 그래서 깨달음의 길에도 여덟 가지가 있습니다. 세속의 법이 존재하는 어디서나 깨달음의 길을 발견할 수 있습니다. 명확함을 가지고 살면 모든 세속적 경험이 팔정도 수행이 됩니다. 명확함이 없으면 세속적인 법이 지배해 깨달음의 길을 외면합니다. 바른 이해가 일어나면, 바로 여기서 고통으로부터 자유로워집니다. 다른 곳들을 찾아다녀서는 고통에서 자유로워질 수 없습니다.

그러니 서두르거나 급하게 명상을 밀어붙이려 하지 마십시오. 한 발짝 한 발짝 부드럽게, 점진적으로 명상하십시오. 평화로워지면 그것을 받아들이고, 평화로워지지 않아도 그것을 받아들이십시오. 이것이 마음의 본질입니다. 자신의 명상을 찾아서 끈기 있게 꾸준히 노력해야 합니다.

지혜가 일어나지 않을지도 모릅니다. 지혜가 없었을 때 저는 자신을 밀어붙이면 지혜를 얻을 수 있으리라 생각했습니다. 하지만 그것은 아무 소용이 없었고, 예전과 차이가 없었습니다. 그런 뒤에 깊이 생각해보니 가지고 있지 않은 것을 반조할 수는 없다는 사실을 알게 되었습니다. 그러면 무엇이 최선일까요? 평정심을 갖고 명상하는 것이 최선입니다. 걱정거리를 일으키는 것이 없다면 고쳐야 할 것도 없습니다. 문제가 없다면 그것을 풀려 애쓸 필요가 없습니다. 문제가 일어날 때, 바로 거기서 문제를 해결해야 합니다. 특별한 것을 찾아다닐 필요가 없습니다. 평상시처럼 사십시오. 하지만 마음이 어디에 있는지 알아야 합니다. 알아차리면서 살고 명확하게 이해하십시오. 지혜가 자신의 지침이 되어야 합니다. 자신의 감정에 빠져 살아서는 안 됩니다. 정신을 차리고 방심하지 마십시오. 아무것도 없다면 좋은 것입니다. 뭔가가 일어나면 그것을 조사하고 깊이 생각해보십시오.

중심으로 가기

거미를 보십시오. 거미는 적당한 곳에 거미줄을 치고 그 중앙에 가만히 있습니다. 파리가 곧 거미줄에 앉습니다. 파리가 거미줄을 건드려 흔들리자마자 거미는 바로 달려들어 거미줄로 파리를 감습니다. 파리를 한쪽에 비축해두고 거미는 다시 중앙으로 돌아와 마음을 가다듬고 고요하게 기다립니다.

거미를 보면 지혜가 일어날 수 있습니다. 여섯 감각의 중심에는 마음이 있습니다. 눈, 귀, 코, 혀, 신체가 마음을 둘러싸고 있습니다. 그 감각 중 하나가 자극받으면, 예를 들어 형상이 눈과 접촉하면 형상은 마음을 흔들고 마음에 도달합니다. 마음은 아는 것, 즉 형상을 아는 것입니다. 이 정도만 알아도 지혜가 일어나기에 충분합니다. 이렇게 간단합니다.

거미줄의 거미처럼 우리는 자신을 지키며 살아야 합니다. 곤충이 거미줄을 건드린 것을 감지하자마자 거미는 그 곤충을 재빨리 잡아 묶습니다. 그러고는 다시 중심으로 돌아갑니다. 이는 우리 마음과 조금도 다르지 않습니다. '중심으로 간다'는 것은 명확한 이해를 가지고 항상 방심하지 않으며 알아차리고, 모든 것을 매우 정확하고 정밀하게 한다는 의미입니다. 이것이 우리의 중심입니다. 사실 우리가 해야 할 일은 그리 많지 않습니다. 이렇게 주의하며 살면 됩니다. 하지만 이는 명상을 모두 잊고 부주의하게 살거나, 좌선이나 걷기명상을 하지 않아도 된다는 의미는 아닙니다. 거미가 먹잇감인 곤충을 낚아채듯 항상 방심하지 말아야 합니다.

앉아서 거미에 대해 깊이 생각해보는 것, 이것이 알아야 할 전부입니다. 이 정도면 자연스럽게 지혜가 일어날 수 있습니다. 이것만으로도 명상이 완성됩니다.

이는 매우 중요합니다. 밤낮으로 하루종일 좌선과 걷기명상을 해야 한다는 수행의 관점을 갖고 있으면 자신을 정말로 힘들게 만들 것입니다. 육체적 능력을 적당히 사용해 자신의 힘과 에너지에 맞게 수행해야 합니다.

마음과 다른 감각들을 잘 아는 것은 매우 중요합니다. 이것들이 어떻게 왔다 가고 일어났다 사라지는지 알아야 합니다. 이것을 완전히 이해해야 합니다. 법의 언어로 말하자면, 거미가 다양한 곤충들을 잡듯이 우리 마음도 무상, 고통, 무아로 감각들을 묶는다고 할 수 있습니다. 묶인 감각들은 우리에게 영양분을 공급해줄 음식으로 저장됩니다. 이것으로 충분합니다. 더이상 할 일이 없습니다. 이것이 마음의 영양분입니다. 알아차리고 깨달은 자를 위한 영양분입니다.

감각들이 영원하지 않으며 고통에 얽매여 있고 그것들 중 어느 것도 자신이 아니라는 것을 알면, 미친듯이 감각들을 좇지 않을 것입니다. 이렇게 명확하게 보지 못하면 고통받을 것입니다. 이런 감각들이 실은 무상하다는 걸 제대로 보고 깨달으면, 감각들이 가치 있는 것 같아도 실상은 그렇지 않다는 걸 알게 됩니다. 감각의 본질은 고통과 괴로움입니다. 그런데 왜 그것을 원합니까? 감각은 '나의 것'이 아니고 거기에는 '자아'가 없습니다. 그리고 '나에게 속한 것'이 전혀 없습니다. 그런데 왜 감각을 좇아갑니까? 모든 문제는 바로 여기서 끝이 납니다.

거미를 보십시오. 그리고 그것으로 자신의 내면을 비춰보십시오. 그러면 모든 것이 같다는 걸 알 수 있습니다. 마음이 '무상', '고통', '무아'를 깨달으면 마음은 스스로 놓아버립니다. 고통과 행복에 더이상 집착하지 않습니다. 이것이 제대로 명상하는 수행자의 마음의 양식입니다. 이렇게 간단합니다. 다른 곳으로 찾아다닐 필요가 없습니다. 여러분이 무엇을 하고 있든 여러분은 거기에 있습니다. 번거롭게 소란을 일으킬 필요가 없습니다. 그러면 명상의 힘과 에너지가 계속해서 자라날 것입니다.

탈출

이런 명상의 힘이 태어남과 죽음의 순환으로부터 자유로워지도록 이끌어줍니다. 우리가 욕망과 갈망에 여전히 집착해서 이 순환에서 탈출하지 못했던 것입니다. 나쁘고 부도덕한 행동을 하지 않는다는 것은 윤리적으로 살아간다는 정도의 의미일 뿐입니다. 예를 들어 사람들은 '모든 존재들이 사랑하고 좋아하는 것들과 이별하지 않도록' 염불을 해달라고 합니다. 이렇게 유치한 생각을 하며 사람들은 아직 놓아버리지 못합니다.

있는 그대로의 방식과 다르게 되기를 바라는 것, 이것이 인간의 욕망입니다. 오래 살기를 바라며 죽지 않고 병들지도 않기를 바랍니다. 사람들의 바람과 욕망은 이런 것입니다. 이루지 못한 욕망이 고통을 일으킨다고 말하면, 사람들은 머리를 맞은 듯 충격을 받고는 아무 대답도 하지 못합니다. 그것이 진실이기 때문입니다. 그들의 욕망을 정확히 지적한 것입니다.

모든 사람들은 욕망이 있고 그 욕망이 채워지길 바랍니다. 아무도 멈추고 싶어하지 않고, 아무도 정말로 벗어나고 싶어하지 않습니다. 그래서 끈기 있게 마음을 정제하며 명상해야 합니다. 게으름을 버리고 흔들림 없이 명상하며 부드럽고 절제된 태도를 꾸준히 유지하는 이는 진리를 알게 될 것입니다. 그래서 무엇이 일어나든 그들은 확고하고 흔들림 없이 머물 것입니다.

11장

법의 선물

가끔 스님들의 부모님이 아들을 보려고 이곳 파퐁 사원을 방문하곤 합니다. 이분들에게 드릴 선물이 없어서 아쉽습니다. 서양은 물질적으로 풍요롭지만 법은 거의 전해지지 않았습니다. 제가 직접 서양에 가보니, 거기서는 평화와 고요로 이끄는 법을 보기가 힘들었습니다. 끊임없이 마음을 괴롭히고 혼란스럽게 만드는 것들뿐이었습니다.

서양은 물질적으로 번영하고 있습니다. 그래서 감각적 유혹을 일으키는 형상, 소리, 냄새, 맛, 촉감이 너무 많습니다. 하지만 사람들은 법을 몰라서 감각들에 의해 혼란스러워지기만 합니다. 그래서 오늘 저는 이 절을 찾아오신 분들이 집으로 가져갈 법의 선물을 전하려 합니다.

법이 무엇입니까? 법은 우리의 문제들과 어려움들을 꿰뚫어 보고서 그것들을 점차 줄여 없애나가는 것입니다. 이것이 법입니다. 우리는 일상생활을 통해 법을 배워야 합니다. 그러면 정신적 느낌이 일어날 때 그것을 잘 다룰 수 있습니다.

태국에 살든 다른 나라에 살든 우리는 모두 문제를 갖고 있습니다. 문제를 해결하는 방법을 모르면 언제나 고통과 번민에 빠집니다. 지혜로 이 문제들을 풀어야 합니다. 지혜를 얻으려면 마음을 계발하고 훈련해야 합니다.

명상의 주제는 멀리 있는 것이 아니라 바로 우리 몸과 마음에 있습니다. 서양인도 태국인도 모두 몸과 마음을 갖고 있습니다. 혼란스러운 사람은 혼란스러운 몸과 마음을 갖고 있고, 평화로운 사람은 평화로운 몸과 마음을 갖고 있습니다.

사실 마음의 본래 상태는 마치 빗물처럼 순수합니다. 하지만 깨끗한 빗물에 초록색 물감을 떨어뜨리면 빗물이 초록색으로 변하고, 노란색 물감을 떨어뜨리면 빗물이 노란색으로 변합니다. 마음도 비슷하게 반응합니다. 편안한 정신적 느낌이 마음에 떨어지면 마음이 편안합니다. 불편한 느낌이 떨어지면 마음이 불편합니다. 물처럼 마음도 색을 띠게 됩니다.

깨끗한 물이 노란색과 만나면 노란색 물로 변합니다. 초록색을 만나면 초록색 물로 변합니다. 물의 색깔은 항상 변합니다. 사실 초록색 물과 노란색 물도 원래는 깨끗하고 투명했습니다. 마음의 자연적 상태도 역시 깨끗하고 순수하며 혼란이 없습니다. 마음이 정신적 느낌을 좇아가 감정에서 길을 잃어버리기에 마음이 혼란스러워집니다.

좀더 명확하게 설명해보겠습니다. 평화로운 숲속에 앉아 있다고 상상해보십시오. 숲에 바람이 없으면 나뭇잎들이 고요합니다. 바람이 불면 나뭇잎들이 흔들립니다. 마음은 이런 잎과 비슷합니다. 마음이 정신적 느낌과 만나면 정신적 느낌의 속성에 따라 마음이 떨리고 흔들립니다. 법에 대해 아는 것이 적을수록, 마음은 계속 정신적 느낌들을 좇아갑니다. 행복을 느끼면 행복에 굴복하고, 고통을 느끼면 고통에 굴복합니다. 계속 혼란할 따름입니다.

결국 사람들은 신경과민이 됩니다. 왜 그럴까요? 자신의 감정만 따르며, 스스로를 돌보는 법을 알지 못하기 때문입니다. 마음을 돌보는 이가 없는 것은, 아이에게 돌봐줄 부모가 없는 것과 같습니다. 고아는 의지할 곳이 없어서 매우 불안해합니다. 마찬가지로 마음도 돌보지 않으면, 바른 이해로 기질을 훈련시키거나 성숙시키지 않으면 정말 문제가 됩니다.

마음을 훈련하는 방법을 '깜마타나(kammaṭṭhāna)'라고 합니다. '깜마(kamma)'는 '행동'을 의미하고 '타나(ṭhāna)'는 '기반'을 의미합니다. 깜마타나는 불교에서 마음을 평화롭고 고요하게 만드는 방법입니다. 이 방법으로 마음을 훈련합니다. 그리고 마음이 훈련되고 나면 이 방법을 이용해 몸을 조사합니다.

존재는 몸과 마음이라는 두 부분으로 구성되어 있습니다. 육체적 눈으로는 '몸'이라고 부르는 것을 볼 수 있습니다. 하지만 마음은 육체적 부분이 아닙니다. 마음은 '내적인 눈' 혹은 '마음의 눈'으로만 볼 수 있습니다. 몸과 마음, 이 두 가지가 끝없는 혼돈 상태에 있습니다.

마음이란 무엇일까요? 마음은 사실 어떤 것이 아닙니다. 인습적으로 말하자면, 마음은 보거나 느끼는 것입니다. 모든 정신적 느낌들을 감지하고 받아들이고 경험하는 것을 마음이라 부릅니다. 바로 이 순간에 마음이 있습니다. 제가 여러분에게 말을 하면 여러분 마음이 제가 말한 것을 인식합니다. 소리가 여러분의 귀로 들어가면 여러분은 제가 말한 것을 알게 됩니다. 이렇게 경험하는 것을 마음이라고 합니다.

이 마음에는 어떤 자아나 실체가 없습니다. 마음에는 어떤 형체가 없습니다. 마음은 정신적 활동만 경험할 뿐입니다. 이 마음이 바른 견해를 갖도록 가르치면 마음에는 어떤 문제도 없을 것입니다. 마음이 편안할 것입니다.

마음은 마음입니다. 정신적 대상은 정신적 대상입니다. 정신적 대상은 마음이 아니고, 마음은 정신적 대상이 아닙니다. 마음에 떠오르는 정신적 대상들을 받아들이는 것이 마음이라고 보면, 마음과 정신적 대상을 명확히 이해할 수 있습니다.

마음과 마음의 대상들이 서로 접촉하면 느낌이 일어납니다. 좋고, 나쁘고, 시원하고, 뜨거운 느낌 등 모든 종류의 느낌이 일어납니다. 하지만 이런 느낌들을 다룰 지혜가 없으면 마음이 괴로울 것입니다.

마음을 계발해서 지혜의 기반이 형성되도록 하는 방법이 명상입니다. 호흡은 육체적 기반입니다. 이것을 '호흡명상(ānāpānasati)'이라고 부릅니다. 우리는 호흡을 정신적 대상으로 삼습니다. 호흡은 가장 단순한 명상법이며 고대부터 핵심적인 명상법이었기에 호흡을 명상의 주제로 삼습니다.

앉아서 명상을 할 때는 오른 다리를 왼 다리 위에 얹고 오른손을 왼손 위에 얹습니다. 허리를 똑바로 폅니다. 그리고 마음속으로 이렇게 생각합니다. '이제 모든 걱정과 짐들을 놓아버릴 것이다.' 여러분은 근심을 일으키는 어떤 것도 원하지 않습니다. 모든 걱정들을 잠시 놓아버리십시오.

이제 주의력을 호흡에 고정하십시오. 그런 뒤 숨을 들이마시고 내쉬십시오. 호흡에 대한 알아차림을 계발할 때는 호흡을 의도적으로 길거나 짧게 하지 말고 세게 혹은 약하게 하지도 마십시오. 정상적으로, 자연스럽게 호흡이 흘러가도록 내버려두십시오. 마음에서 일어나는 알아차림과 자각이 들숨과 날숨을 알 것입니다.

편안히 있으면서 아무것도 생각하지 마십시오. 들숨과 날숨에만 주의를 집중하십시오. 그 밖에는 아무것도 할 일이 없습니다! 들어오고 나가는 호흡에 주의력을 유지하십시오. 각각 호흡의 처음과 중간과 끝을 알아차리십시오. 들숨 때 호흡의 시작은 코끝에, 호흡의 중간은 가슴에, 호흡의 끝은 아랫배에 있습니다. 날숨 때에는 그 반대로, 호흡의 시작은 아랫배에, 중간은 가슴에, 끝은 코끝에 있습니다.

이렇게 세 부분에 주의를 집중하면 모든 걱정에서 벗어날 것입니다. 다른 것들은 생각하지 마십시오. 호흡에 주의력을 유지하십시오. 아마 다른 생각들이 마음에 들어와 주의력을 흩뜨릴 것입니다. 걱정하지 마십시오. 그러면 다시 주의력을 호흡으로 가져가십시오. 감정들을 판단하거나 분석하는 데 마음이 사로잡힐지도 모르지만, 각 호흡의 시작, 중간, 끝을 알아차리며 계속 명상하십시오.

결국에는 마음이 세 부분에서 언제나 호흡을 알아차릴 것입니다. 이렇게 명상하다보면 몸과 마음이 여기에 익숙해집니다. 피로가 사라집니다. 몸이 더 가볍게 느껴지고 호흡은 점점 더 섬세해집니다. 알아차림과 깨어 있음이 마음을 보호하고 돌볼 것입니다.

마음이 평화롭고 고요해질 때까지, 즉 마음이 하나가 될 때까지 이와 같이 명상해야 합니다. '하나'라는 것은, 마음이 호흡에 완전히 몰입되어 호흡과 분리되지 않는다는 의미입니다. 마음이 안정되고 편안해집니다. 마음이 호흡의 시작, 중간, 끝을 알고 지속적으로 거기에 고정됩니다.

그런 뒤 마음이 평화로워지면, 코끝의 들숨과 날숨에만 주의를 고정합니다. 아랫배까지 내려갔다 다시 올라오는 호흡을 따라갈 필요가 없습니다. 호흡이 들어오고 나가는 코끝에만 집중하십시오.

이것이 '마음을 가라앉히는 것', 마음을 쉬게 하고 평화롭게 만드는 것입니다. 고요함이 일어나면 마음이 멈춥니다. 마음은 호흡이라는 하나의 대상에 멈춥니다. 지혜가 일어날 수 있도록 마음을 평화롭게 만든다는 것이 바로 이것입니다.

이것이 명상의 시작이자 명상의 기반입니다. 어디서든 매일 이렇게 명상해야 합니다. 집에 있든 차에 있든 누워 있든 앉아 있든, 지속적으로 마음을 알아차리며 지켜야 합니다.

이것을 정신적 훈련이라고 부릅니다. 앉아서만이 아니라 서고 걷고 눕는, 네 가지 모든 자세에서 명상해야 합니다. 명상할 때는 마음을 매 순간 아는 것이 중요합니다. 이를 위해 지속적으로 알아차리고 깨어 있어야 합니다. 마음이 행복한지 아니면 괴로운지, 마음이 혼란한지 아니면 평화로운지를 알면 마음이 고요해집니다. 마음이 고요해지면 지혜가 일어납니다.

고요한 마음으로 명상 주제인 몸을 머리끝부터 발바닥까지, 그리고 다시 발바닥에서 머리끝까지 조사해야 합니다. 이를 반복하십시오. 머리카락, 몸의 털, 손톱, 치아, 피부에 주의를 집중하십시오. 이 같은 명상을 통해 몸 전체가 흙, 물, 불, 바람의 네 가지 요소로 이루어져 있음을 보게 될 것입니다.

딱딱하고 견고한 몸의 부분이 흙의 요소를 이룹니다. 유동적이고 흐르는 부분이 물의 요소입니다. 몸의 온기가 불의 요소입니다. 몸에서 아래위로 움직이는 공기가 바람의 요소입니다.

이 네 가지 모두가 모여 '인간'이라고 부르는 것을 구성합니다. 몸이 부서져 그 구성 요소들로 돌아가면 이 네 가지 요소들만 남습니다. 부처님은 본래 존재가 없다고 가르치셨습니다. 인간도 태국인도 서양인도 없으며, 궁극적으로는 이 네 가지 요소들만 있다는 것입니다. 사람이나 인간이 있다고 여기지만, 실제로 이런 것들은 전혀 없습니다.

흙, 물, 불, 바람 각각으로 보든 아니면 이 요소들이 모인 것에 '인간'이라는 명칭을 붙이든, 이 모든 것들은 영원하지 않으며 고통스럽고 자아가 아닙니다. 이것들은 불안정하고 불확실하며 지속적인 변화의 상태에 있습니다. 단 한 순간도 고정되어 있지 않습니다!

몸은 불안정하며 끊임없이 변합니다. 머리카락도 손톱

도 이빨도 피부도, 모든 것들이 완전히 변하고 있습니다. 마음 역시 항상 변하고 있습니다. 마음은 자아 혹은 어떤 실체가 아닙니다. 마음을 '우리' 혹은 '그들'이라고 여길지 모르지만 사실은 그렇지 않습니다. 마음은 자살과 행복, 불행 등 모든 것들에 대해 생각할 것입니다. 이렇게 마음은 불안정합니다. 지혜가 없어서 마음을 자신의 것이라 여기면, 마음은 계속해서 우리에게 거짓말을 할 것입니다. 그래서 고통과 행복을 끊임없이 오갈 것입니다.

마음은 불확실한 것입니다. 몸도 불확실합니다. 몸과 마음 모두 한결같지 않으며, 고통의 원천이며, 자아가 없습니다. 부처님은 몸과 마음이 존재도, 사람도, 자아도, 영혼도, 나도 너도 아니라고 지적하셨습니다. 이것들은 흙, 물, 불, 바람의 네 가지 원소일 뿐입니다.

마음이 이를 깨닫고 나면, '나는 아름답다', '나는 나쁘다', '나는 고통스럽다', '나는 이것을 가졌다', '나는 이것이다 혹은 저것이다' 같은 집착들이 사라질 것입니다. 기본적으로 모든 인간이 같다는 걸 깨닫고 동질감을 느낄 것입니다. '나'는 없습니다. 오직 요소들만이 있습니다.

'무상'과 '고통', 그리고 '자아가 없음'에 대해 반조하고 깨닫게 되면, 자아와 존재, 나, 그 또는 그녀에 더이상 집착하지 않을 것입니다. 마음이 이를 깨달으면, 염오심 혹은 평온함이 일어납니다. 모든 것이 무상하고 불만족스러우며 자아가 없다는 것을 알게 됩니다.

그러면 마음이 멈춥니다. 마음이 법이 됩니다. 욕심과 미움과 어리석음이 조금씩 조금씩 줄어들어 결국 순수한 마음만 남을 것입니다. 이것이 명상입니다.

일상생활 속에서 이런 법의 선물을 공부하고 깊이 생각해 보십시오. 그러면 마음의 평화로 가는 길이 보일 것입니다. 마음이 고요하고 안정될 것입니다. 몸이 혼란 속에 있어도 마음은 그렇지 않을 것입니다. 세상 사람들이 혼란에 빠져 있어도 여러분은 그렇지 않을 것입니다. 혼란에 둘러싸여 있어도 마음이 법이 되었으므로 혼란스럽지 않을 것입니다. 이것이 바른 방법이며 바른길입니다.

12장

내적 균형

마음을 고요하게 하는 것은 적절한 균형을 찾는 것입니다. 마음에 지나치게 힘을 주면 너무 멀리 가버리고, 충분히 노력하지 않으면 마음이 균형점을 잃어버립니다.

평소에 마음은 고요히 멈춰 있지 않습니다. 마음은 항상 움직이고 있습니다. 우리는 마음을 강하게 만들어야 합니다. 마음을 강하게 만드는 것과 몸을 강하게 만드는 것은 다릅니다. 몸을 강하게 만들려면, 운동을 하면서 점점 더 강해지도록 밀어붙여야 합니다. 마음을 강하게 만들려면, 이런저런 생각을 하지 않도록 마음을 평화롭게 만들어야 합니다. 우리들 대부분은 마음이 평화로웠던 적이 없습니다. 즉 삼매의 에너지를 결코 경험해보지 못했습니다. 그렇기 때문에 우리는 하나의 영역에서 삼매를 계발해야 합니다. '아는 자'와 함께 머물면서 좌선을 해야 합니다.

호흡을 너무 길게 하거나 짧게 하면 균형이 깨집니다. 그러면 마음이 평화로워지지 않습니다. 이는 재봉틀을 처음 사용할 때와 같습니다. 바느질을 시작하기 전에 먼저 재봉틀을 제대로 조정하기 위해 페달 밟는 연습을 합니다. 호흡을 따라가는 것도 마찬가지입니다. 우리는 호흡이 얼마나 긴지 또는 짧은지, 강한지 약한지에 대해 고민하지 않고 그냥 호흡을 알아차립니다. 호흡은 그냥 내버려두고 자연 호흡을 따라갑니다.

호흡에 균형이 잡히면 호흡을 명상 주제로 삼습니다. 숨을 들이쉴 때 호흡은 코끝에서 시작되어 가슴을 거쳐 아랫배에 이릅니다. 숨을 내쉴 때는 그 반대입니다. 코끝, 가슴, 아랫배에 이르는 호흡의 길을 알아차리십시오. 이 세 지점을 알아차려서 마음이 흔들리지 않게 하고, 정신적 활동을 제한하여 알아차림과 깨어 있음이 쉽게 일어날 수 있도록 하십시오. 마음이 세 지점에 자리잡으면, 이것을 놓아버리고 공기가 지나가는 코끝이나 윗입술에만 마음을 둡니다. 호흡을 따라갈 필요 없이 호흡이 들어오고 나가는, 코끝이라는 한 지점에서만 알아차림을 확립합니다.

그 어떤 생각도 할 필요 없이 이 간단한 일에만 몰입하십시오. 곧 마음이 평화로워지고 호흡이 안정됩니다. 마음과 몸이 가벼워집니다. 이것이 명상을 할 때의 바른 상태입니다.

좌선을 통해 마음이 미세해지면 우리는 어떤 상태에 있든 그 상태를 알아차리려 합니다. 고요함 속에 정신적 활동이 있습니다. 이것을 '위따까(vitakka)'라고 합니다. 위따까는 마음을 명상 주제로 가져오는 행위입니다. 알아차림이 강하지 않으면 위따까도 강하지 않습니다. 그런 뒤 명상 주제에 대한 반조인 '위짜라(vicāra)'가 일어납니다. 때때로 여러 약한 정신적 느낌들이 일어날 때, 일어나는 것들을 지속적으로 아는 자각이 필요합니다. 명상이 깊어질수록 명상의 상태를 끊임없이 알아차리고, 마음이 단단해졌는지 아닌지 살핍니다. 그래서 몰입과 알아차림이 모두 존재하게 됩니다.

마음이 평화롭다는 것은 아무것도 일어나지 않는다는 의미가 아닙니다. 정신적 느낌들은 일어납니다. 예를 들어 몰입(선정禪定, 빠알리어로는 자나 jhāna. 마음이 깊이 몰입되는 심오한 명상 상태로, 여덟 단계가 있다)의 첫번째 단계에는 다섯 가지 요소들이 있습니다. 명상을 하면 위따까와 위짜라, 그리고 희열이 일어난 뒤 행복이 일어납니다. 이 네 가지는 고요함이 자리잡은 마음속에 함께 있습니다. 이것은 하나의 상태입니다.

다섯번째 요소는 몰입입니다. '이렇게 여러 요소들이 있는데 몰입이 될까?' 하는 의문이 들지도 모릅니다. 하지만 이 요소들 모두가 고요함의 기초 위에서 하나로 결합합니다. 다섯 가지 요소들을 모두 합친 것이 삼매의 상태입니다. 이것들은 일상적 마음 상태가 아니라 몰입의 요소들입니다. 이 다섯 가지 요소들은 모두 기본적인 고요를 어지럽히지 않습니다. 위따까는 마음을 어지럽히지 않고, 위짜라와 희열과 행복 역시 마음을 어지럽히지 않습니다. 그래서 마음은 이 요소들로 하나가 됩니다. 이것이 첫번째 단계의 몰입입니다.

이것을 초선정, 이선정 등으로 부를 필요는 없습니다. 그냥 '평화로운 마음'이라고 하면 됩니다. 마음이 점점 더 고요해지면 위따까와 위짜라는 사라지고 희열과 행복만이 남습니다. 마음이 위따까와 위짜라를 버리는 이유는 무엇일까요? 마음이 더욱 정제되면 위따까와 위짜라는 너무 거친 것이 됩니다. 이 단계에서 마음이 위따까와 위짜라를 버리면 눈물이 솟아날 듯 엄청난 희열이 일어날 수 있습니다. 하지만 삼매가 깊어지면 희열 역시 사라지고, 행복과 몰입만이 남습니다. 그리고 마침내는 행복도 사라지고 마음이 정제되어 최고점에 이릅니다. 그러면 다른 모든 것들은 사라지고 평온과 몰입만이 남습니다. 마음에는 전혀 흔들림이 없습니다.

마음이 평화로워지면 이렇게 될 수 있습니다. 원인들이 무르익으면 저절로 도달하는 것입니다. 그러니 이에 대해 많이 생각할 필요가 없습니다. 이를 평화로운 마음의 에너지라고 부릅니다. 마음이 졸리거나 나른하지 않고, '감각적 욕망, 악의, 들뜸, 무기력, 의심'이라는 다섯 가지 장애가 모두 달아납니다.

하지만 정신적 에너지가 강하지 않고 알아차림이 약하면 정신적 느낌이 때때로 방해합니다. 마음은 평화로워 고요하지만 구름이 낀 것 같습니다. 평소의 졸리는 상태는 아닙니다. 어떤 느낌들이 일어날 것입니다. 마음속으로 어떤 소리를 듣거나 개를 볼 수도 있습니다. 이 상태는 명확하지 않지만 꿈을 꾸는 것도 아닙니다. 다섯 가지 요소들이 균형을 잃고 약해져서 이런 상태를 경험합니다.

이런 수준의 고요함에 이르면 마음이 장난을 치곤 합니다. 마음이 이런 상태에 있을 때면 이따금 이미지가 어떤 감각의 형태로 나타날 것입니다. 이때 수행자는 무슨 일이 벌어지고 있는지 정확하게 알 수 없습니다. '내가 잠들었나? 아니야. 그럼 꿈인가? 아니야, 꿈이 아니야……' 고요함이 중간 수준일 때는 이런 느낌이 일어납니다. 하지만 마음이 정말 고요하고 명확하면, 일어나는 다양한 정신적 느낌과 이미지들에 대해 의문이 생기지 않습니다. 그래서 '내가 그때 졸고 있었나? 아니면 잠들었나? 내가 헤매고 있었나?' 같은 의문들은 일어나지 않습니다. 그런 질문들은 마음이 여전히 의심하고 있다는 걸 보여주기 때문입니다. '내가 깨어 있나? 아니면 잠들어 있나?'라는 의문이 생기면 마음이 아직 흐릿한 것입니다. 마음이 감정에 빠져 길을 잃은 것입니다. 이것은 구름이 달을 가린 것과 같습니다. 이때도 달을 볼 수는 있지만, 구름이 달을 가려 달이 흐릿합니다. 구름을 벗어난 깨끗하고 밝은 달과는 다릅니다.

마음이 평화롭고 알아차림과 자각으로 단단히 자리잡으면, 일어나는 여러 현상들에 대한 의문이 생기지 않습니다. 마음이 정말 장애들을 초월합니다. 마음에서 일어나는 모든 것들을 있는 그대로 명확하게 압니다. 마음이 명확하고 밝아서 의문에 빠지지 않습니다. 삼매에 든 마음은 이렇습니다.

어떤 사람들은 적합한 기질을 갖고 있지 않아서 삼매에 들기가 어렵습니다. 삼매에 들더라도 삼매가 강하거나 견고하지 않습니다. 이런 사람은 대상의 진실을 보고 반조하는 지혜로 마음의 평화를 얻고, 바로 거기서 자신의 문제를 해결할 수 있습니다. 이것은 삼매의 힘보다는 지혜의 힘을 이용하는 방법입니다. 명상을 통해 고요함을 얻기 위해 반드시 좌선을 할 필요는 없습니다. '이게 뭐지?' 하고 스스로에게 물어, 바로 거기서 자신의 문제들을 해결하십시오. 지혜가 있으면 이렇게 할 수 있습니다. 비록 매우 높은 수준의 삼매는 얻을 수 없어도 지혜를 계발할 수 있을 정도의 삼매는 충분히 가지고 있습니다. 이것은 벼농사와 옥수수 농사의 차이와 같습니다. 사람들은 옥수수 농사보다는 벼농사에 의지해 생계를 유지합니다. 명상도 마찬가지로, 문제들을 풀기 위해 지혜에 더 의지합니다. 그리고 지혜로 진실을 보면 평화가 일어납니다.

지혜와 삼매는 방식이 다릅니다. 어떤 사람은 통찰력이 있어 지혜는 강하지만 삼매가 별로 없습니다. 이런 사람이 좌선을 하면 마음이 그리 평화롭지 않습니다. 이런 사람은 이것저것에 대해 깊이 생각해서, 결국에는 행복과 고통에 대해 반조해보고 그 진리를 봅니다. 앉아 있거나 서 있거나 걷고 있거나 누워 있거나 법을 깨달을 수 있습니다. 이런 이는 직접 보고, 버리고, 진리를 알고, 의심을 넘어서 평화를 얻습니다.

다른 이들은 지혜는 아주 적지만 삼매가 매우 강합니다. 그들은 아주 깊은 삼매에 빨리 들 수 있지만 지혜는 별로 없습니다. 그래서 자신의 번뇌를 감지하고 이해할 수 없고, 자신의 문제를 풀 수 없습니다.

어떻게 접근하든 잘못된 생각을 버리고 바른 견해를 가져야 합니다. 혼란을 없애고 평화를 얻어야 합니다.

어떤 방법으로 하든 결국 같은 자리에 이릅니다. 명상에서 고요와 통찰, 이 두 가지는 함께 갑니다. 둘 중 하나라도 없어서는 안 됩니다.

반조, 마음을 비추다 1

명상에서 일어나는 다양한 요소들을 '지켜보는' 것이 '알아차림(사띠)'입니다. 알아차림은 수행을 통해 다른 요소들이 일어나도록 합니다. 알아차림은 목숨입니다. 부주의하게 지내며 알아차림이 없으면 죽은 것이나 마찬가지입니다. 알아차림이 없으면, 말하거나 행동해도 아무 의미가 없습니다. 알아차림은 자각과 지혜를 일으키는 원인입니다. 알아차림이 부족하면 어떤 덕행을 계발했더라도 불완전합니다. 알아차림은 서 있고 앉아 있고 걷고 있고 누워 있는 자신을 지켜보는 것입니다. 삼매에 들어 있지 않더라도 알아차림은 계속 있어야 합니다.

　모든 일에 주의를 기울이면 부끄러운 마음이 일어납니다. 바르지 않은 행동을 하면 부끄러울 것입니다. 부끄러움이 커지면 평온함도 커집니다. 평온함이 커지면 부주의함이 사라집니다. 좌선을 하지 않더라도 이 요소들이 마음에 있습니다.

　이 모두가 알아차림을 계발했기 때문입니다. 알아차림을 계발하십시오! 알아차림은 정말 가치가 있습니다. 알아차림은 자신이 현재 하고 있는 일을 지켜보는 속성입니다. 이렇게 자신을 알면, 옳은 것과 그른 것을 구별할 수 있고 명상의 길이 명확해지며 모든 부끄러움의 원인들이 사라집니다. 지혜가 일어날 것입니다.

　명상은 덕행, 삼매, 지혜로 요약할 수 있습니다. 고요하고 절제된 삶을 사는 것이 덕행입니다. 이런 절제 속에 마음이 확고하게 자리잡은 것이 삼매입니다. 우리가 하는 행위에 대한 완전하고 전체적인 이해가 지혜입니다. 명상의 길에는 덕행, 삼매, 지혜만이 있습니다.

13장

조화의 길

|

자신의 명상에 대해 얼마나 확신과 자신이 있습니까? 요즘은 많은 스님들과 재가자들이 명상을 가르칩니다. 그래서 마음에 의심과 동요가 생길 수 있습니다. 하지만 명확히 이해하면 마음을 평화롭고 단단하게 만들 수 있습니다.

팔정도는 간단히 덕행, 삼매, 지혜로 이해할 수 있습니다. 명상은 우리 내면에 팔정도가 일어나게 하는 것입니다.

좌선을 할 때는 눈을 감고 다른 것들을 보지 말라고 합니다. 바로 마음을 보기 위해서입니다. 눈을 감으면 주의력이 내면으로 향합니다. 호흡에 몰입하고 감정과 알아차림을 거기에 둡니다. 팔정도의 요소들이 조화를 이루면 호흡, 느낌, 마음, 마음의 대상을 있는 그대로 볼 수 있습니다. 이제 삼매와 팔정도의 다른 요소들이 조화롭게 모이는 '초점'을 볼 것

반조, 마음을 비추다 1

입니다.

다른 사람들과 함께 명상할 때 홀로 앉아 있다고 상상해보십시오. 홀로 앉아 있다는 느낌을 계발해서, 마음이 모든 외적인 것들을 놓아버리도록 하십시오. 그리고 오직 호흡에만 몰입하십시오. '이 사람은 여기 앉아 있고, 저 사람은 저기 앉아 있어'라는 생각을 하고 있으면 평화는 없고 마음은 내면으로 향하지 않을 것입니다. 그냥 모든 것을 던져버리고 주위에 아무도 앉아 있지 않다는 느낌이 들도록, 아무것도 없고 흔들림도 없도록, 둘러싼 주위에 아무 관심을 갖지 마십시오.

호흡은 자연스럽게 내버려두십시오. 호흡을 억지로 짧게 하거나 길게 하지 말고 그저 앉아서 들숨과 날숨을 지켜보십시오. 마음이 모든 외적 느낌들을 놓아버리면 차 소리 같은 것들이 여러분을 방해하지 않을 것입니다. 마음이 감각을 받아들이지 않기에 어떤 사물이나 소리도 여러분을 방해할 수 없을 것입니다. 호흡에 주의력이 몰입될 것입니다.

마음이 산란해서 호흡에 몰입이 되지 않으면, 호흡을 최대한 깊게 들이쉬고 호흡이 전혀 남지 않을 때까지 내쉬십시오. 이렇게 세 번을 반복한 뒤 다시 주의를 기울이십시오. 그러면 마음이 고요해집니다.

마음이 잠시 고요했다가 다시 들뜨고 산란해지는 것은 자연스러운 일입니다. 이럴 때는 호흡을 깊게 하고서 다시 호흡에 주의를 기울이십시오. 계속 이렇게 하면 됩니다. 자주 이렇게 하다보면 익숙해져서 마음이 모든 외적 현상들을 놓아버립니다. 알아차림이 확고하게 자리잡을 것입니다.

마음이 좀더 정제되면 호흡도 정제됩니다. 호흡의 느낌이 점점 미세해지고 몸과 마음이 가벼워집니다. 주의력이 내면에만 고정되어 들숨과 날숨을 명확하게 보고 모든 느낌들을 명확하게 볼 것입니다. 여기서 덕행과 삼매, 지혜가 모인다는 것을 알게 됩니다. 이것을 조화로운 팔정도라고 부릅니다. 이런 조화가 생기면 마음이 혼란에서 자유로워지고 하나로 모입니다. 이것이 삼매입니다.

오랫동안 호흡을 지켜보면 호흡이 아주 미세해집니다. 그러면 호흡에 대한 알아차림이 사라지고 순수한 알아차림만 남습니다. 이때는 무엇을 명상의 대상으로 삼아야 할까요? 호흡이 없는 이 알아차림을 명상의 대상으로 삼습니다. 이때 어떤 이들에게는 상상하지 못했던 현상이 일어날 수 있습니다. 이런 것들이 일어날 때는 확고하고 강한 알아차림을 가져야 합니다. 어떤 이들은 호흡이 사라지는 경험을 하면 죽을까봐 두려워합니다. 이때는 상황을 있는 그대로 알아야 합니다. 호흡이 없다는 것을 그냥 알아차리고서 알아차림을 명상의 대상으로 삼아야 합니다.

이것이 마음에 흔들림이 없는 가장 확고한 삼매입니다. 아마도 몸이 없는 것처럼 몸이 가벼워질 것입니다. 완전히 빈 공간에 앉아 있는 것처럼 느낍니다. 이상하게 느껴질지는 모르지만, 전혀 걱정할 필요가 없다는 걸 이해해야 합니다. 이렇게 마음을 확고하게 만드십시오.

마음이 확고하게 하나가 되어 마음을 방해하는 감각적 자극이 없어지면 아주 오랫동안 그 상태에 머물 수 있습니다. 방해가 되는 고통스런 느낌이 없을 것입니다. 이 정도 수준의 삼매에 이르면 원할 때 언제나 삼매에서 편안하게 나올 수 있습니다. 지치거나 삼매가 지겨워져서 나오는 게 아닙니다. 삼매에 충분히 있었기에, 편안하고 어떤 문제도 없기에 삼매에서 나오는 것입니다.

이 같은 삼매를 계발하면 삼십 분이나 한 시간만 삼매에 들어도 여러 날 동안 마음이 평온하고 고요합니다. 마음이 이렇게 평온하고 고요할 때 마음은 깨끗합니다. 그래서 어떤 경험을 하든 마음이 그 경험을 받아들이고 탐구할 것입니다. 이것이 삼매의 결실입니다.

덕행과 삼매와 지혜는 각각의 기능이 있습니다. 이 세 가지 요소들은 순환합니다. 평화로운 마음에서는 이 세 가지를 모두 볼 수 있습니다. 마음이 평온하면, 지혜와 삼매의 힘 때문에 마음에 고요와 절제가 있습니다. 마음이 더 고요해지면 마음이 더 섬세해집니다. 그러면 도덕적으로 더욱 순수해집니다. 덕행이 더욱 순수해지면 삼매를 계발하는 데 도움이 됩니다. 삼매가 확고하게 자리잡으면 지혜가 일어나는 데 도움이 됩니다. 덕행과 삼매, 지혜는 이렇게 서로 연관되어 있습니다.

결국에는 팔정도가 하나가 되고 언제나 작용합니다. 팔정도에서 생기는 힘을 길러야 합니다. 이 힘이 통찰과 지혜로 이끌어주기 때문입니다.

잘못된 삼매의 위험

삼매는 수행에 큰 이로움을 줄 수도 있고 큰 해를 끼칠 수도 있습니다. 지혜가 없는 이에게 삼매는 해롭습니다. 하지만 지혜로운 이에게는 삼매가 통찰로 이끌며 큰 이익을 줄 수 있습니다.

해로울 수 있는 삼매는 깊고 오래 지속되는 몰입 삼매입니다. 이런 삼매는 엄청난 평화를 가져다줍니다. 평화가 있으면 행복이 있습니다. 행복이 있으면 행복에 대한 집착이 일어납니다. 그러면 수행자는 다른 어떤 것도 반조하지 않고 이런 즐거운 느낌에만 빠집니다. 오랫동안 명상하다보면 이런 삼매에 빨리 들어가는 데 능숙해질 수 있습니다. 명상 주제에 주의력을 두자마자 마음이 고요해집니다. 그리고 거기서 나와 어떤 것을 탐구하고 싶어하지 않습니다. 이렇게 행복에만 빠져 있는 것은 위험합니다.

우리는 근접삼매(선정에 들어가기 전 몰입 단계의 상태)를 활용해야 합니다. 고요함에 들어 마음이 충분히 고요해지면 거기서 나와 외적 활동들을 지켜봅니다. 고요한 마음으로 밖을 보면 지혜가 일어납니다. 이것은 일상적 생각이나 상상과 거의 비슷해서 이해하기 힘듭니다. 생각이 있으면 마음이 평화롭지 않다고 여기겠지만, 사실 그 생각은 고요 속에서 일어납니다. 반조가 있어도 그 반조가 고요를 방해하지는 않습니다. 반조하고 탐구하기 위해 생각을 일으킬 수도 있습니다. 이것은 산만하게 잡생각을 하는 것과는 다릅니다. 이러한 반조는 평화로운 마음에서 일어납니다. 이것을 '고요함 속의 알아차림' 혹은 '알아차림 속의 고요'라고 합니다. 이것이 일상적인 생각이나 상상이라면, 마음이 평화롭지 않고 혼란할 것입니다. 여기서 제가 얘기하는 것은, 일상적 생각이 아니라 반조입니다. 지혜는 바로 여기서 일어납니다.

바른 삼매와 잘못된 삼매가 있습니다. 마음이 고요한 상태에 들지만 알아차림이 전혀 없으면 잘못된 삼매입니다. 두 시간 혹은 하루종일도 앉아 있을 수 있지만, 어떤 상태에 있었고 무엇이 일어났는지를 마음이 알지 못합니다. 고요함만이 있을 뿐입니다. 이것은 사용하지 않는 날카로운 칼과 같습니다. 이런 삼매에는 알아차림이 많지 않기에 어리석은 고요만이 있습니다. 수행자는 자신이 이미 궁극적 경지에 도달했다고 생각해 굳이 다른 것을 찾으려 하지 않습니다. 이 단계에서는 삼매가 적이 될 수 있습니다. 옳고 그름에 대한 알아차림이 없어서 지혜가 일어날 수 없습니다.

바른 삼매에서는 어떤 단계의 고요함에 도달해도 알아차림이 있습니다. 완벽한 알아차림과 완전한 이해가 있습니다. 이것이 지혜를 일으키는 삼매이며, 이런 삼매에서는 길을 잃지 않습니다. 수행자들은 이를 명심해야 합니다. 수행의 시작에서 끝까지 알아차림이 있어야 합니다. 이런 종류의 삼매는 위험하지 않습니다.

그러면 어떻게 삼매에서 지혜가 일어날까요? 바른 삼매가 계발되면 언제나 어떤 자세에서도 지혜가 일어날 수 있습니다. 눈으로 형상을 보고, 귀로 소리를 듣고, 코로 냄새를 맡고, 혀로 맛을 느끼고, 몸으로 감촉을 느끼고, 마음으로 정신적 대상들을 경험할 때, 마음은 이런 감각 자극들의 진정한 본질을 완전히 이해하며 머뭅니다. 마음이 감각 자극들을 따라가지 않습니다.

마음에 지혜가 있으면 고르거나 선택하지 않습니다. 행복과 불행의 일어남을 모든 자세에서 완전히 알고서, 집착하지 않고 이 둘 모두를 놓아버립니다. 이것이 바른 수행이며,

우리는 모든 자세에서 이와 같이 수행해야 합니다. 모든 자세는 신체적 자세만을 말하는 것이 아닙니다. 마음의 자세도 포함합니다. 마음은 언제나 진리에 대한 알아차림과 명확한 이해를 갖습니다. 삼매가 바르게 계발되면 이렇게 지혜가 일어납니다. 이것이 진리에 대한 이해, 통찰입니다.

평화에는 거친 평화와 정제된 평화, 두 가지 종류가 있습니다. 삼매에서 생기는 평화는 거친 평화입니다. 마음이 평화로우면 행복이 있습니다. 마음은 이 행복을 평화로 여깁니다. 하지만 행복과 불행은 형성과 태어남의 세계 속에 존재합니다. 행복에 집착하는 한 윤회에서 벗어날 수 없습니다. 그래서 행복은 평화가 아니며, 평화는 행복이 아닙니다.

지혜에서 생긴 평화는 다릅니다. 여기서는 평화와 행복을 혼동하지 않습니다. 행복과 불행에 대해 반조하고 이해하는, 지혜로운 마음이 평화임을 압니다. 지혜에서 일어나는 평화는 행복과 불행 모두의 진실을 봅니다. 그래서 이런 상태들에 대한 집착이 생기지 않습니다. 마음은 행복과 불행을 초월합니다. 이것이 불교 명상의 진정한 목표입니다.

14장
마음 훈련

오늘날에 비하면 아잔 문 스님과 아잔 사오 스님 시절의 삶은 아주 단순하고 훨씬 덜 복잡했습니다. 그 당시 스님들은 해야 할 일이나 의식들이 별로 없었습니다. 스님들은 일정한 거주지 없이 숲속에서 살며 명상에 모든 것을 바쳤습니다. 요즘은 흔해빠진 사치스러운 물건들이 당시에는 거의 없었습니다. 스님들은 대나무로 물컵과 타구를 직접 만들었습니다. 신도들도 거의 오지 않았습니다. 스님들은 많은 것을 바라지 않았고 가진 것에 만족했습니다. 스님들은 명상과 하나가 되어 살고 숨쉬었습니다.

스님들은 이렇게 궁핍한 삶을 살며 고생했습니다. 어떤 스님이 말라리아에 걸려 약이 필요하다고 하면, 스승은 이렇게 말하곤 했습니다. "약은 필요 없다. 계속 수행해라." 사실 요즘 있는 모든 약들이 그때는 하나도 없었습니다. 가진 약이라곤 숲에서 자라는 약초와 뿌리뿐이었습니다. 환경이 이러해서 승려들은 대단한 인내심과 참을성이 있어야 했습니다. 그들은 사소한 질병 따위는 신경쓰지 않았습니다. 요즘에는 조금만 아파도 병원으로 달려갑니다!

때로는 10킬로미터에서 12킬로미터를 걸어 탁발을 가야 했습니다. 날이 밝자마자 출발하면 열시나 열한시가 돼야 탁발에서 돌아옵니다. 음식도 많이 받지 못해서 찹쌀 조금과 소금 그리고 고추 몇 개뿐이었습니다. 맨밥만 먹든 어떤 음식을 먹든 문제가 되지 않았습니다. 당시에는 그랬습니다. 누구도 배고픔에 대해 불평하지 않았습니다. 그들은 불평하지 않았으며, 스스로를 돌보는 방법을 배웠습니다. 스님들은 많은 위험들이 도사리고 있는 숲속에서 인내심을 가지고 명상했습니다. 밀림에는 사나운 야생동물들도 많았고, 여러 어려움들이 있었습니다. 그래서 금욕적 두타행을 하는 숲속 수행승들은 육체적, 정신적 어려움들을 견뎌내야 했습니다. 이런 환경 때문에 그 당시 스님들에게는 대단한 끈기와 인내가 있었습니다.

오늘날의 환경은 우리를 그 반대로 내몹니다. 옛날에는 걸어서 이동했습니다. 그런 뒤에는 마차를 타고 다녔고, 그뒤에는 자동차를 이용하기 시작합니다. 지금은 기대와 욕심이 커

저서 에어컨이 없으면 차에 타려고도 하지 않습니다. 인내와 끈기의 미덕들이 점점 더 쇠퇴하고 있습니다. 명상의 기준은 더욱 느슨해지고 있습니다. 요즘 수행자들은 자신의 견해와 욕구를 따르는 경우가 많습니다. 나이든 이들이 옛날 얘기를 하면 전설이나 신화처럼 여기며 듣습니다. 여러분도 그냥 무관심하게 들을 뿐 그런 얘기들이 이해되지도 않고 가슴에 와닿지도 않습니다.

고대의 승가 전통에 따르면, 승려는 출가한 뒤 적어도 5년간 스승 아래 있어야 합니다. 어떤 때는 다른 사람에게 말하는 것을 피해야 합니다. 말을 많이 하지 않도록 절제하십시오. 책을 읽지 마십시오. 그 대신 자신의 마음을 읽으십시오. 요즘 파퐁 사원에는 대학을 졸업한 이들이 출가하러 많이 옵니다. 이들은 언제나 책을 읽고 있어서, 저는 그들이 법에 대한 책을 읽지 못하게 합니다. 그들에게 책을 읽을 기회는 많지만, 자신의 마음을 읽을 기회는 거의 없습니다. 그래서 태국 전통에 따라 3개월간 단기 출가를 하러 오면 사람들에게 먼저 책을 덮게 합니다. 출가를 하면, 자신의 마음을 읽을 절호의 기회를 가지게 됩니다.

자신의 마음을 듣는 것은 정말 흥미롭습니다. 훈련되지 않은 마음은 자신의 습관을 따르며 달립니다. 훈련된 적이 없으니 마음은 불규칙적으로 흥분하며 날뜁니다. 마음을 훈련

반조, 마음을 비추다 1

하십시오! 불교 명상은 자신의 마음을 계발하는 것입니다. 이는 매우 중요합니다. 불교는 마음의 종교입니다. 이것이 전부입니다. 마음을 계발하기 위해 명상하는 사람은 불교 수행자입니다.

마음은 우리에 갇혀 있습니다. 그 우리 안에는 사나운 호랑이가 살고 있습니다. 이런 미친 마음은 원하는 것을 얻지 못하면 문제를 일으킵니다. 이런 마음을 삼매로 다스려야 합니다. 이것이 마음을 훈련하는 것입니다. 명상의 기초는 도덕적 훈련, 즉 계율에서 시작됩니다. 계율은 몸과 말을 다스리는 것입니다. 도덕적 훈련은 갈등과 혼란을 일으킬 수 있습니다. 자신이 원하는 것을 하지 못하게 하면 갈등이 생깁니다. 지혜와 어리석음 사이의 갈등입니다. 이것을 '고통의 소멸로 이끄는 고통'이라고도 합니다.

적게 먹고, 적게 자고, 적게 말하십시오. 어떤 세속적 습관이 있더라도 그 습관을 고쳐나가며 그 힘에 저항하십시오. 자신의 생각에 빠져 내키는 대로 행동하지 마십시오. 노예처럼 집착하지 마십시오. 무지의 흐름을 계속 거슬러가는 것이 훈련입니다. 자신의 마음을 훈련하면, 마음은 몹시 불만스러워하며 싸움을 시작합니다. 마음이 제한되고 억압됩니다. 마음이 원하는 것을 하지 못하게 되면 마음은 방황하고 버둥거리기 시작합니다. 고통이 확연히 드러납니다.

고통은 네 가지 성스러운 진리 중 첫번째 진리입니다. 사람들은 대부분 고통에서 벗어나길 원합니다. 사람들은 어떤 고통도 원하지 않습니다. 사실 이런 고통에 대한 반조가 우리를 지혜로 이끕니다. 행복은 우리의 눈과 귀를 닫아버리기 마련입니다. 행복하면 인내심을 기를 수 없습니다. 안락과 행복이 우리를 부주의하게 만듭니다. 행복과 고통, 이 두 가지 번뇌 중 고통을 보기가 더 쉽습니다. 그래서 고통을 끝내려면 고통에 직면해야 합니다. 먼저 고통이 무엇인지 알고 난 뒤에야 어떻게 명상해야 하는지 알 수 있습니다.

처음에는 이렇게 마음을 훈련해야 합니다. 명상을 어떻게 해야 하는지 이해하지 못할지도 모릅니다. 하지만 스승이 가르치는 대로 명상해야 합니다. 여러분은 인내와 끈기의 미덕을 계발할 것입니다. 어떤 일이 일어나도 견뎌냅니다. 이것이 명상의 길이기 때문입니다. 예를 들어, 삼매를 닦기 시작해서 평화와 고요를 원하지만 아무 소득이 없을지도 모릅니다. 그 이유는 바르게 명상하지 않았기 때문입니다. 여러분은 이런 생각을 합니다. '고요함을 얻을 때까지 앉아 있을 거야.' 그래도 고요함이 일어나지 않으면 고통스러워합니다. 고통스러우면 자리에서 일어나 도망쳐버립니다! 이는 마음을 계발하는 것이 아니라 도망치는 것입니다.

감정에 빠지지 말고 부처님 법으로 자신을 훈련하십시오.

하고 싶든 하기 싫든 그냥 계속 명상하십시오. '이것이 좀더 나은 길인가?' 하는 생각도 하지 마십시오. 자신의 감정을 따르면 결코 법에 이르지 못합니다. 감정이 어떻든 계속 법을 수행하십시오. 자신에게 빠지는 것은 부처님의 길이 아닙니다. 명상과 법에 대한 자신의 견해를 따라서는 무엇이 옳고 무엇이 그른지를 명확하게 볼 수 없습니다. 자신의 마음뿐만 아니라 자기 자신조차 알 수 없습니다.

자신의 가르침을 따르며 명상하는 것은 더딘 길이고, 법을 따르는 것은 지름길입니다. 하기 싫어도 명상하고, 하고 싶어도 명상하십시오. 항상 때와 장소를 인식하십시오. 이것이 마음을 계발하는 것입니다.

자신의 견해에 빠져 그에 따라 명상하면, 많은 생각과 의심이 일어나기 시작할 것입니다. 이런 생각이 들 것입니다. '나는 공덕을 많이 쌓지 못했어. 복이 없어. 명상을 오래했는데 아직도 깨닫지 못했잖아. 법을 보지도 못했고.' 이것은 마음을 계발하는 태도가 아니라 재앙을 계발하는 것입니다.

알지도 못하고 보지도 못하며 스스로를 바꾸지도 못했다면, 이는 명상을 잘못했기 때문입니다. 부처님의 가르침을 따르지 않은 것입니다. 부처님은 이렇게 가르치셨습니다. "아난다야! 열심히 명상해라. 끊임없이 명상해서 마음을 계발해라. 그러면 너의 모든 의심과 모든 불확실함이 사라질 것이다."

생각이나 이론 혹은 사색이나 토론으로는 의심이 결코 사라지지 않습니다. 그렇다고 아무것도 하지 않는다고 의심이 사라지는 것도 아닙니다. 마음을 계발하는 바른 명상을 해야 모든 번뇌가 사라집니다.

부처님이 가르치신 마음을 계발하는 길은 세속의 길과 정반대입니다. 부처님의 가르침은 순수한 마음에서 나오기 때문입니다. 번뇌에 집착하지 않는 순수한 마음은, 부처님과 그 제자들의 길입니다.

자신의 마음이 법을 따르도록 명상해야 합니다. 법이 자신의 마음을 따르게 해서는 안 됩니다. 그러면 고통이 일어납니다. 이런 고통을 피할 수 있는 사람은 단 한 사람도 없습니다. 수행을 시작하면 고통도 바로 거기서 시작됩니다.

수행자는 알아차림과 평온함, 그리고 만족감을 가져야 합니다. 이 세 가지는 훈련되지 않은 이들이 갖고 있는 마음의 습관들을 멈추게 할 것입니다. 그러면 왜 이렇게 힘들게 해야 할까요? 마음을 훈련하지 않으면 마음은 거친 그대로 남아 원래의 방식을 따르기 때문입니다. 그런 거친 마음을 훈련하면 유용하게 쓸 수 있습니다. 이는 나무를 활용하는 것과 같습니다. 자연 상태 그대로의 나무로는 집을 지을 수 없습니다. 집을 짓는 데 필요한 판자 같은 것들을 만들 수 없습니다. 하지만 목수가 집을 짓는다면, 나무를 구하고 이 원재

반조, 마음을 비추다 1

료를 적절하게 활용해 금세 집을 지을 것입니다.

명상과 마음을 계발하는 것도 이와 비슷합니다. 숲속의 나무처럼 훈련되지 않은 마음을 훈련해 더욱 섬세하게, 더욱 잘 알아차리도록, 더욱 민감하게 만듭니다. 모든 것들은 자연적 상태에 있습니다. 이 자연적 상태를 이해하면 이것을 바꿀 수 있습니다. 그리고 여기서 집착을 버리고 놓아버릴 수 있습니다. 그러면 더이상 고통받지 않습니다.

집착이 생기면 동요와 혼란이 일어나는 것이 마음의 본성입니다. 처음에는 마음이 여기서 방황하다가 좀 지나면 저기서 방황합니다. 이런 동요를 보고는 마음을 훈련하는 것이 불가능하다는 생각이 들어 괴로워합니다. 마음이란 원래 그런 것임을 이해하지 못합니다. 평화를 얻으려고 명상을 하더라도, 이렇게 움직이는 생각들과 느낌들이 떠오를 것입니다. 마음은 원래 그렇습니다.

마음의 속성에 대해 반복해서 명상해보면, 마음이란 원래 그런 것이어서 이와 다르게 될 수 없다는 사실을 이해할 것입니다. 마음의 속성을 있는 그대로 알 것입니다. 이를 명확하게 보면 생각과 느낌에서 집착을 버릴 수 있습니다. 그리고 '이건 원래 그런 거야'라고 스스로에게 계속 말해주면, 다른 것들을 더할 필요가 없을 것입니다. 마음이 진실로 이해하면, 마음은 모든 것들을 놓아버립니다. 생각과 느낌이 여전히 남아 있어도, 그 생각과 느낌에 힘이 없을 것입니다.

이는 까불고 장난쳐서 꾸중을 듣고 매를 맞는 아이와 비슷합니다. 아이들이란 원래 그렇게 행동한다는 걸 알면, 놓아버리고 원래 노는 대로 아이들을 내버려둘 수 있습니다. 그러면 문제가 사라집니다. 아이들의 방식을 받아들였기 때문입니다. 관점을 바꾸어 사물의 참된 본질을 받아들인 것입니다. 놓아버리면 마음이 더욱 평화로워집니다. '바른 이해'를 갖게 된 것입니다.

잘못된 이해를 갖고 있으면, 깊고 어두운 동굴에 살고 있어도 혼란스럽고, 높은 산에 살아도 혼란스럽습니다. 바른 이해가 있어야만 마음이 평화롭습니다. 그러면 풀어야 할 어려운 문제도 없고, 더이상 문제들이 일어나지 않습니다.

바로 그것입니다. 집착을 버리십시오. 놓아버리십시오. 집착하는 느낌이 생기면 그것을 놓아버리십시오. 그 느낌이 원래 그렇다는 것을 알기 때문입니다. 그 느낌은 우리를 괴롭히려고 온 게 아닙니다. 그렇게 느껴질 수 있지만 사실 원래 그런 것입니다. 생각이 더 멀리 뻗어나가는 것 또한 본래 그렇기 때문입니다. 놓아버리면 형상은 형상일 뿐이고, 소리는 소리일 뿐이며, 냄새는 냄새일 뿐이고, 맛은 맛일 뿐이고, 감촉은 감촉일 뿐이며, 마음은 마음일 뿐입니다. 물과 기름처럼 말입니다. 물과 기름을 한 병에 담으면 두 물질은 성질이 달라서 서로 섞이지 않습니다.

물과 기름이 다르듯이 지혜로운 사람과 어리석은 사람도 다릅니다. 부처님도 형상, 소리, 냄새, 맛, 감촉, 생각과 함께 사셨습니다. 부처님은 아라한이자 깨달은 분이었기에, 이런 감각들로 향하지 않고 감각에서 벗어나셨습니다. 마음은 그냥 마음이고 생각은 그냥 생각이라는 사실을 이해했기에 집착을 조금씩 버렸습니다. 그분은 이런 것들을 혼동하지 않으셨습니다.

마음은 그저 마음일 뿐이고, 생각과 느낌은 그저 생각과 느낌일 뿐입니다. 대상을 있는 그대로 내버려두십시오. 형상은 그냥 형상이게, 소리는 그냥 소리이게, 생각은 그냥 생각이게 내버려두십시오. 왜 그런 것들에 집착합니까? 이렇게 생각하고 느끼면 초연함과 분리감이 생깁니다. 우리의 생각과 느낌은 이쪽에 있고 마음은 다른 쪽에 있을 것입니다. 물과 기름처럼 생각과 느낌이 마음과 같은 병 속에 있지만 서로 분리되어 있을 것입니다.

부처님과 그의 깨달은 제자들은 깨닫지 못한 일반인들과 함께 살았습니다. 이들과 함께 살았을 뿐만 아니라 보통의 깨닫지 못한 무지한 이들이 고귀하고 지혜가 있는, 깨달은 존재가 되도록 가르치셨습니다. 부처님과 그 제자들은 명상하는 방법을 알았기에 그럴 수 있었습니다. 제가 설명한 것처럼 그들은 이것이 마음의 문제라는 것을 알았습니다.

자신이 하고 있는 명상에 대해 의문을 품지 마십시오. 집을 떠나 출가한 것은 어리석음에 빠지기 위해서가 아닙니다. 겁나거나 두려워서도 아닙니다. 자신을 훈련하고 완성하기 위해 출가한 것입니다. 이를 이해하면 법을 따를 수 있습니다. 법이 더욱 명확해질 것입니다. 법을 이해하는 자는 자신을 이해하고, 자신을 이해하는 자는 법을 이해합니다. 요즘은 무익한 법의 껍데기가 기준이 되지만, 사실 법은 모든 곳에 있습니다. 그래서 다른 곳으로 도망갈 필요가 없습니다. 그 대신 지혜로써 벗어나십시오. 무지에 빠지지 말고 지성과 능력을 통해 벗어나십시오. 평화를 원한다면 지혜에서 생기는 평화를 찾으십시오. 그것으로 충분합니다.

법을 보면 바른길이 나타납니다. 번뇌는 그저 번뇌이고, 마음은 그저 마음입니다. 집착에서 벗어나 분리되면, 번뇌와 마음은 원래 있는 그대로 존재합니다. 그러면 이것들은 우리에게 그저 대상일 뿐입니다. 바른길을 걸으면 오점이 없습니다. 오점이 없으면 언제나 관대함과 자유가 있습니다.

부처님은 말씀하셨습니다. "비구들이여! 어떤 법에도 집착해서는 안 된다." 그렇다면 법은 무엇일까요? 법은 모든 것들입니다. 법이 아닌 것은 없습니다. 사랑과 미움도 법이고, 행복과 고통도 법이며, 좋아함과 싫어함도 법입니다. 아무리 중요하지 않더라도 이 모든 것들이 법입니다. 법을 수행할 때 이해하고 나면 놓아버릴 수 있습니다. 그리고 어떤 법에도 집착하지 말라는 부처님의 가르침을 실천할 수 있습니다.

몸과 마음에서 생기는 모든 조건들은 항상 변화합니다. 부처님은 이런 조건들 중 어떤 것에도 집착하지 말라고 가르치셨습니다. 그리고 무언가를 얻기 위해 명상하지 말라고 하셨습니다.

부처님의 가르침을 따르면 바른길을 가는 것입니다. 바른 길을 가더라도 문제가 생깁니다. 이것은 가르침의 문제가 아니라 우리 번뇌의 문제입니다. 가르침을 잘못 이해하면 번뇌가 장애가 되어 문제를 일으킵니다. 부처님의 가르침을 따르는 데는 아무 문제가 없습니다. 사실 부처님의 길에 집착한다고 고통이 생기지는 않습니다. 이것은 모든 법을 놓아버리는 길이기 때문입니다.

부처님이 가르치신 궁극적 명상은 '놓아버림'입니다. 어떤 것도 가지려 하지 마십시오. 좋은 것을 보아도 놓아버립니다. 바른 것을 보아도 놓아버립니다. '놓아버린다'는 것은 명상을 할 필요가 없다는 의미가 아니라 놓아버리는 방법을 따르며 명상한다는 의미입니다. 부처님은 몸과 마음을 포함한 모든 법을 반조하며 명상을 계발하라고 가르치셨습니다. 법은 다른 곳에 있는 것이 아니라 바로 여기에 있습니다. 법은 멀리 있는 것이 아니라 바로 우리의 몸과 마음에 있습니다.

따라서 수행자는 열정을 갖고 명상해야 합니다. 마음을 더 넓고 밝게 만드십시오. 마음을 독립적이고 자유롭게 만드십시오. 훌륭한 행동을 해도 마음속에 품지 말고 놓아버리십시오. 나쁜 행동을 삼가며 놓아버리십시오. 부처님은 지금 여기에서 현재의 순간을 살라고 가르치셨습니다. 과거와 미래에서 길을 잃지 마십시오.

사람들이 가장 이해하지 못하고 그들의 견해와 대부분 충돌하는 가르침은 '놓아버림'과 '텅 빈 마음'에 관한 것입니다. 이런 것을 '법의 언어'라고 합니다. 이를 세속적인 용어로 이해하면, 오해해서 원하는 건 무엇이든 할 수 있다고 생각합니다. 하지만 실제 의미는 다음의 비유와 더 가깝습니다. 무거운 바위를 들고 다니면 곧 그 무게를 느끼기 시작합니다. 하지만 놓아버리는 법을 알지 못해서 무거운 바위의 무게를 계속 견뎌냅니다. 그러다 어떤 사람이 바위를 던져버리라고 말하면 여러분은 이렇게 대답합니다. "바위를 던져버리면 아무것도 남는 게 없잖아요." 바위를 던져버리면 얻게 되는 좋은 점에 대해 들어도 계속 이렇게 생각합니다. '바위를 던져버리면 아무것도 남는 게 없잖아요.' 그래서 몹시 지치고 약해져 더이상 견딜 수 없을 때까지 무거운 바위를 들고 다니다가 바위를 내려놓습니다.

바위를 내려놓으면 비로소 놓아버림의 좋은 점을 경험합니다. 그 즉시 가벼움과 편안함을 느낍니다. 그리고 바위가 얼마나 무거웠는가를 스스로 깨닫게 됩니다. 바위를 놓아버리기 전에는 놓아버림의 좋은 점을 알 수 없습니다. 그래서 어떤 사람이 놓아버리라고 말하면, 깨닫지 못한 사람들은 무슨 얘기인지 이해하지 못합니다. 그래서 맹목적으로 바위를 잡으며 놓아버리기를 거부합니다. 바위가 참을 수 없을 정도로 무겁게 느껴져 놓지 않을 수 없을 지경이 되어서야 바위를 놓아버립니다. 그러면 가벼움과 편안함을 직접 느끼고 놓아버림의 이익을 압니다. 나중에 다시 짐을 들지도 모릅니다. 하지만 그 결과를 알기에 좀더 쉽게 놓아버릴 수 있습니다. 짐을 지고 다니는 것이 쓸모없으며, 놓아버림을 통해 편안함과 가벼움을 얻을 수 있다는 걸 이해하면 자신을 이해하게 됩니다.

우리가 의지하는 자의식 혹은 자존심은 무거운 바위와 같습니다. 자만심을 놓아버린다고 상상해보면, 아무것도 남지 않을 것 같아 두려워집니다. 하지만 결국 자만심을 놓아버릴 수 있다면, 집착에서 벗어나 편안하고 안락해진다는 것을 스스로 깨달을 것입니다.

마음을 훈련할 때는 칭찬에도 비난에도 집착하지 말아야 합니다. 칭찬만 바라고 비난을 싫어하는 것은 세속의 길입니다. 부처님의 길은 칭찬받을 만하면 칭찬을 받아들이고, 비난받을 만하면 비난을 받아들이는 것입니다. 예를 들어 아이를 키울 때 야단을 전혀 치지 않을 수 있다면 정말 좋습니다. 어떤 사람은 야단을 너무 많이 칩니다. 현명한 사람은 언제 야단을 치고 언제 칭찬을 해야 하는지 압니다. 우리 마음도 마찬가지입니다. 지성을 이용해 마음을 이해하십시오. 적절한 기술로 마음을 돌보십시오. 그러면 지혜롭게 마음을 훈련할 수 있습니다. 마음을 잘 다스리면 고통을 없앨 수 있습니다. 고통은 바로 여기 우리 마음속에 있습니다. 고통은 항상 문제를 복잡하게 만들고 마음을 무겁게 합니다. 고통은 바로 여기에서 태어나고 바로 여기에서 사라집니다.

마음은 때로는 좋은 생각을, 때로는 나쁜 생각을 떠올리며 여러분을 속입니다. 마음을 믿지 마십시오. 그 대신 마음 그 자체의 조건들을 바로 지켜보고, 그 조건들을 있는 그대로 받아들이십시오. 훌륭하거나 나쁘거나 원래 그런 것입니다. 이런 조건들을 붙잡아두려 하지 않으면 원래 그러하던 것들에 불과합니다. 하지만 붙잡아버리면 오히려 물려서 고통받을 것입니다.

바른 이해가 있으면 언제나 평화롭습니다. 삼매가 생기고 지혜가 일어납니다. 어디에 앉아 있든 누워 있든 평화롭습니다. 어디를 가나 모든 곳이 평화롭습니다.

오늘 듣는 법문 중 어떤 것은 이해가 되고 어떤 것은 이해가 되지 않을 겁니다. 여러분이 좀더 쉽게 이해하도록 명상에 대해 얘기했습니다. 제 이야기가 옳다고 생각하든 틀렸다고 생각하든 깊이 생각해보시기 바랍니다.

스승 노릇 하기가 어렵다는 생각이 듭니다. 저도 법문을 듣고 싶었지만 어디를 가든 항상 다른 사람들에게 법문을 하게 되어 법문을 들을 기회가 없습니다. 그러니 여러분은 스승에게 법문을 들을 수 있다는 걸 정말 고맙게 생각해야 합니다. 고요히 앉아 법문을 듣고 있으면 시간이 금방 지나갑니다. 법에 굶주린 사람은 정말 열심히 듣습니다. 처음에는 다른 사람에게 법문하는 것이 즐겁지만 시간이 지나면 그런 즐거움은 사라집니다. 법문하는 것이 지겹고 피곤하게 느껴집니다. 그런 뒤에는 법문을 듣고 싶어합니다. 그래서 스승의 법문을 들으면 큰 신심이 일어나고 법문이 쉽게 이해됩니다. 나이가 들어 법에 대한 갈망이 생기면, 그 법의 향기는 정말 달콤합니다.

다른 이들의 스승이 된다는 것은 다른 비구들의 모범이 되는 것입니다. 스승은 모든 이들의 본보기가 되니 자신을 망각하지 마십시오. 그렇다고 자기 자신에 대해 생각하지도 마십시오. 이런 생각이 일어나면 이를 버리십시오. 그러면 여러분은 자기 자신을 아는 이가 될 것입니다.

법을 수행하는 방법은 셀 수 없이 많습니다. 수행에 대해 할 수 있는 이야기는 끝이 없습니다. 그리고 의심이 생기는 것들도 아주 많습니다. 이런 것들을 싹 쓸어내버리십시오. 그러면 의심이 사라질 것입니다. 이렇게 바른 이해를 가지면 어디에 앉아 있든 어디를 걷든 편안하고 평화롭습니다. 어디서 명상을 하든 알아차림을 유지합니다. 앉거나 걸으면서만 명상한다고 생각하지 마십시오. 모든 것들, 모든 장소가 우리의 명상입니다. 언제나 깨어 있고 알아차립니다. 우리는 항상 마음과 몸의 태어남과 죽음을 볼 수 있습니다. 자신의 마음을 어지럽히지 마십시오. 지속적으로 놓아버리십시오. 사랑이 오면 사랑을 집으로 돌려보내십시오. 욕심과 분노가 와도 집으로 돌려보내십시오. 이것들이 어디에 사는지 알아보십시오. 그리고 이것들을 집으로 안내해 돌려보내십시오. 어떤 것도 간직하지 마십시오. 이렇게 명상하면 텅 빈 집처럼 됩니다. 다른 식으로 표현하자면, 텅 빈 마음입니다. 모든 악함이 텅 비고 사라진 마음입니다. 이것을 '텅 빈 마음'이라고 부르지만, 아무것도 없는 것처럼 비어 있는 것은 아닙니다. 악을 비우고 지혜가 가득찬 것입니다. 무엇을 하든 지혜로 합니다. 지혜로 생각하고 지혜로 먹습니다. 지혜만이 있습니다.

　이것이 제가 오늘 여러분에게 드리는 가르침입니다. 이 법문은 테이프에 녹음되었습니다. 법을 들으면 마음이 평화로워집니다. 이것으로 충분하니 법문을 기억할 필요는 없습니다. 어떤 이들은 그렇게 생각하지 않을 것입니다. 이렇게 계속 명상하면서 법문이 흘러가도록 내버려두며 평화롭게 법문을 들으면, 여러분은 녹음기와 같습니다. 나중에 이 녹음기를 다시 켜보면 모든 것이 그대로 있습니다. 아무것도 남지 않을까봐 걱정하지 마십시오. 녹음기를 틀자마자 모든 것이 거기에 있을 것입니다.

저는 이 가르침을 여러분 모두에게 전하고 싶습니다. 아마 어떤 분들은 태국어를 잘 모를 것입니다. 하지만 문제가 되지 않습니다. 여러분이 법의 언어를 배운 것으로 충분합니다.

15장
본래 마음 읽기

|

명상할 때에는 대상을 세밀하게 지켜보고 명확하게 이해해야 합니다. 끈기를 갖고 지속적으로 명상해야 하며 서둘러서는 안 됩니다. 그렇다고 너무 느려서도 안 됩니다. 점진적으로 명상의 길을 느끼면서 명상에 필요한 부분들을 채워나가야 합니다.

처음 명상을 시작할 때에는 욕망이 대부분입니다. 우리는 뭔가를 위해서 명상을 시작합니다. 이 단계에서 '원함'은 잘못된 것입니다. 이것은 망상에 빠져 있는, 잘못된 이해와 결합된 원함입니다.

이런 잘못된 이해와 섞이지 않은 원함이 지혜가 있는 원함입니다. 망상에 빠지지 않은, 바른 이해가 있는 원함입니다. 우리는 그 사람의 바라밀 혹은 전생에 쌓은 공덕에서 이런 원함이 기인한다고 말합니다. 그러나 이것이 모두에게 해당 되지는 않습니다.

어떤 이들은 욕망이 없었으면 하고 바랍니다. '원하지 않는 상태'를 지향하며 명상해야 한다고 생각하기 때문입니다. 하지만 욕망이 없으면 명상도 할 수가 없습니다.

이것은 우리 스스로 알 수 있습니다. 부처님과 그의 제자들은 번뇌를 소멸시키기 위해 명상을 했습니다. 우리는 명상하기를 원해야 하고, 번뇌를 소멸시키기를 원해야 합니다. 마음의 평화를 원해야 하고, 혼란을 원하지 않아야 합니다. 하지만 이런 원함이 잘못된 이해와 결합하면 더 큰 문제들만 불러일으킵니다. 실상을 보면 우리는 정말 아무것도 모릅니다. 설사 깨닫는다 해도 제대로 쓸 줄을 모르면 아무런 효과가 없습니다.

부처님을 포함한 모든 이들은, 마음의 평화를 원하고 혼란과 고통을 원하지 않는 욕망으로 명상을 시작했습니다. 이런 두 가지 욕망은 정확히 같은 가치가 있습니다. 혼란에서 벗어나려는 원함과 고통받기를 원치 않는 원함, 이 모두를 제대로 이해하지 못하면 이것들이 번뇌가 됩니다. 지혜 없는 욕망은 어리석음입니다.

이런 욕망은 명상에서 감각적 탐닉이나 고행으로 나타납니다. 우리의 스승이신 부처님도 이런 딜레마에 빠져 있었습니다. 다양한 명상을 했지만 결국 이 두 극단에서 벗어날 수 없었습니다. 오늘날 우리도 똑같은 상황에 처해 있습니다. 이 두 극단 때문에 계속 고통받으며 명상의 길에서 자꾸 벗어납니다.

하지만 시작은 이럴 수밖에 없습니다. 지혜가 없는 원함과 바른 이해가 없는 욕망을 가진 존재로서, 번뇌에 휩싸인 세속적 존재로서 명상을 시작합니다. 바른 이해가 없으면 모든 욕망들이 우리를 괴롭힙니다. 원하든 원하지 않든 모두 갈애입니다. 이 두 가지를 이해하지 못하면 이것들이 일어날 때 대처하는 방법을 알 수 없습니다. 앞으로 가도 잘못된 것 같고 뒤로 가도 잘못됐다는 느낌이 들지만 멈출 수 없습니다. 무엇을 하든 더 원하기만 합니다. 지혜가 부족해서 갈애가 일어나기 때문입니다.

원하거나 원하지 않거나 바로 여기서 법을 이해할 수 있습니다. 우리가 찾는 법이 바로 여기에 있지만 그것을 보지 못합니다. 오히려 원함을 멈추려고 계속 노력을 기울입니다. 어떤 것이 이렇게 되기를 바라고, 다른 식으로 되기를 바라지 않습니다. 혹은 어떤 것이 이렇게 되지 않기를 바라고, 이와 다르게 되기를 바라지 않습니다. 사실 이 둘은 같은 내용의 다른 두 측면일 뿐입니다.

부처님과 그의 모든 제자들도 이런 원함을 가졌다는 사실은 아마 모를 겁니다. 하지만 부처님은 원함과 원하지 않음을 이해하셨습니다. 그는 원함과 원하지 않음이 마음의 작용에 불과하며, 잠시 일어났다 사라진다는 것을 이해했습니다. 이런 종류의 욕망은 계속해서 일어납니다. 지혜가 있으면 집착에서 벗어나 욕망과 자신을 동일시하지 않습니다. 원함이나 원하지 않음이나 그저 자연스런 마음의 활동입니다. 자세히 살펴보면 이를 명확하게 볼 수 있습니다.

일상 경험의 지혜

바로 여기에서 반조하는 명상을 통해 이해를 일으킬 수 있습니다. 예를 들어보겠습니다. 큰 고기가 걸린 그물을 당기고 있는 어부가 있습니다. 고기가 도망갈까봐 걱정이 되어 어부는 성급하게 허겁지겁 그물을 잡아당깁니다. 그러면 고기가 금세 도망가버립니다. 지나치게 애를 썼기 때문입니다.

그물을 걷을 때는 고기가 빠져나가지 않도록 주의를 기울이며 천천히 잡아당겨야 합니다. 명상도 이와 같습니다. 명상의 길을 천천히 느끼며 주의를 기울여 놓치는 것이 없도록 해야 합니다. 때로는 명상하기 싫을 때도 있습니다. 아마 보고 싶지 않고 알고 싶지 않을 것입니다. 하지만 계속 명상해야 합니다. 명상하고 싶어도 명상하고, 명상하기 싫어도 똑같이 명상해야 합니다. 이렇게 계속 명상해야 합니다. 이런 것이 명상입니다.

명상에 열의가 있으면 믿음의 힘이 에너지를 줄 것입니다. 하지만 이 단계에서는 아직 지혜가 없습니다. 에너지가 넘쳐도 명상에서 많은 것을 얻지는 못할 것입니다. 오랫동안 명상해도 길이 보이지 않을지 모릅니다. 평화와 고요를 찾을 수 없다고 느끼거나, 자신이 명상에 필요한 자질을 갖추지 못했다는 생각이 들지도 모릅니다. 어쩌면 더이상 명상하는 것이 불가능하다고 느낄지 모릅니다. 그래서 포기합니다.

이럴 때는 정말 주의해야 하며, 대단한 인내와 끈기를 발휘해야 합니다. 큰 고기가 걸린 그물을 잡아당기는 것처럼 명상의 길을 서서히 느끼며 나아가야 합니다. 주의를 기울여 그물을 잡아당기면 그리 어렵지 않습니다. 멈추지 말고 계속해서 그물을 잡아당겨야 합니다. 시간이 좀 지나면 결국 고기는 지쳐서 저항을 멈춥니다. 그러면 쉽게 고기를 잡을 수 있습니다. 이렇게 고기를 잡듯이 서서히 명상을 완성시켜나가야 합니다.

반조할 때도 이렇게 합니다. 가르침에 대한 특별한 이론적 지식이나 이해가 없으면 일상의 경험에 따라 반조해야 합니다. 일상 경험에서 생긴 지식을 활용하는 것입니다. 이런 지식은 우리 마음에 자연스러운 것입니다. 사실 마음에 대해 공부했든 하지 않았든 실제 마음을 이미 바로 여기에 가지고 있습니다. 마음에 대해 배웠든 배우지 않았든 마음은 마음입니다. 그래서 부처님이 세상에 나든 나지 않든 모든 것들은 있는 그대로 있는 것입니다. 모든 것들은 그 본성에 따라 이미 존재하고 있습니다. 이런 자연적 조건들은 바뀌지 않으며 다른 곳으로 가지도 않습니다. 원래 그런 것입니다. 이것이 진리입니다. 이 진리를 이해하지 못하면 진리를 깨달을 수 없습니다.

지속적 노력

마음이 멈추고 고요함에 이르기 전에는 마음이 전처럼 계속될 것입니다. 그래서 스승들은 이렇게 타이릅니다. "끊임없이 정진하라. 계속 명상하라." 그러면 이런 생각이 들지도 모릅니다. '아직 이해하지도 못했는데, 어떻게 하라는 거지?' 하지만 제대로 명상하기 전에는 지혜가 일어나지 않습니다. 그래서 "끊임없이 정진하라"고 하는 것입니다. 멈추지 않고 명상하면 자신의 명상에 대해 반조하게 될 것입니다.

곧바로 이루어지는 것은 없습니다. 처음에는 명상을 해도 전혀 결과가 나오지 않습니다. 이는 어떤 남자가 나뭇가지 두 개를 서로 비벼서 불을 피우는 것과 같습니다. 그는 나무를 비비면 불을 피울 수 있다는 얘기를 듣고 열심히 나무를 비빕니다. 그는 마음이 급합니다. 나무를 계속 비비지만 인내심이 부족합니다. 불을 얻고 싶지만 불이 붙지 않습니다. 그는 실망해서 나무 비비기를 멈추고 잠시 쉽니다. 그런 뒤 다시 시작하지만 진전이 없자 다시 쉽니다. 그러면 열은 식어버립니다. 그에게는 꾸준한 노력이 부족했습니다. 그는 비비고 또 비볐지만 지치면 멈췄습니다. 지치고 실망감도 점점 커져 "이걸로는 불이 붙지 않잖아"라고 하며 결국 모든 것을 포기합니다. 사실 그는 제대로 하고 있었지만 불이 붙을 만큼의 열기가 부족했습니다. 불은 언제나 거기 있었지만, 목표에 이를 때까지 노력을 지속하지 못한 것입니다.

이런 경험을 하고 나면 수행자들은 좌절합니다. 그래서 이런저런 명상을 시도하며 불안하게 옮겨갑니다. 누구나 마찬가지입니다. 여전히 번뇌에 묶여 있기 때문입니다. 부처님에게도 번뇌가 있었지만, 그에게는 많은 지혜가 있었습니다. 부처님과 아라한들도 세속에 있을 때는 우리와 별반 다르지 않았습니다. 세속의 사람은 바르게 생각할 수 없습니다. 원함이 일어나도 원함을 보지 못하고, 원하지 않음이 일어나도 원하지 않음을 보지 못합니다. 때로는 마음이 요동치고, 때로는 만족감을 느낍니다. 원하지 않으면 어느 정도 만족감을 느끼지만, 동시에 혼란도 느낍니다. 원함이 있으면 이와는 다른 만족감이 생기지만 동시에 다른 혼란도 생깁니다. 이렇게 만족감과 혼란은 공존합니다.

'자기 알기'와 '타인 알기'

부처님은 몸을 관찰하라고 가르치셨습니다. 머리카락, 몸털, 손톱, 치아, 피부는 모두 몸입니다. 이것들을 있는 그대로 분명하게 보지 못하면 타인을 이해할 수 없습니다. 타인을 분명하게 보지 못하면 자신을 분명하게 보지 못합니다. 우리 몸의 본질을 명확하게 보고 이해하면, 타인에 대한 의심과 의혹이 사라질 것입니다. 모든 사람들이 똑같이 몸과 마음을 갖고 있기 때문입니다. 세상의 모든 몸들을 찾아다니며 살펴볼 필요는 없습니다. 이렇게 이해하면 마음의 부담이 적어집니다.

스님들의 생활 규칙을 담은 책인 『율장』도 이와 비슷합니다. 『율장』을 읽어보면 매우 어렵게 느껴집니다. 우리는 『율장』의 모든 계율을 지키고 배워야 하며, 그 계율들에 따라 자신의 수행을 살펴봐야 합니다. 이것이 불가능하게 여겨질지도 모릅니다. 수많은 계율을 글자 그대로 이해하고서 생각을 그냥 따라가면, 이 모든 것들이 자신의 능력 밖에 있다고 판단하기 쉽습니다. 계율이 엄청나게 많기 때문입니다.

경전에서는 각각의 모든 계율로 자신을 살펴보고, 그 계율 모두를 엄격하게 지켜야 한다고 말합니다. 『율장』의 모든 계율을 알고 완벽하게 지켜야 합니다. 이는 모든 사람들을 살펴봐야 다른 사람을 이해할 수 있다고 말하는 것과 같습니다. 말한 것을 글자 그대로 받아들이는 무거운 태도입니다. 경전을 따르면 이런 식으로 가게 됩니다. 어떤 스승들은 경전의 가르침을 엄격하게 고수하며 이렇게 가르칩니다. 이렇게 해서는 제대로 명상을 할 수 없습니다. 자신의 마음을 지키는 방법을 알면, 『율장』의 모든 계율을 지키는 것과 다를 바가 없습니다.

사실 이런 식으로 이론을 공부해서는 명상에 전혀 발전이 없습니다. 명상의 길에 대한 믿음이 사라질 것입니다. 아직 이해하지 못했기 때문입니다. 지혜가 있으면 온 세상의 모든 사람들이 이 한 사람과 다를 바가 없음을 이해합니다. 그래서 자신의 몸과 마음을 탐구하고 관찰하는 것입니다. 자신의 몸과 마음의 본질을 보고 이해하면, 모든 사람의 몸과 마음을 이해하게 됩니다. 그러면 명상이 좀더 가볍게 느껴집니다.

부처님께서는 스스로를 가르치고 지도해야 한다고 하셨습니다. 누구도 이를 대신해줄 수는 없습니다. 자기 존재의 본질을 탐구하고 이해하면, 모든 존재의 본질을 이해할 것입니다. 사실 모든 사람들은 같습니다. 우리 모두는 다른 회사에서 생산된, 같은 내용의 물건과 같습니다. 피부 색깔만 다를 뿐입니다. 이것은 두 가지 브랜드에서 나온, 똑같은 효능을 가진 진통제와 같습니다. 두 진통제는 효능이 같지만, 이 브랜드에서는 이렇게 부르고 저 브랜드에서는 저렇게 부릅니다. 하지만 사실 차이가 없습니다.

여러분이 점점 모든 것을 하나로 이해하면, 이렇게 대상들을 보는 것이 점점 쉬워질 것입니다. 이것이 '길을 느끼는 것'이며, 명상을 시작하는 방법입니다. 우리는 점점 능숙해집니다. 이해가 생길 때까지 명상해야 하며, 이런 이해가 생기면 현실을 명확히 봅니다.

이론과 명상

수행에 대한 감을 잡을 때까지 계속 명상해야 합니다. 시간이 지나면 각자의 성향과 능력에 따라 새로운 이해가 일어납니다. 이를 '법에 대한 탐구'라고 부릅니다. 이렇게 깨달음의 일곱 가지 요소(칠각지)가 마음에서 일어납니다. 법에 대한 탐구는 그중 한 가지입니다. 그 나머지 요소들은 알아차림, 정진, 희열, 고요, 몰입, 평정입니다.

칠각지를 공부하면 경전의 내용이 이해될 것입니다. 하지만 진정한 칠각지를 보지는 못합니다. 진정한 칠각지는 마음에서 일어납니다. 부처님은 수많은 다양한 가르침을 주셨습니다. 모든 깨달은 이들은 고통에서 벗어나는 길을 가르쳤고, 이를 기록한 것이 이론적 가르침입니다. 본래 이론은 명상에서 나온 것이지만, 지금은 책이나 용어를 공부하는 것에 불과하게 되었습니다.

진정한 칠각지가 사라진 이유는 스스로에게서 칠각지를 발견하지 못했기 때문입니다. 자신의 마음속에서 칠각지를 보지 못합니다. 칠각지는 명상을 통해 일어나고, 법에 대한 통찰을 이끌어냅니다. 그래서 칠각지가 일어났다면 명상을 바르게 하고 있다고 말할 수 있습니다. 바르게 명상하지 않으면 칠각지가 일어나지 않습니다.

바르게 명상하면 법을 볼 수 있습니다. 그래서 단계적으로 명상의 길을 이해하고 꾸준히 탐구하며 계속 명상하라고 합니다. 여러분이 찾고 싶어하는 것은 다른 곳이 아닌 바로 여기서만 발견할 수 있습니다. 저의 오래된 제자 중 한 사람은 이 절에 오기 전에 빠알리어를 공부했습니다. 하지만 빠알리어 공부가 잘 안 되었습니다. 그는 명상을 하는 스님들처럼 좌선만 하면 모든 것을 보고 이해할 수 있다고 생각했습니다. 그래서 좌선을 하면 빠알리 경전들을 번역할 수 있으리라는 생각으로 이곳 파퐁 사원으로 왔습니다. 그는 명상을 이렇게 이해하고 있었습니다. 그래서 저는 그에게 명상의 길에 대해 설명해주었습니다. 그는 완전히 잘못 이해하고 있었습니다. 그는 좌선을 하기만 하면 모든 것이 쉽게 명확해질 거라고 생각했습니다.

경전을 공부하는 승려들과 명상하는 승려들은 모두 같은 단어를 사용해 법을 말합니다. 하지만 사실 이론 공부에서 생기는 이해와, 명상에서 생기는 이해는 같지 않습니다. 이 둘이 같게 보일지 모르지만, 명상에서 생기는 이해가 훨씬 심오하고 깊습니다. 명상에서 생기는 이해는 우리를 포기로 이끕니다. 완전히 포기할 때까지 계속 인내해야 합니다. 마음에서 욕망과 분노, 싫어함이 일어나면 무관심하게 내버려둬서는 안 됩니다. 이것들을 그대로 내버려두지 말고 어디서 어떻게 일어났는지 알아봐야 합니다. 이런 감정들이 일어나면 이것이 어떤 문제를 일으키는지 살펴봐야 합니다. 이런 감정들을 믿고 좇아서 생기는 어려움들을 명확하게 보고 이해해야 합니다. 이런 이해는 자신의 순수한 마음에서만 찾을 수 있습니다.

이것이 이론을 공부하는 이들과 명상하는 이들이 서로를 오해하는 이유입니다. 이론 공부를 강조하는 이들은 흔히 이렇게 말합니다. "명상만 하는 스님들은 자기 판단만 믿어서 가르침에 기초가 없어." 사실 어떤 의미에서 이론과 명상은 완전히 같은 것입니다. 손바닥과 손등처럼 말입니다. 손바닥을 내밀면 손등은 사라진 것 같지만, 사실은 그 밑에 숨어 있습니다. 손등이 보이도록 손을 뒤집어도 마찬가지입니다. 손바닥은 사라진 것이 아니라 그 밑에 있을 뿐입니다.

명상할 때는 이런 사실을 명심해야 합니다. 우리는 명상한 것이 사라졌다는 생각이 들면 뭔가 결과를 얻고 싶어 이론을 공부하러 떠납니다. 하지만 진리에 입각해서 알지 못하면, 법에 대해 아무리 공부를 많이 해도 결코 이해할 수 없습니다. 법의 진정한 본질을 이해하면 놓아버리게 됩니다. 이것이 포기입니다. 집착을 제거해 더이상 집착하지 않는 것입니다. 집착이 아직 남아 있더라도 점점 줄어들 것입니다.

우리가 말하는 공부란 이런 것입니다. 우리 눈이 공부 주제이고 귀가 공부 주제입니다. 모든 것이 공부 주제입니다. 우리는 형상을 이렇게 혹은 저렇게 알지 모르지만, 형상에 집착하고 거기서 벗어나는 방법을 모릅니다. 소리를 감지하지만 소리에 집착합니다. 형상, 소리, 냄새, 맛, 신체적 감촉, 정신적 인상들은 모든 존재들을 가두는 덫과 같습니다.

이런 감각들을 관찰하는 것이 명상의 길입니다. 느낌이 일어나면, 법에 대한 이해를 바탕으로 느낌을 이해합니다. 이론에 대해 잘 알고 있다면, 이론을 바탕으로 이런저런 것들이 어떻게 일어났고 그후로 어떻게 변하는지 등을 알 수 있습니다. 이론을 배우지 않았다면, 마음의 원래 상태를 이용할 수 있습니다. 이것이 법입니다. 지혜가 있다면 자신의 원래 마음을 살펴보고서 이것을 공부 주제로 삼을 수 있습니다. 원래 마음과 이론은 정확히 같은 것입니다. 부처님은 일어나는 모든 생각과 느낌을 관찰하라고 하셨습니다. 실제 일어나는 원래 마음을 이론으로 삼으십시오.

통찰명상(위빠사나)

믿음이 있으면 이론 공부는 중요하지 않습니다. 믿는 마음으로 꾸준히 명상하며 에너지와 인내심을 계발하면 이론 공부는 중요하지 않습니다. 그러면 수행의 기초가 되는 알아차림이 계발됩니다. 앉고 서고 걷고 눕는, 몸의 모든 자세를 알아차립니다. 알아차림이 있으면 명확한 이해도 함께합니다. 알아차림과 명확한 이해는 함께 일어나지만, 너무 빨리 일어나서 둘을 구별할 수 없습니다.

마음이 확고하고 안정적이면 알아차림이 빠르고 쉽게 일어납니다. 바로 여기서 지혜도 일어납니다. 하지만 때로는 지혜가 충분치 않거나 적절한 때에 일어나지 않을 수도 있습니다. 알아차림과 명확한 이해만으로 모든 것이 해결되지는 않습니다. 일반적으로 알아차림과 명확한 이해는 마음의 기초이고, 지혜가 도움을 줍니다. 통찰명상을 통해 이런 지혜를 지속적으로 계발해야 합니다. 마음에 일어나는 모든 것들을 알아차림과 명확한 이해의 대상으로 삼아야 한다는 의미입니다. 하지만 이 모든 것들을 무상, 고통, 무아에 따라 보아야 합니다. 무상이 기초가 됩니다. 고통은 불만족을 말하며, 무아는 대상에 개별적인 실체가 없다는 의미입니다. 우리는 그런 것들이 그저 감각의 일어남으로, 자아가 없고 실체가 없으며 저절로 사라진다는 것을 알고 있습니다. 지혜가 없는 어리석은 이는, 이런 것들을 놓치며 잘 활용하지 못합니다.

지혜가 있다면 알아차림과 명확한 이해가 바로 거기에 있을 것입니다. 하지만 이런 시작 단계에서는 지혜가 완전히 명확하지 않을지도 모릅니다. 그래서 알아차림과 명확한 이해가 모든 대상을 잡지 못하지만 지혜가 도움을 줍니다. 우리는 알아차림이 어느 정도인지, 그리고 어떤 느낌이 일어났는지를 지혜로 볼 수 있습니다. 크게 보면, 어떤 알아차림과 느낌이 있든 이는 모두 법입니다.

부처님은 통찰명상을 기초로 삼았습니다. 부처님은 알아차림과 명확한 이해 모두가 불확실하고 불안정하다는 것을 알았습니다. 불안정한 것을 안정적이게 만들려 하면 고통이 생깁니다. 우리는 모든 것이 욕망대로 되길 원하지만 그렇게 되지 않아서 고통받습니다. 오염된 마음, 즉 지혜가 없는 마음 때문입니다.

명상할 때 쉽게 되기를 바라고 원하는 대로 되기를 바라기 쉽습니다. 멀리 가지 않더라도 이런 태도를 이해할 수 있습니다. 몸을 지켜보십시오. 여러분이 원하는 대로 자신의 몸이 머물러 있나요? 어떨 때는 몸이 이렇게 되기를 바라고, 어떨 때에는 몸이 저렇게 되기를 바랍니다. 정말로 자기 마음에 드는 몸을 가졌던 적이 있나요? 몸과 마음의 본질은 똑같습니다.

명상할 때 우리는 이런 부분을 놓치기 쉽습니다. 내키지 않는 것들은 던져버리고, 마음에 들지 않는 것들은 버려버립니다. 자신이 좋아하거나 싫어하는 방식이 바른길인지 여부는 생각해보지 않고서, 마음에 들지 않는 것은 잘못되었고 마음에 드는 것은 옳다고 판단합니다.

여기서 갈애가 일어납니다. 눈, 귀, 코, 혀, 몸, 마음에서 자극을 받아들이면 좋고 싫음이 일어납니다. 이는 마음이 집착으로 가득차 있다는 것을 보여줍니다. 그래서 부처님은 무상으로 이런 자극들을 관찰하라고 가르쳤습니다. 영원하지 않은 것에 집착하면 고통을 경험하게 됩니다. 우리에게는 모든 것을 자신이 좋아하거나 싫어하는 대로 만들 수 있는 힘과 능력이 없습니다. 우리가 원하는 바가 있어도 모든 것은 원래 그대로 있습니다. 이런 식으로 원해서는 고통에서 벗어날 수 없습니다.

여기서 어리석은 마음과 어리석지 않은 마음이 얼마나 다르게 이해하는가를 알 수 있습니다. 마음에 지혜가 있으면, 받아들인 감각에 집착하지 않아야 하고 그 감각을 자신과 동일시해서는 안 된다는 것을 압니다. 하지만 지혜가 전혀 없으면 자신의 어리석음만을 따릅니다. 어리석으면 무상, 불만족, 무아를 볼 수 없습니다. 자신이 좋아하는 것은 옳고 훌륭하다고 보고, 자신이 싫어하는 것은 나쁘다고 봅니다. 이래서는 법에 이를 수 없고 지혜가 일어날 수 없습니다.

부처님은 마음속에 통찰명상을 확립했고, 통찰명상으로 모든 다양한 정신적 느낌들을 탐구했습니다. 그는 마음에 일어나는 모든 것을 이렇게 탐구했습니다. '이것은 좋아하는 것이지만 불확실하다. 그리고 이것들은 내 마음의 영향력을 벗어나 끊임없이 일어났다 사라지므로 불만족스러운 것이다. 이 모든 것들은 존재나 자아가 아니고, 내게 속하지 않는다.' 부처님은 있는 그대로 보라고 가르쳤습니다. 이것이 우리가 명상하며 지켜야 할 원칙입니다.

우리는 원하는 대로 다양한 감정들을 일으킬 수 없다는 것을 압니다. 좋은 감정과 나쁜 감정이 일어납니다. 어떤 감정은 도움이 되고, 어떤 감정은 도움이 되지 않습니다. 이를 제대로 이해하지 못하면 바르게 판단할 수 없어서 욕망을 쫓아다니게 됩니다.

때로는 행복을 느끼고 때로는 슬픔을 느낍니다. 이는 자연스러운 일입니다. 때로는 만족하고 때로는 실망합니다. 자신이 좋아하는 것은 훌륭하다고 여기고, 자신이 싫어하는 것은 나쁘다고 여깁니다. 그러면 법과 점점 더 멀어집니다. 법을 이해할 수 없어 혼란스러워집니다. 마음에는 어리석음만 있기에 욕망이 더욱 커집니다.

이해하기 위해 멀리 떠날 필요는 없습니다. 이런 마음의 상태들이 영원하지 않으며 불만족스러우며 영원한 자아가 아니라는 것을 보십시오. 이렇게 명상하는 것을 위빠사나 혹은 통찰명상이라고 합니다. 마음의 내용을 이해하고, 이와 같이 지혜를 계발합니다.

고요명상(사마타)

들숨과 날숨을 알아차리는 명상은 고요를 계발하는 사마타 명상으로, 마음을 흔들림 없게 만드는 기초 혹은 수단입니다. 마음이 호흡의 흐름을 따라가면, 마음이 안정되고 고요하게 멈춥니다. 이렇게 마음을 고요하게 하는 명상을 사마타 명상이라고 합니다. 마음은 혼란으로 가득차 있으므로 이런 명상을 많이 해야 합니다. 얼마나 오랜 세월, 얼마나 많은 생 동안 마음이 이렇게 혼란스러웠는지 알 수 없습니다. 가만히 앉아 생각해보면 평화와 고요가 아닌 혼란으로 이끄는 수많은 장애들을 볼 것입니다.

부처님은 개인의 특정한 성향이나 기질에 적합한 명상 주제를 선택해야 한다고 하셨습니다. 예를 들어 머리카락, 몸털, 손톱, 치아, 피부 같은 몸의 부분들을 계속 반복해서 알아차리면 마음이 매우 고요하고 평화로워집니다. 이 다섯 가지 신체 부분들을 관찰하는 명상이 자신의 기질에 맞으면 마음이 고요해집니다. 이렇게 자신에게 적합한 명상법을 택해 자신의 번뇌를 줄이는 데 활용할 수 있습니다.

또다른 명상법은 죽음에 대해 명상하는 것입니다. 강한 욕망과 화, 어리석음을 억누르기 힘든 이들은 자신의 죽음을 명상 주제로 삼으면 효과가 있습니다. 부유하거나 가난하거나, 착하거나 악하거나 모두 죽는다는 것을 알게 되면 평정심이 일어납니다. 이 명상법이 자신에게 적합하다면 명상을 할수록 더 고요해집니다. 하지만 죽음에 대한 명상이 자신의 성향에 맞지 않으면 평정심이 생기지 않습니다. 명상 주제가 자신에게 적합해야 그 주제가 어려움 없이 지속적으로 떠올라 명상 주제에 대해 자주 생각할 수 있습니다.

일상생활에서 이런 예를 쉽게 찾을 수 있습니다. 재가신자들이 보시한 여러 음식을 스님들이 먹어보면 어떤 음식이 자신에게 가장 잘 맞는지 알게 됩니다. 자신의 입맛에 잘 맞는 음식을 찾으면 굳이 다른 음식을 먹으려 하지 않습니다.

들숨과 날숨에 주의력을 모으는 명상은 모든 이들에게 적합합니다. 이런저런 다양한 명상을 해봐도 그리 좋게 느껴지지 않을지 모릅니다. 하지만 앉아서 호흡을 관찰하면, 즉시 좋은 느낌이 든다는 걸 명확히 알 수 있습니다. 멀리서 명상법을 찾을 필요 없이 자신에게 가까운 호흡을 이용할 수 있습니다. 그저 호흡을 지켜보십시오. 들어오고 나가고, 나가고 들어오는 호흡을 지켜보십시오. 들숨과 날숨을 오랫동안 계속 지켜보면 마음이 서서히 가라앉을 것입니다. 어떤 일이 일어나도 그것이 자신에게서 멀리 떨어진 것처럼 느껴질 것입니다. 서로 떨어져 살면 더이상 가깝게 느껴지지 않는 것처럼 말입니다. 더이상 끈끈한 교류를 나누지 않거나 아예 관계가 끊기기도 합니다.

호흡명상에 대한 감을 잡으면 명상이 훨씬 수월해집니다. 호흡명상을 계속하면 경험이 쌓이고, 호흡의 성질을 잘 알게 됩니다. 호흡이 길 때는 어떻고, 호흡이 짧을 때는 어떤지 알게 됩니다.

호흡은 음식과 같습니다. 우리는 음식의 도움으로 살아갑니다. 일반적인 음식은 십 분이나 한 시간 혹은 하루 동안 먹지 않아도 문제가 되지 않습니다. 이것은 거친 음식입니다. 하지만 아주 잠시라도 숨을 쉬지 못하면 우리는 죽습니다. 앉아 있어도 걷고 있어도 숨을 쉬고, 잠들어도 깨어 있어도 숨을 쉽니다. 오 분이나 십 분만 숨을 쉬지 않아도 죽습니다.

호흡명상을 하는 이들에게는 이런 이해가 있어야 합니다. 이 같은 수행에서 얻을 수 있는 깨달음은 정말 엄청납니다. 명상하지 않으면 호흡을 음식으로 여기지 못합니다. 하지만 항상 공기를 '먹고' 있습니다. 항상 들이마시고 내쉬고 들이마시고 내쉽니다. 이렇게 관찰하면 할수록 명상에서 생기는 이로움은 더욱 커지고 호흡은 더욱 섬세해집니다. 호흡이 멈출 수도 있습니다. 콧구멍으로 지나가는 호흡이 전혀 없는 듯 보입니다. 실제로는 피부의 모공을 통해 숨을 쉽니다. 이를 섬세한 호흡이라고 합니다. 마음이 완전히 고요해지면 일상적 호흡이 이렇게 사라질 수 있습니다. 하지만 전혀 놀라거나 두려워할 필요는 없습니다. 호흡이 없으면 어떻게 해야 할까요? 그저 호흡이 없다는 것을 아십시오. 이것이 바른 명상입니다.

이것이 고요를 계발하는 명상인 사마타 명상입니다. 이 명상은 우리를 명상의 길 끝까지 이끌어주거나, 적어도 명상의 길을 명확히 알고 굳건한 신심을 갖고 나아가도록 해줍니다. 이렇게 꾸준히 호흡을 관찰하면 에너지가 생깁니다. 이는 항아리 안의 물과 같습니다. 항아리에 물을 부어 가득 채웁니다. 항아리에 물을 계속 가득 채워두면 물속에 사는 벌레들이 죽지 않습니다. 이렇게 노력하며 매일 명상하십시오. 그러면 매우 평화롭습니다.

이러한 평화는 마음이 한곳으로 몰입된 상태에서 옵니다. 하지만 이처럼 몰입하면 문제가 생길 수도 있습니다. 다른 정신적 상태가 우리를 방해하기를 원치 않기 때문입니다. 사실 다른 정신적 상태가 일어나 그것에 대해 생각하면, 그 자체로 한곳에 몰입된 상태가 됩니다. 그것은 여러 남자와 여자를 알게 되는 것과 같습니다. 모든 남자는 아버지와 같은 남자이고, 모든 여자는 어머니와 같은 여자이지만, 그들이 우리 아버지나 어머니와 같이 느껴지지는 않습니다. 우리에게는 우리 부모님이 더 소중합니다. 부모님은 우리에게 대단히 중요한 존재입니다.

마음을 한곳으로 몰입하는 건 이와 같습니다. 우리는 우리 어머니와 아버지에 대한 자세로 몰입해야 합니다. 일어나는 다른 모든 것은 다른 남녀들을 대하듯 해야 합니다. 그들을 보려고 멈추지 말고 그저 그들의 존재를 인식하십시오. 자신의 부모님과 똑같이 중요하게 여기지 마십시오.

올가미 풀기

사마타 명상을 통해 고요함에 이르면 마음이 명확하고 밝아집니다. 정신적 활동이 줄어들고 느낌들도 덜 일어납니다. 그러면 엄청난 평화와 행복이 일어날 수 있지만, 이런 행복에 집착할 수 있습니다. 그래서 이런 행복을 불확실하다고 보아야 합니다. 불행 역시 무상하다고 보아야 합니다. 모든 다양한 느낌들은 지속되지 않으며, 이런 느낌들에 집착하지 않아야 한다는 것을 이해해야 합니다. 지혜가 있으면 모든 것들이 본래 이렇다는 것을 이해합니다.

이는 올가미에 걸려 있는 것과 같습니다. 바른 방향으로 줄을 당기면 올가미가 느슨해지면서 풀리기 시작합니다. 그러면 줄이 더이상 조이지 않습니다. 깨달음도 비슷합니다. 이전에는 매듭을 고통스럽게 더 단단히 조이며 원래 그런 것이라고 생각했습니다. 조이고 있으면 고통스럽습니다. 이렇게 살면 몹시 긴장됩니다. 그래서 우리는 조인 매듭을 조금 느슨하게 풀고 편안해집니다. 왜 느슨하게 해야 할까요? 너무 조이기 때문입니다. 집착하지 않으면 매듭을 느슨하게 만들 수 있습니다. 조이는 강도는 변하지 않는 조건이 아닙니다.

우리는 무상의 가르침을 기초로 삼습니다. 행복과 불행은 모두 무상하며 의지할 수 없습니다. 세상에 영원한 것은 절대 없습니다. 이런 이해가 있으면 다양한 감정들과 느낌들에 대한 믿음이 점점 사라집니다. 그리고 이런 믿음이 줄어들면 잘못된 이해도 줄어듭니다. 이것이 올가미를 푸는 방법입니다. 올가미가 계속 느슨해지고, 집착이 서서히 뿌리 뽑힐 것입니다.

염오심

자신의 몸과 마음에서 무상과 불만족, 그리고 무아를 보면 어떤 권태감이 일어날 것입니다. 이런 권태감은 어떤 것도 알고 싶지 않고, 보고 싶지 않고, 말하고 싶지 않고, 다른 사람들과 전혀 관계 맺고 싶어하지 않는 일상적 권태감이 아닙니다. 이런 것들은 진정한 권태감이 아닙니다. 여기에는 아직 집착이 남아 있으며 이해가 없습니다. 여전히 시기와 분노를 느끼며, 고통을 일으키는 것들에 집착합니다.

부처님께서 말씀하신 권태감 혹은 세상에 대한 싫증에는 좋아함도 싫어함도 없습니다. 이는 모든 것을 무상하다고 보는 데서 일어납니다. 마음속에 즐거운 느낌이 일어나면 이것이 지속되지 않는다는 걸 압니다. 이것이 우리가 갖게 되는 일종의 권태감입니다. 이것을 닙비다(nibbidā) 혹은 염오심이라고 부릅니다. 염오심은 감각적 욕망과 반대되는 것입니다. 원할 만한 가치가 있는 것은 아무것도 없다고 봅니다. 자신의 마음에 들든, 들지 않든 이는 전혀 중요하지 않습니다. 이것들을 자신과 동일시하지 않고, 여기에 특별한 가치를 두지 않습니다.

이렇게 명상하면 어려움이 생길 이유가 없습니다. 감정을 자신과 동일시하면 진정한 행복이 생길 수 없다는 것을 깨닫습니다. 행복과 불행, 좋아함과 싫어함에 집착하면 고통이 일어납니다. 여전히 이렇게 집착하면 대상에게 평온한 마음을 가질 수 없습니다. 이런 집착이 고통을 일으킵니다. 부처님이 가르치셨듯이, 고통을 일으키는 것이라면 그 자체가 불만족스러운 것입니다.

사성제

그래서 부처님은 괴로움, 괴로움의 원인, 괴로움에서 벗어난 자유, 자유에 이르는 명상이라는 네 가지를 가르치셨습니다. 이 네 가지를 이해하면, 고통이 일어날 때 그 괴로움을 알고 그 괴로움에는 원인이 있다는 사실을 압니다. 괴로움이 그냥 흘러들어온 것이 아님을 압니다. 괴로움에서 벗어나고 싶으면 괴로움의 원인을 제거해야 합니다.

어째서 괴로운 느낌 혹은 불만족스러운 느낌이 드는 걸까요? 좋아하고 싫어하는 것들에 집착하기 때문입니다. 우리는 자신의 행동 때문에 괴롭다는 것을 압니다. 대상들에 가치를 부여하기 때문에 괴로워합니다. 그래서 "괴로움을 알고, 괴로움의 원인을 알고, 괴로움에서 벗어난 자유를 알고, 이런 자유에 이르는 길을 알라"고 하는 것입니다. 괴로움에 대해 알면 매듭을 풀 수 있습니다. 하지만 매듭을 풀 때는 반드시 바른 방향으로 당겨야 합니다. 말하자면, 만물이 본래 그렇다는 것을 알아야 합니다. 그러면 집착이 뿌리 뽑히고 괴로움이 끝납니다.

괴로움을 알고, 괴로움의 원인을 알고, 괴로움에서 벗어난 자유를 알고, 괴로움에서 벗어나는 길을 아십시오. 바른 견해, 바른 의도, 바른말, 바른 행위, 바른 생계, 바른 노력, 바른 알아차림, 바른 삼매가 그 길입니다. 이 팔정도가 고통을 끝낼 수 있습니다. 팔정도는 덕행과 삼매와 지혜로 우리를 이끕니다.

사성제를 명확하게 이해해야 합니다. 사성제를 진리에 입각해서 보아야 합니다. 사성제를 보는 것을 참된 법 혹은 진리라고 부릅니다. 안을 보거나 앞을 보거나 왼쪽을 보거나 오른쪽을 보거나, 보이는 모든 것들이 진리입니다. 모든 것들을 이렇게 봅니다. 법에 이른 이 혹은 법을 이해한 이는 어디를 가든 모든 것이 법입니다.

16장
해탈의 열쇠

부처님의 가르침인 법을 공부하는 목적은, 괴로움을 넘어 평화와 행복을 얻기 위해서입니다. 육체적 현상을 공부하든 마음과 마음의 요소 같은 정신적 현상을 공부하든, 괴로움에서 벗어남이라는 궁극적 목표에 이르러야 바른길을 가는 것입니다. 괴로움은 원인과 조건 때문에 존재합니다.

마음이 고요히 멈출 때 마음이 자연스럽고 순수한 상태에 있다는 것을 분명히 이해하십시오. 마음이 움직이면 곧바로 조건 지어집니다. 마음이 어떤 것에 끌리면 마음은 조건 지어집니다. 조건 지어져 여기저기로 움직이고 싶은 욕망이 생깁니다. 마음이 이리저리 움직이며 퍼져나갈 때 이를 제대로 알아차리지 못하면, 마음은 이를 쫓아가고 조건 지어지게 됩니다. 마음이 움직이는 그 순간, 그것은 인습적 진리가 됩니다.

그래서 부처님은 이런 흔들리는 마음의 조건들을 관찰하라고 하셨습니다. 마음이 움직이면, 마음은 불안정하고 무상하며 불만족스럽고 자아가 아닙니다. 이것은 모든 조건 지어진 현상의 일반적인 특징들입니다. 부처님은 이런 마음의 움직임을 관찰하라고 하셨습니다.

연기(緣起)의 가르침도 마찬가지입니다. 어리석은 이해〔無明〕는 업에 의한 형성〔行〕의 원인과 조건입니다. 업에 의한 형성은 의식〔識〕을 일으키는 원인과 조건입니다. 의식은 정신과 물질〔名色〕을 일으키는 원인과 조건입니다. 경전에는 이런 식으로 나와 있습니다. 부처님은 이해하기 쉽게 연기의 고리들을 분리해놓았습니다. 이러한 연기는 실재를 정확하게 묘사하고 있습니다. 하지만 학자들은 실제 삶에서 일어나는 이런 과정을 파악할 수 없습니다. 이는 나무 꼭대기에서 바닥으로 떨어지는 것과 같습니다. 떨어지는 중에 얼마나 많은 가지를 지나쳤는지는 알 수 없습니다. 이와 비슷하게, 마음에 정신적 자극이 갑자기 나타날 때 마음이 그 자극을 즐거워하면 마음은 즐거운 기분이 됩니다. 즐거운 기분을 일으키는 조건의 고리를 알지 못하고서 마음은 그 정신적 인상을 좋게 여깁니다. 이 과정은 연기의 이론대로 일어나지만, 동시에 이 과정은 이론의 한계를 초월합니다.

"이것은 무명입니다", "이것은 업에 의한 형성입니다", "이것은 의식입니다"라고 알려주지 않습니다. 이런 과정이 일어날 때 학자들은 연기의 각 요소를 읽을 여유가 없습니다. 부처님은 각 순간의 마음을 매우 자세히 분석하고 설명하셨지만, 제가 보기에는 나무에서 떨어지는 것 같다고 표현하는 것이 더 맞을 것 같습니다. 떨어져 땅바닥에 부딪힐 때는 바닥까지 얼마나 떨어져 있는지 잴 시간이 없습니다. 쾅 하고 바닥에 부딪혀 아프다는 것만 압니다.

마음도 마찬가지입니다. 어떤 것 때문에 떨어지면 고통만 느낍니다. 괴로움, 고통, 슬픔, 절망은 어디서 생겼을까요? 책에서 생기지는 않았습니다. 어디에도 괴로움에 대해 자세히 적어놓지 않았습니다. 괴로움은 이론과 정확히 일치하지는 않지만, 둘은 같은 길을 가고 있습니다. 학문만으로는 실재를 파악할 수 없습니다. 그래서 부처님은 스스로 명확한 앎을 계발하라고 하셨습니다. 그러면 무엇이 일어나도 압니다. 진리에 따라 알면, 마음과 마음의 요소들이 나의 것이 아님을 압니다. 결국은 이 모든 현상들이 쓰레기처럼 버려집니다. 거기에 집착하거나 의미를 부여해서는 안 됩니다.

이론과 실재
부처님은 마음과 마음의 심리적 요소들을 가르치지 않으셨습니다. 개념에 집착할까봐 염려하셨기 때문입니다. 부처님은 오로지 이것들이 무상하고 불만족스러우며 자아가 아님을 깨닫고 놓아버리게 하고자 하셨습니다. 이것들이 일어남을 인식하고 알아차리십시오. 이런 마음은 이미 조건 지어졌습니다. 마음은 순수한 알아차림의 상태에서 멀어져 길들여지고 조건 지어졌습니다. 마음이 움직이면 마음에 더 큰 영향을 미치는, 조건 지어진 현상이 만들어집니다. 그리고 마음은 계속 번져나갑니다. 이 과정에서 선과 악, 그리고 태양 아래 모든 것들이 만들어집니다. 부처님은 모든 것들을 버리라고 가르치셨습니다. 하지만 처음에는 이론에 익숙해져야 합니다. 그래야 나중에 모두 버릴 수 있습니다. 이는 자연스런 과정입니다. 마음은 본래 이러합니다. 심리적 요소들도 본래 이러합니다.

팔정도를 예로 들어보겠습니다. 통찰력 있는 지혜로 대상들을 바르게 보는 바른 견해는 바른 의도, 바른말, 바른 행위 등으로 이끕니다. 이 모든 것들은 순수한 앎의 알아차림에서 일어난 심리적 조건들을 포함합니다. 이런 앎은 어두운 밤에 길을 비추는 등불과 같습니다. 앎이 진리에 부합하면, 그 앎이 앞길을 가득 채우며 밝게 비출 것입니다.

무엇을 경험하든 모두 이런 앎에서 일어납니다. 이런 마음이 존재하지 않는다면 앎도 존재하지 않을 것입니다. 이 모든 것은 마음의 현상입니다. 부처님이 말씀하시듯, 마음은 그저 마음일 뿐입니다. 마음은 존재도 사람도 자아도 나 자신도 아닙니다. 마음은 나도 너도 아닙니다. 법은 그저 법일 뿐입니다. 이런 자연적 과정은 자기 자신이 아닙니다. 다른 누구에게 속하는 것도 아니며, 어떤 것도 아닙니다. 개인이 경험하는 모든 것들은 오온(五蘊)에 포함됩니다. 부처님은 몸〔色〕, 느낌〔受〕, 인식〔想〕, 의지〔行〕, 의식〔識〕이라는 오온을 모두 놓아버리라고 하셨습니다.

명상은 나무막대기와 같습니다. 통찰(위빠사나)이 막대의 한쪽 끝이라면 고요(사마타)는 다른 쪽 끝입니다. 막대를 집어 들면 한쪽 끝만 딸려오나요? 막대를 집으면 양쪽 끝 모두가 함께 딸려옵니다. 어느 쪽이 위빠사나이고 어느 쪽이 사마타일까요? 한쪽 끝과 다른 쪽 끝은 어디서 시작될까요? 둘 다 마음입니다. 마음이 평화로워질 때 먼저 사마타의 고요에서 평화가 생깁니다. 마음을 모으고 몰입해서 평화로운 명상 상태(삼매)에 듭니다. 하지만 삼매의 평화와 고요가 사라지면 그 자리에 괴로움이 생깁니다. 왜 그럴까요? 사마타 명상만으로 얻은 평화는 여전히 집착에 기반을 두고 있기 때문입니다. 이런 집착은 괴로움의 원인이 될 수 있습니다. 고요는 명상의 끝이 아닙니다. 부처님은 경험을 통해 이런 마음의 평화가 궁극적인 것이 아님을 아셨습니다. 존재 과정에 내재하는 원인들이 아직 소멸되지 않았습니다. 다시 태어나는 조건들이 여전히 존재합니다. 영적 작업들을 아직 완수하지 못했습니다. 왜 그럴까요? 여전히 괴로움이 있기 때문입니다. 그래서 사마타의 고요를 기초로 조건 지어진 실재의 본질을 관찰하고 탐구하고 분석해 모든 집착에서 벗어나야 합니다. 고요에 대한 집착도 포함해서 말입니다. 고요는 조건 지어진 존재의 세계와 인습적 실재의 일부입니다. 이런 종류의 평화에 집착하는 것은 인습적 실재에 집착하는 것입니다. 집착하면 존재와 윤회에 빠집니다. 사마타의 평화를 즐기는 것은 여전히 존재와 윤회로 이끌 것입니다. 마음의 들뜸과 요동이 가라앉으면 그 결과로 생기는 평화에 집착하게 됩니다.

그래서 부처님은 존재와 윤회에 내재된 원인과 조건들을 관찰하셨습니다. 그는 평화로운 마음으로 모든 것들이 어떻게 존재하게 되었는지를 더욱 깊이 반조하여 진리를 완전히 이해하고 꿰뚫었습니다. 그는 존재하게 된 모든 것들이 붉게 달아오른 쇳덩이와 같다는 것을 깨달을 때까지 계속 탐구했습니다. 존재의 경험 세계를 이루고 있는 오온은 모두 붉게 달아오른 쇳덩이입니다. 붉게 달아오른 쇳덩이 어디를 만져야 손을 데지 않을까요? 위, 아래, 옆을 만져보십시오. 뜨겁지 않은 곳이 어느 한 곳이라도 있나요? 그런 곳은 없습니다. 불타는 쇳덩이는 전체가 벌겋게 달아올라 있습니다. 그래서 심지어 고요에도 집착해서는 안 됩니다. 평화를 자신과 동일시해서 고요하고 평화로운 누군가가 있다고 생각하면, 이는 독립적 자아나 영혼이 있다는 생각을 강화시킵니다. 이러한 자아 관념은 인습적 실재의 한 부분입니다. '나는 평화로워', '나는 혼란스러워', '나는 훌륭해', '나는 나빠', '나는 행복해', '나는 불행해'라고 생각하며 존재와 태어남에 더욱 빠져듭니다. 그러면 괴로움이 더욱 심해집니다. 행복이 사라지면 불행이 그 자리를 채웁니다. 슬픔이 사라지면 다시 행복해집니다. 이런 끝없는 순환에 빠져 천상과 지옥을 계속해서 돌고 돕니다.

깨달음을 얻기 전에 부처님께서는 마음의 이런 이치를 이해하셨습니다. 그는 존재와 윤회의 조건이 아직 사라지지 않았음을 알았습니다. 그의 명상은 끝나지 않았습니다. 그는 삶의 조건성에 주목하며 본질에 따라 이렇게 관찰했습니다. '이것 때문에 태어남이 있다. 태어남 때문에 죽음과 오고가는 이 모든 움직임들이 있다.' 그는 오온에 대한 진리를 이해하기 위해 이런 주제들을 사유하고 관찰했습니다. 정신적인 것과 육체적인 모든 것들은 조건 지어져 있습니다. 이를 알고 나서 부처님은 모든 것을 내려놓고 버리라고 가르쳤습니다. 그리고 진리에 따라 이해하도록 사람들을 인도했습니다. 이렇게 하지 않으면 놓아버리지 못해서 고통스러울 것입니다. 그렇지만 진리에 따라 보면 자신이 얼마나 속고 있었는지를 깨닫게 될 것입니다. 부처님은 이렇게 말씀하셨습니다. "마음에는 실체가 없다. 마음은 어떤 것도 아니다."

마음은 누구의 것으로 태어나지 않습니다. 마음은 누구의 것으로 죽지 않습니다. 마음은 자유롭고 밝게 빛나며 어떤 문제들에도 얽혀 있지 않습니다. 하지만 조건 지어진 것들에 현혹되고 잘못된 자아 관념에 속아서 마음에 문제들이 일어납니다. 그래서 부처님은 이 마음을 관찰하라고 하셨습니다. 처음에는 무엇이 있었을까요? 정말 아무것도 없었습니다. 마음은 조건 지어진 것들과 함께 일어나지도 않았고 사라지지도 않았습니다. 좋은 것을 만난다고 마음이 좋게 변하지는 않습니다. 그렇다고 나쁜 것을 만난다고 마음이 나쁘게 변하지도 않습니다. 자신의 본질에 대한 명확한 통찰이 있으면 이렇습니다. 이런 마음의 상태들은 본질적으로 실체가 없습니다.

부처님은 모든 것들이 무상하고 불만족스러우며 자아가 아니라는 통찰을 갖고 있었습니다. 이렇게 완전히 이해하면 진리에 따라 알 것입니다. 행복 혹은 슬픔을 알지만 흔들리지 않을 것입니다. 행복의 감정은 일종의 태어남입니다. 슬픈 감정은 일종의 죽음입니다. 죽음이 있으면 태어남이 있고, 태어난 것은 죽어야 합니다. 일어나고 사라지는 것은 끝없는 형성의 순환에 묶여 있습니다. 수행자의 마음이 이런 이해의 상태에 이르면 생성과 윤회에 대한 의심은 남아 있지 않습니다. 누구에게도 물어볼 필요가 없습니다.

부처님은 조건 지어진 현상들을 광범위하게 탐구하여 그것들을 모두 놓아버렸습니다. 그는 오온을 놓아버리고 그 과정을 관찰자로서 평등하게 알기만 했습니다. 긍정적인 경험을 해도 그것 때문에 긍정적이 되지 않았습니다. 그저 관찰하고 깨어 있었습니다. 부정적인 경험을 해도 그것 때문에 부정적이 되지 않았습니다. 왜 그랬을까요? 그의 마음이 이런 원인과 조건들에서 자유로웠기 때문입니다. 그는 진리를 꿰뚫었습니다. 그에게는 윤회로 이끄는 조건들이 더이상 존재하지 않았습니다. 이런 앎은 확실하며 믿을 수 있습니다. 이는 정말 평화로운 마음입니다. 이런 마음은 태어나지도 늙지도 병들지도 죽지도 않습니다. 원인도 결과도 없으며, 원인과 결과에 의지하지도 않습니다. 인과적 조건의 과정에서 벗어나 있습니다. 조건 지음이 남아 있지 않으면 그 원인들도 사라집니다. 마음은 태어남과 죽음, 행복과 슬픔, 선과 악을 초월합니다. 이는 언어로 묘사할 수 있는 한계를 초월합니다. 모든 조건들이 사라졌으므로, 그것을 설명하려 하면 집착만 생깁니다. 그러면 말은 마음에 관한 이론이 될 뿐입니다.

마음과 마음의 작용에 관한 이론적 설명은 정확합니다. 하지만 부처님은 이런 지식이 별로 쓸모가 없음을 깨달았습니다. 어떤 것에 대한 지적 이해와 믿음만으로는 진정한 이익을 얻지 못하고 마음이 평화로워지지 않습니다. 부처님의 앎은 놓아버림과 버림, 포기로 이끕니다. 바로 이 마음이 우리를 옳은 것과 잘못된 것 모두와 연결되게 만듭니다. 현명하다면 옳은 것과 연결될 것이고, 어리석다면 잘못된 것과 연결될 것입니다. 이런 마음이 세상입니다. 부처님께서는 이 세상의 것으로 이 세상을 관찰했습니다. 그는 세상을 실제로 있는 그대로 보게 되었습니다. 그래서 그를 '세상을 명확하게 이해하는 이'라고 부릅니다.

사마타와 위빠사나에 관한 주제로 다시 돌아오겠습니다. 여기서 중요한 것은 자신의 마음에서 이런 상태들을 계발하는 것입니다. 스스로 계발해야만 이런 상태들을 진정으로 알 수 있습니다. 마음의 정신적 요소들에 대해 설명하는 책을 모두 공부할 수도 있겠지만, 이런 지적 이해는 이기적인 욕망, 분노, 어리석음을 실제로 끊어내는 데 도움이 되지 않습니다. 우리가 공부하는 이론은 이기적인 욕망, 분노, 어리석음 같은 번뇌들의 속성에 대해 설명만 합니다. 이기적 욕망이란 무엇이고, 분노란 이런 것이며, 어리석음이란 저런 것이다, 하는 식입니다. 이런 속성에 대해 이론적으로만 알면 그 정도 수준에서밖에 얘기할 수 없습니다. 그러면 학식 있고 똑똑해지기는 하겠지만, 마음속에 실제 번뇌들이 일어날 때 이론으로 대처할 수 있을까요? 예를 들어 탐탁지 않은 일을 경험할 때, 그에 반응해 기분이 나빠지지 않을까요? 집착하지 않을까요? 놓아버릴 수 있을까요? 반감이 일어나면 그것을 인식하고 견딜 수 있나요? 혹은 반감을 알고서 놓아버릴 수 있나요? 싫어하는 것을 보고 마음속에 반감이 생긴다면 돌아가서 다시 공부하는 편이 낫습니다. 아직 바르지 못하기 때문입니다. 명상이 아직 부족합니다. 그렇지만 명상이 완전함에 이르면 놓아버림이 일어납니다.

명상의 결실을 얻으려면 자신의 마음을 진정으로 깊이 들여다봐야 합니다. 제 생각으로는, 수많은 개별적 의식 찰나와 그 서로 다른 특징들을 다루는 마음의 심리학을 설명하는 것으로는 충분한 명상이 될 수 없습니다. 명상을 더 해야 합니다. 이런 것들을 공부하려면 명확하게 꿰뚫어 완전히 이해해야 합니다. 명료한 통찰 없이는 결코 공부를 마칠 수 없습니다.

명상은 매우 중요합니다. 저는 명상을 통해 공부했습니다. 찰나의 마음과 심리학 요소들에 대해서는 전혀 몰랐습니다. 저는 그저 앎의 속성을 관찰했습니다. 미움이 일어나면 왜 그런지를 스스로에게 물었습니다. 사랑이 일어나면 왜 그런지를 스스로에게 물었습니다. 이것을 생각이라 부르든 정신적 요소라 부르든 그건 중요하지 않습니다. 그저 사랑과 미움의 감정을 꿰뚫고 풀어내 마음에서 완전히 사라지게 하십시오. 저는 어떤 상황에서나 사랑과 미움을 멈출 수 있게 되자 고통을 초월할 수 있었습니다. 그러면 무엇이 일어나도 문제가 되지 않고, 마음이 풀려 편안해집니다. 아무것도 남지 않고 모든 것이 멈춥니다.

이와 같이 명상하십시오. 어떤 사람이 이론에 대해 얘기하려 한다면 그건 그 사람의 문제입니다. 하지만 아무리 토론을 많이 하더라도 명상은 항상 바로 이 한 가지로 귀결됩니다. 어떤 것이 일어나면 바로 여기서 일어납니다. 많든 적든 바로 여기서 일어납니다. 그것이 사라지면 바로 여기서 소멸합니다. 부처님은 이것을 '앎'이라고 했습니다. 진리에 따라 대상을 있는 그대로 정확하게 알면 마음의 의미를 이해할 것입니다. 마음은 끊임없이 우리를 속입니다. 마음을 공부할 때도 계속 우리를 속입니다. 마음에 대해 안다 하더라도, 마음을 안다고 생각하는 그 순간 마음은 우리를 속입니다. 부처님의 가르침은 단지 마음이 어떤 식으로 불리는지 알려주기 위한 것이 아닙니다. 부처님의 가르침은, 내재하는 원인들을 찾아 이런 마음으로부터 자유로워지는 길을 깨닫게 하는 것이 그 목표입니다.

덕행, 삼매, 지혜

저는 별로 아는 것 없이 법을 수행했습니다. 해탈에 이르는 길이 덕행에서 시작된다는 것만 알았습니다. 덕행은 명상의 아름다운 시작입니다. 삼매의 깊은 평화는 아름다운 중간입니다. 지혜는 아름다운 끝입니다. 이 셋은 각각 독특한 특성을 지니는 명상의 측면들이지만, 이들을 좀더 깊이 이해하면 모두 하나로 통합됩니다. 덕행을 뒷받침하려면 지혜가 있어야 합니다. 흔히 사람들에게 먼저 도덕성을 계발하라고 조언합니다. 그래서 오계를 지켜 덕행을 군건히 하라고 합니다. 하지만 덕행이 완벽해지려면 많은 지혜가 필요합니다. 자신의 말과 행동을 살펴보고 그 결과를 분석해야 합니다. 이는 모두 지혜의 영역입니다. 덕행을 계발하려면 지혜에 의지해야 합니다.

이론적으로는 덕행이 제일 먼저고, 그다음에 삼매가, 그리고 지혜가 옵니다. 하지만 제가 관찰한 바로는, 지혜가 모든 명상의 초석이 됩니다. 말하고 행동한 결과들, 특히 해로운 결과들을 완전히 이해하려면, 원인과 결과의 작용을 지켜보고 자세히 조사할 지혜가 필요합니다. 이런 지혜는 행동과 말을 순화시킵니다. 도덕적이거나 비도덕적인 행동을 잘 파악하고 나서 이것을 명상의 대상으로 삼습니다. 그래서 나쁜 것은 버리고 좋은 것은 계발합니다. 이것이 덕행입니다. 이렇게 하면 마음이 더 안정되고 흔들림이 없어집니다. 그러면 자신의 말과 행동에 대한 불안과 혼란이 마음에서 사라집니다. 이것이 삼매입니다.

이런 마음의 안정된 통일이 명상의 두번째 측면입니다. 이것은 명상에서 더욱 강력한 에너지의 원천이 되어, 우리가 경험하는 형상과 소리 등의 감각 대상들을 더욱 깊이 통찰하게 해줍니다. 확고하고 흔들림 없는 알아차림과 평화가 마음속에 자리잡으면 몸, 느낌, 인식, 정신적 형성, 의식, 형상, 소리, 냄새, 맛, 신체적 느낌, 마음 대상의 실재를 지속적으로 탐구할 수 있습니다. 이것들이 계속 일어날 때 알아차림을 잃어버리지 않으려는 진지한 결심을 하고 끊임없이 탐구해야합니다. 그러면 이런 것들을 실제 있는 그대로 알게 될 것입니다. 이것들은 그 자체의 자연적 법칙에 따라 존재합니다. 이해력이 점점 높아지면 지혜가 생깁니다. 대상들을 진실로, 있는 그대로 명확하게 이해하면, 오래된 인식들이 뿌리 뽑히고 개념적 지식이 지혜로 바뀝니다. 이렇게 덕행과 삼매, 지혜가 합쳐져 하나로 작용하는 것입니다.

지혜가 강하고 용맹해지면 삼매가 발전해 더 확고해집니다. 삼매가 더 확고해지면 덕행도 더 확고해지며 모든 것을 아우르게 됩니다. 덕행이 발전하면 삼매가 계발됩니다. 삼매의 힘이 더욱 강해지면 지혜가 성숙합니다. 명상의 이런 세

측면들은 서로 맞물리고 얽혀 있습니다. 이 세 가지가 합쳐지면 부처님이 가르치신 팔정도가 됩니다. 덕행과 삼매, 지혜가 정점에 이르면, 깨끗한 마음을 더럽히는 것들을 뿌리 뽑을 수 있습니다. 이렇게 명상하면 감각적 욕망과 분노, 어리석음이 그 모습을 드러낼 때, 이것들을 그 자리에서 쓰러뜨릴 수 있습니다.

불교 명상의 구조는 사성제로 이루어져 있습니다. 이는 고통, 고통의 원인, 고통의 소멸, 고통의 소멸로 이끄는 길입니다. 이 길은 마음을 훈련하는 덕행과 삼매, 지혜로 이루어져 있습니다. 하지만 그 진정한 의미는 이런 단어들이 아니라 마음속 깊이 담겨 있습니다. 덕행, 삼매, 지혜는 계속 돌고 돕니다. 팔정도는 일어나는 모든 형상, 소리, 냄새, 맛, 신체적 느낌 혹은 마음의 대상들을 포함합니다. 팔정도가 강하고 용맹하면 번뇌들을 물리치고 정복할 것입니다. 하지만 팔정도는 연약한데 번뇌가 강하면, 번뇌들이 팔정도를 정복할 것입니다. 형상, 느낌, 인식, 정신적 형성을 경험할 때 앎이 충분히 빠르고 민첩하지 못하면, 번뇌들이 우리를 소유하고 유린합니다. 팔정도와 번뇌는 함께 일어납니다. 마음에서 명상이 발전하는 과정에서 이 둘은 계속해서 싸움을 벌입니다. 이는 마음속에서 두 사람이 말싸움을 하는 것과 같습니다. 법의 길과 번뇌가 마음의 영토를 차지하기 위해 싸우는 것입니

반조, 마음을 비추다 1

다. 팔정도는 반조하는 능력을 키우고 강화시킵니다. 정확하게 반조할 수 있으면 번뇌들은 그 근거를 잃어버립니다. 하지만 우리가 흔들리면 번뇌가 다시 모이고 그 힘을 회복합니다. 그러면 팔정도는 밀려나고 번뇌가 그 자리를 차지합니다. 최종 승리자가 결정되어 모든 일이 정리될 때까지 이 둘은 계속 싸웁니다.

법의 길을 계발하는 노력을 멈추지 않는다면 번뇌는 결국 뿌리 뽑힐 것입니다. 법이 완전히 계발되면 사성제가 마음속에 깃들 것입니다. 어떤 종류의 고통이든 항상 원인이 있기에 생깁니다. 이것이 사성제의 두번째 진리입니다. 그렇다면 고통의 원인이 무엇일까요? 덕행, 삼매, 지혜가 모두 부족한 것이 원인입니다. 명상의 길이 탄탄하지 못하면 번뇌가 마음을 지배합니다. 번뇌가 마음을 지배하면 두번째 진리가 작용하게 되고, 그러면 온갖 종류의 고통이 일어납니다. 일단 고통이 일어나면, 고통을 가라앉힐 수 있는 자질들이 사라집니다. 법의 길을 열어주는 조건들은 덕행, 삼매, 지혜입니다. 이 셋이 강해지면 법의 길을 막을 수 있는 것은 없습니다. 주저 없이 전진해서 정말 큰 괴로움을 일으키는 집착을 정복합니다. 법의 길이 번뇌를 파괴하면 고통이 일어날 수 없습니다. 바로 여기서 고통이 소멸됩니다. 법의 길이 어떻게 고통을 소멸시킬 수 있을까요? 덕행, 삼매, 지혜가 완전무결해지고 법의 길이 하나로 모여, 멈출 수 없는 추진력을 얻었기 때문입니다. 모든 것들이 바로 여기서 모입니다. 이렇게 명상하는 이들에게는 마음에 관한 이론이 중요하지 않습니다. 마음이 이런 것들로부터 자유로워지면 그 마음을 전적으로 믿고 의지할 수 있습니다. 마음이 어떤 길로 나아가든 똑바로 가지 못할까봐 스스로를 닦달하지 않아도 됩니다.

망고나무 잎 하나를 살펴보십시오. 잎들이 어떻게 생겼는지는 잎 한 장만 봐도 알 수 있습니다. 망고나무에는 잎들이 수만 장 있지만 모든 잎은 같습니다. 망고 잎 한 장과 다른 잎들은 본질적으로 동일합니다. 나무의 몸통도 마찬가지입니다. 한 몸통을 보면 다른 모든 것들의 특징을 알 수 있습니다. 망고나무 한 그루만 보면 다른 모든 망고나무들이 본질적으로 다르지 않음을 알 수 있습니다. 수만 그루가 있더라도 한 그루만 알면 다른 모든 나무들을 알 수 있습니다. 부처님은 이렇게 가르치셨습니다.

부처님의 길은 덕행, 삼매, 지혜로 구성되어 있습니다. 하지만 이 길이 법의 본질은 아닙니다. 이 길은 그 자체로 끝이 아니며, 세존의 궁극적 목표도 아닙니다. 하지만 이 길은 우리를 내면으로 이끕니다. 이는 방콕에서 이곳 파퐁 사원으로 순례 오는 것과 같습니다. 여러분이 원하는 것은 이곳에 오는 길이 아니라 사원에 도착하는 것입니다. 거쳐온 길이 사원은 아닙니다. 하지만 사원에 이르려면 길을 지나야 합니다. 덕행과 삼매와 지혜도 마찬가지입니다. 이것들이 법의 본질은 아니지만 이것들을 통해 법의 본질에 이릅니다. 덕행과 삼매와 지혜가 완전해지면, 그 결과 마음이 매우 평화로워집니다. 이것이 목적지입니다. 이런 평화에 이르면, 소음이 들리더라도 마음은 평온합니다. 이런 평화에 이르면 할 일이 아무것도 남아 있지 않습니다. 부처님께서는 모든 것을 포기하라고 하셨습니다. 무슨 일이 일어나든 걱정할 것은 아무것도 없습니다. 그러면 의심할 여지 없이 진정으로 스스로를 알게 됩니다. 다른 사람이 하는 말을 더이상 그냥 믿지 않습니다.

불교의 핵심적 교리는 모든 현상들이 텅 비어 있다는 것입니다. 그것은 초능력 같은 초자연적이거나 신비로운 능력들에 달려 있지 않습니다. 부처님은 그런 것들을 중요하게 여기지 않으셨습니다. 그런 현상들은 실제로 존재하고 계발할 수도 있지만, 이런 측면의 법은 사람들을 현혹시키므로 부처님은 이를 옹호하거나 권장하지 않았습니다. 부처님은 고통에서 자신을 해방한 이들만 칭찬하셨습니다. 이렇게 되려면 훈련이 필요합니다. 이 훈련이 보시, 덕행, 삼매, 지혜입니다. 우리는 이 네 가지를 배우고 훈련해야 합니다. 이 모두가 모여서 내면으로 향하는 법의 길을 이룹니다. 지혜는 그 첫번째 단계입니다. 마음이 번뇌에 뒤덮여 있으면 이 길이 성숙할 수 없습니다. 하지만 강한 불굴의 마음을 가지면, 법의 길이 이런 더러움을 제거할 것입니다. 반면에 번뇌가 아주 강력하면, 번뇌가 법의 길을 없앨 것입니다. 법 수행은 이러한 두 힘이 길이 끝날 때까지 겨루는 과정입니다. 이 둘은 길이 끝날 때까지 끊임없이 싸웁니다.

집착의 위험

명상은 고난과 힘든 도전을 수반합니다. 우리는 인내와 끈기를 가져야 합니다. 명상은 스스로 해야 하고, 스스로 경험해야 하며, 스스로 깨달아야 합니다. 하지만 학자들은 오해를 많이 합니다. 예를 들어, 좌선을 해서 손톱만큼 경험을 하면 그들은 이렇게 생각합니다. '그래, 이게 초선정(初禪定)이 틀림없어.' 이런 생각이 일어나면 그들이 경험했던 고요함은 사라집니다. 곧 그들은 이선정(二禪定)을 얻었다고 생각하기 시작합니다. 이렇게 생각하거나 추측하지 마십시오. 어느 수준의 삼매를 경험하고 있다고 알려주는 표지판 같은 것은 없습니다. 실제는 완전히 다릅니다. "이 방향이 파퐁 사원으로 가는 길이다"라고 알려주는 도로 표지판 같은 표시는 없습니다. 저는 마음을 그렇게 판단하지 않습니다. 마음에는 표지판이 없습니다.

매우 유명한 학자들이 초선정, 이선정, 삼선정, 사선정에 대해 책을 썼지만, 이것은 외적인 정보에 불과합니다. 마음이 실제로 이런 심오한 평화의 상태로 들어가면, 이 상태는 책에 적힌 이론과 같지 않습니다. 마음이 알고 있는 것은 우리가 공부해서 알게 된 이론과 같지 않습니다. 학자들은 좌선을 하며 자신의 이론으로 이렇게 끼워맞춥니다. '음, 이건 뭐지? 이게 초선정인가?' 그러면 평화는 깨지고, 그들은 제대로 된 경험을 전혀 하지 못합니다. 왜 그럴까요? 욕망 때문입니다. 욕망이 생기는 동시에 마음은 명상에서 벗어납니다. 그러므로 생각과 추측을 완전히 버려야 합니다. 몸과 말과 마음으로 명상에 완전히 깊이 몰두하십시오. 마음의 작용을 관찰하고, 책이 여러분에게 끼어들지 못하게 하십시오. 그러지 않으면 모든 것이 문제가 됩니다. 책에 있는 내용들 중 어느 하나도 실제로 있는 그대로의 현실과 정확하게 일치하는 것은 없기 때문입니다.

공부를 많이 해서 이론적 지식이 풍부한 사람들은 일반적으로 명상을 잘하기가 힘듭니다. 그들은 지식의 차원에서 더 이상 나아가지 못합니다. 사실 외적인 기준으로 마음을 측정할 수는 없습니다. 마음이 평화로워지면 평화롭도록 내버려 두십시오. 가장 심오한 수준의 깊은 평화가 존재합니다. 개인적으로 저는 명상 이론에 대해 많이 알지는 못합니다. 제가 스님이 된 지 3년이 되었을 때, 저는 삼매가 실제로 어떤 것인지에 대해 의문이 많았습니다. 명상을 하면서 삼매에 대해 줄곧 생각했지만, 마음은 이전보다 더 들뜨고 산만해졌습니다. 실제로 생각이 더 많아졌습니다. 오히려 명상을 하지 않을 때가 더 평화로웠습니다. 너무 힘들어서 분통이 터졌습니다. 수많은 역경을 만나도 저는 결코 패배를 인정하지 않았습니다. 저는 계속해서 명상했습니다. 무엇을 하려 하지 않을 때가 상대적으로 편안했습니다. 하지만 삼매에 들기 위해 집중할 때마다 통제력을 잃었습니다. 저는 의문이 들었습니다. '어떻게 된 거지? 지금 무슨 일이 일어나고 있는 거지?'

나중에 저는 명상이 숨쉬기와 비슷하다는 사실을 깨닫게 되었습니다. 억지로 숨을 얕게, 깊게, 혹은 제대로 쉬려고 하면 숨쉬기가 정말 어렵습니다. 하지만 산책을 할 때에는 숨을 들이쉬는지 내쉬는지조차 모르지만 숨쉬기가 매우 편안합니다. "아하! 그런 거였구나!" 하고 저는 생각했습니다. 평소 호흡에 집중하지 않고 걸어다닐 때 호흡이 고통스러운가요? 아뇨, 우리는 편안하게 호흡합니다. 하지만 좌선을 하려고 앉아 마음을 평화롭게 만들려 다짐하면 집착이 생깁니다. 제가 호흡을 얕거나 깊게 조절하려 하면, 전보다 더 큰 스트레스가 생겼습니다. 왜일까요? 제 의지가 집착으로 오염되었기 때문입니다. 저는 그 이유를 알지 못했습니다. 제가 욕망을 끌어들여 명상을 해서 모든 좌절과 고난이 생긴 것이었습니다.

자연 연소

한때 저는 마을에서 1킬로미터 정도 떨어진 숲속 사원에 머문 적이 있습니다. 어느 날 밤 걷기명상을 하고 있을 때 마을 사람들이 동네에서 시끄럽게 잔치를 하고 있었습니다. 밤 열한시가 넘었을 때인데, 좀 이상한 느낌이 들었습니다. 낮부터 좀 이상했습니다. 마음은 고요했고 생각도 거의 없었습니다. 매우 이완되고 편안했습니다. 저는 걷기명상을 하다 피곤해서 좌선을 하려고 오두막으로 들어갔습니다. 앉아서 다리를 꼬려고 할 때, 놀랍게도 제 마음이 심오한 평화의 상태로 빠져들고 싶어했습니다. 모든 것이 저절로 일어났습니다. 앉자마자 마음은 아주 평화로워졌습니다. 마음은 바위처럼 흔들림이 없었습니다. 마을 사람들이 노래하고 춤추는 소리가 여전히 들려왔지만, 그 소리를 완전히 막을 수 있었습니다.

이상했습니다. 소리에 주의를 기울이지 않으면, 완벽하게 고요해져서 아무것도 들을 수 없었습니다. 하지만 소리를 듣고 싶으면 전혀 방해받지 않고 들을 수 있었습니다. 마치 마음속에 두 물체가 서로 닿지 않도록 나란히 놓인 것 같았습니다. 저는 마음과 마음이 알아차리는 대상이 타구와 물주전

자처럼 별개의 것으로 분리되어 있다는 사실을 알 수 있었습니다. 마음이 모여 삼매에 들 때 주의력을 밖으로 향하면 들을 수 있었습니다. 하지만 마음을 텅 빔 속에 머물게 하면 마음은 완벽하게 고요했습니다. 소리가 감지될 때 저는 앎과 소리가 분명히 다름을 볼 수 있었습니다. '이것이 있는 그대로가 아니라면 달리 무엇일 수 있을까.' 원래 그러한 것이었습니다. 이 둘은 완전히 분리되어 있었습니다. 이렇게 계속 관찰하면서 이해가 더욱 깊어졌습니다. '그래, 정말 중요한 것이로군. 현상의 연속성에 대한 인식이 사라지면, 그 결과 평화가 생기는구나.' 연속성에 대해 품고 있던 이전의 환상이 마음의 평화로 바뀌었습니다. 그래서 저는 계속 좌선하며 명상에 몰두했습니다. 그 당시에는 마음이 오로지 명상에만 몰입되어서 다른 것들에는 전혀 관심이 없었습니다. 이 당시에는 명상을 완성해야만 정진을 멈췄을 것입니다. 마음은 편안했고, 게으름이나 피로 혹은 짜증은 전혀 없었습니다. 완벽한 내면적 조화와 균형만이 있었습니다.

결국 저는 휴식을 취했지만, 그저 앉은 자세만 바꾼 것이었습니다. 제 마음은 흔들림이 없었고 지칠 줄 몰랐습니다. 저는 휴식을 취하려고 베개를 꺼냈습니다. 누우려고 몸을 기울이는 동안에도 마음은 전과 같이 그대로 평화롭게 머물러 있었습니다. 그리고 머리가 베개에 닿으려는 순간 마음의 알아차림이 내면으로 흘러들어오기 시작했습니다. 알아차림이 어디를 향하고 있는지는 몰랐지만 내면 깊숙이 계속 흘러들어왔습니다. 마치 전류가 전선을 타고 스위치로 흘러가는 것과 같았습니다. 알아차림이 스위치에 도달하자, 고막이 터질 듯한 소리를 내며 제 몸이 폭발했습니다. 앎은 극도로 명확하고 섬세했습니다. 아무것도 남아 있지 않을 때까지 알아차림이 흘러들었습니다. 외부 세계의 그 어떤 것도 절대로 그곳에 들어갈 수 없었습니다. 한동안 내면에 머물고 나서, 마음은 밖으로 물러나기 시작했습니다. 하지만 마음이 밖으로 물러나게 만든 건 제가 아니었습니다. 저는 그저 그 과정을 알고 지켜보는 관찰자일 뿐이었습니다. 마음은 계속 밖으로 흘러나와 결국 평상시와 같이 돌아왔습니다.

정상적인 의식 상태로 돌아오자, '이게 뭐지?' 하는 의문이 생겼습니다. 즉시 해답이 떠올랐습니다. '이것은 저절로 일어난 거야. 애써 설명을 찾을 필요는 없어.' 제 마음은 이 대답으로 충분했습니다.

얼마 지나지 않아 다시 마음이 내면으로 흘러들기 시작했습니다. 저는 마음을 통제하려는 의식적인 어떤 노력도 하지 않았습니다. 이것은 저절로 시작되었습니다. 좀더 깊은 내면에 이르자 다시 똑같은 스위치를 켰습니다. 이번에는 몸이 아주 미세한 입자와 조각으로 산산이 부서졌습니다. 다시 마음이 풀려나 그 내면을 깊이 꿰뚫었습니다. 완전한 고요만이 있었습니다. 이는 첫번째 경험보다 더욱 심오했습니다. 외부의 어떤 것도 그곳에 미칠 수 없었습니다. 마음은 스스로 머물고 싶은 만큼 그렇게 머문 뒤 다시 밖으로 물러났습니다. 이 모두는 마음 자체의 힘에 의해 저절로 일어난 것이었습니다. 제가 마음을 움직이거나 통제해 마음이 내면으로 흘러 들어오게 하거나 밖으로 물러나게 한 게 아니었습니다. 저는 그저 알고서 지켜보고 있었습니다.

마음은 다시 평상시의 의식 상태로 돌아왔고, 저는 이런 현상에 대해 의문을 품거나 추측하지 않았습니다. 명상을 할 때 마음이 다시 내면으로 향했습니다. 이번에는 온 우주가 산산이 부서져 미세한 입자로 분해되었습니다. 지구, 대지, 산, 들, 숲 등 온 세상이 우주의 원소들로 분해되었습니다. 사람들은 사라졌습니다. 모든 것들이 자취를 감추었습니다. 이 세번째 경험에서는 정말로 아무것도 남지 않았습니다.

내면으로 흐른 마음은 원하는 만큼 거기 머물러 있었습니다. 마음이 어떻게 거기에 머물렀는지는 정확하게 이해할 수 없습니다. 무슨 일이 일어났는지 설명하기는 어렵습니다. 이와 비교할 만한 것은 아무것도 없습니다. 어떤 비유도 적절하지 않습니다. 이번에는 마음이 전보다 훨씬 오래 내면에 머물렀습니다. 그리고 오랜 시간이 지나고서야 마음이 그 상태에서 나왔습니다. 마음이 나왔다고는 하지만, 제가 마음의 작용을 통제해서 마음이 나오게 만든 건 아닙니다. 그것은 마음에서 저절로 일어났습니다. 저는 관찰자일 뿐이었습니다. 결국 마음은 평상시의 의식 상태로 다시 돌아왔습니다. 이 같은 경험이 세 번 반복되는 동안 일어난 일들에 어떤 이름을 붙일 수 있을까요? 누가 알겠습니까? 어떤 단어로 이에 명칭을 붙일 수 있겠습니까?

삼매의 힘

제가 말하는 모든 내용은, 마음이 자연의 길을 따른다는 것입니다. 마음 혹은 심리 상태에 대해 이론적으로 설명하는 것이 아닙니다. 그런 설명은 필요 없습니다. 믿음이 있으면 여러분은 거기에 도달하고 정말 그렇게 됩니다. 그냥 적당히 해서는 안 되고 목숨을 걸어야 합니다. 명상을 해서 제가 묘사한 경지에 이르면 온 세상이 뒤집힙니다. 실재에 대한 이해가 완전히 달라집니다. 여러분의 견해도 완전히 바뀝니다. 그 순간에 다른 사람이 여러분을 본다면 미쳤다고 생각할 것입니다. 자제력이 부족한 사람에게 이런 일이 일어나면 정말 미쳐버릴지도 모릅니다. 이전과 같은 것이 하나도 없기 때문입니다. 세상 사람들이 이전과는 다르게 보입니다. 이렇게 보는 사람은 자신뿐입니다. 정말로 모든 것들이 바뀝니다. 여러분의 생각도 변합니다. 여러분이 이렇게 생각하면, 다른 사람들은 저렇게 생각합니다. 여러분이 올라가면 다른 이들은 내려갑니다. 여러분은 더이상 다른 인간들과 같지 않습니다. 이런 경험은 사라지지 않고 지속됩니다. 시도해보십시오. 먼 곳에서 찾을 필요도 없이 그저 자신의 마음을 들여다보십시오. 이 마음은 아주 확고하고 용맹합니다. 이것이 마음의 힘이며, 힘과 에너지의 원천입니다. 마음에는 이런 잠재된 힘이 있습니다. 이것이 삼매의 힘입니다.

이때 마음에서 일어나는 힘과 순수함은 삼매에서 생깁니다. 삼매의 수준이 최고에 이릅니다. 마음이 삼매의 정점에 이릅니다. 이것은 순간적인 몰입이 아닙니다. 이때 위빠사나 명상으로 전환하면, 반조가 끊임없이 이어져 통찰을 일으킵니다. 혹은 집중된 에너지를 다른 식으로 쓸 수도 있습니다. 이때부터 신통력을 계발해 신비한 이적을 행하는 등 원하는 대로 사용할 수 있습니다. 고행자들이나 은자들은 삼매의 힘으로 마법을 걸거나 성수나 부적을 만들었습니다. 이 단계에서는 이런 것들이 가능하고, 이것들이 어느 정도 효과가 있을 수도 있습니다. 하지만 이것은 마시면 취하는 술과 같습니다.

이 수준의 삼매는 휴게소와 같습니다. 부처님도 여기서 멈춰 쉬셨습니다. 이런 삼매는 반조와 위빠사나의 기반이 됩니다. 하지만 주위의 조건들을 살펴보며 인과의 과정을 지속적

반조, 마음을 비추다 1

으로 관찰하는 데 이런 심오한 삼매가 필요한 건 아닙니다. 마음의 평화와 명확함에 몰입해서 경험하는 형상, 소리, 냄새, 맛, 신체적 감각, 생각, 정신적 상태를 분석하십시오. 긍정적인지 부정적인지, 행복한지 불행한지 기분과 감정을 살펴보십시오. 모든 것들을 살펴보십시오. 이것은 어떤 사람이 망고를 따려고 망고나무에 올라가 나무를 흔들 때 그 아래에서 망고를 줍는 것과 같습니다. 우리는 썩은 망고는 줍지 않고 좋은 망고만 줍습니다. 나무에 올라갈 필요가 없기 때문에 피곤하지 않습니다. 나무 아래서 수확만 하면 됩니다.

이 비유의 의미를 이해하겠습니까? 무엇이든 평화로운 마음으로 경험하면 이해가 생깁니다. 경험한 것이 무엇인지 해석하면서 더이상 머리를 굴릴 필요가 없습니다. 부, 명예, 비난, 칭찬, 행복, 불행은 저절로 옵니다. 그리고 우리는 평화롭고 지혜롭습니다. 이런 것들은 재미있습니다. 이것들을 판단해 분류하는 일이 재미있어집니다. 다른 사람들이 '좋다', '나쁘다', '악하다', '여기', '저기', '행복', '불행' 혹은 어떻게 부르든 모든 것들을 흡수해 자신에게 도움이 됩니다. 다른 사람이 우리를 위해 망고나무에 올라가 가지를 흔들어 망고를 떨어뜨려주는 것입니다. 우리는 걱정 없이 망고를 줍기만 하면 됩니다. 걱정할 게 있습니까? 망고나무를 흔들어 망고를 떨어뜨리는 것은 다른 사람입니다. 부, 명예, 칭찬, 비판, 행복,

불행, 그리고 다른 모든 것들도 떨어지는 망고들과 다를 바가 없습니다. 평온한 마음으로 이것들을 살펴보면 됩니다. 그러면 어느 것이 좋고 어느 것이 썩었는지를 알 수 있습니다.

자연에 따라 일하기

명상에서 계발한 평화와 고요로 이런 것들을 관찰하면 지혜가 일어납니다. 제가 말하는 지혜는 이런 것입니다. 이것이 위빠사나입니다. 조작하거나 추론해서는 지혜를 얻을 수 없습니다. 현명하다면 위빠사나는 자연스럽게 계발될 것입니다. 일어나는 일에 명칭을 붙일 필요는 없습니다. 명확한 통찰이 조금 있다면 '초보 위빠사나'라고 할 수 있습니다. 좀더 명확하게 볼 수 있으면 '중급 위빠사나'라고 할 수 있습니다. 진리에 따라 완벽하게 알 수 있으면 '최고의 위빠사나'입니다. 개인적으로 저는 위빠사나보다는 지혜라는 단어를 좋아합니다. 때때로 좌선을 하며 위빠사나 명상을 하려 하면 매우 힘든 시간을 보내게 될 것입니다. 평화와 고요에서 통찰이 생기며, 모든 과정은 자연스럽게 저절로 일어날 것입니다. 억지로 그렇게 만들 수는 없습니다.

부처님은 이 과정이 그 자체의 속도대로 성숙한다고 하셨습니다. 명상이 이 정도 수준에 이르면, 자신의 타고난 능력과 정신적 자질, 그리고 과거에 쌓은 공덕에 따라 명상이 발전하도록 내버려두면 됩니다. 하지만 명상하려는 노력을 결코 멈추어서는 안 됩니다. 명상의 진전이 빠르거나 느린 것은 우리의 통제를 벗어나 있습니다. 이는 나무를 심는 것과 같습니다. 나무는 스스로 얼마나 빨리 자랄지를 압니다. 이보다 빨리 자라기를 원한다면 정말 어리석은 것입니다. 더 늦게 자라기를 원하는 것 역시 어리석은 생각입니다. 나무를 심듯이 해야 할 일을 하면 결과를 얻을 수 있습니다. 고추 심기를 예로 들어보겠습니다. 이때 해야 할 일은 땅을 파고, 씨를 심고, 물과 거름을 주고, 해충들로부터 고추를 보호하는 것입니다. 이런 일만 충실히 하면 됩니다. 그러면 믿음이 생깁니다. 고추가 자라는 것은 고추 그 자체에 달려 있는 것이지, 우리가 관여할 일이 아닙니다. 고추나무를 잡아당겨서 늘이거나 더 빨리 자라게 만들 수는 없습니다. 자연은 그런 식으로 작동하지 않습니다. 우리가 해야 할 일은 물과 거름을 주는 것입니다. 이와 같이 명상하면 마음이 편안해집니다.

이번 생에 깨달음을 얻을 수 있다면 좋은 일입니다. 다음 생까지 기다려야 해도 문제가 되지 않습니다. 우리는 법에 대한 믿음과 흔들림 없는 확신을 갖고 있습니다. 명상이 발전하는 속도는 타고난 능력과 정신적 자질, 그리고 지금까지 쌓은 공덕에 의해 결정됩니다. 이와 같이 명상하면 마음이 편안해집니다. 이는 마차를 타는 것과 같습니다. 말 앞에 마차를 두는 법은 없습니다. 혹은 논에서 쟁기질을 할 때 물소 앞에서 걷는 것과 같습니다. 인내심이 부족해서 결과를 빨리 얻으려고 마음이 앞서는 것입니다. 이렇게 행동해서는 안 됩니다. 물소 앞에서 걷지 말고 물소 뒤에서 걸으십시오.

이는 고추를 재배하는 것과 같습니다. 고추에 물과 거름을 주면 고추는 스스로 양분을 흡수합니다. 고추에 개미가 들끓으면 우리는 개미를 쫓아냅니다. 이 정도만 해도 고추는 저절로 아름답게 자랍니다. 그리고 이렇게 아름답게 자라면, 억지로 꽃을 피게 하려고 애쓰지 마십시오. 이는 우리가 상관할 일이 아닙니다. 그래봐야 불필요한 고통만 일으킬 것입니다. 저절로 꽃이 피도록 내버려두십시오. 그리고 꽃이 피면 곧바로 열매가 맺기를 바라지 마십시오. 억지로 하려 하면 고통이 일어납니다. 이를 이해하면 우리가 해야 할 일과 하지 않아야 할 일을 알게 됩니다. 각자 해야 할 역할이 있습니다. 하지만 마음이 그 역할을 이해하지 못하면, 고추를 심은 날 바로 수확하려 합니다. 하루 만에 고추가 자라서 꽃이 피고 열매가 맺히길 바랍니다.

이것이 바로 '갈애가 고통을 일으킨다'라는 사성제의 두번째 진리입니다. 이 진리에 대해 곰곰이 생각해본다면, 명상에서 억지로 결과를 얻으려 하는 것이 얼마나 어리석은지 이해할 것입니다. 이것은 잘못된 것입니다. 마음이 어떻게 작용하는지 이해하면 자신의 내적 능력과 정신적 자질, 그리고 쌓은 공덕에 따라 명상이 발전하도록 내버려둘 것입니다. 자신이 해야 할 바를 꾸준히 이어가면 됩니다. 시간이 오래 걸릴까봐 걱정하지 마십시오. 깨닫는 데 백 번의 생 혹은 천 번의 생이 걸려도 문제가 되지 않습니다. 아무리 많은 생이 걸리더라도 자신의 속도대로 편안한 마음으로 계속 명상하십시오. 마음이 흐름에 들면 두려워할 것이 없습니다. 마음은 가장 미미한 악한 행위마저도 초월할 것입니다. 부처님께서는 깨달음의 첫번째 단계인 수다원의 마음을 '깨달음에 이르는 법의 흐름'에 들었다고 표현하셨습니다. 수다원에 이른 이들은 어두운 낮은 존재의 세계를 다시는 경험하지 않습니다. 다시는 지옥에 떨어지지 않습니다. 마음에서 악을 버렸는데 어떻게 지옥에 떨어질 수가 있겠습니까? 그들은 나쁜 업에서 생기는 위험을 보았기에, 누군가가 억지로 나쁜 말을 하도록 만드는 것은 불가능합니다. 그들의 마음은 법의 흐름과 함께합니다.

이런 흐름 속에 있다면 자신의 책임이 무엇인지 압니다. 앞으로의 일을 이해합니다. 법을 어떻게 닦는지를 이해합니다. 정진할 때와 휴식할 때를 압니다. 육체적, 정신적 과정인 자신의 몸과 마음을 이해합니다. 그리고 털끝만큼의 의심도 없이 버려야 할 것들을 계속해서 버립니다.

관점 바꾸기

저는 지금까지 명상하면서, 다양한 명상 주제들을 닦으려 하지 않았습니다. 저는 오직 마음만 닦았습니다. 몸을 한번 살펴보십시오. 몸에 마음이 끌린다면 몸을 분석해보십시오. 머리카락, 몸털, 손톱, 이빨, 피부를 잘 살펴보십시오. 부처님은 신체의 이런 부위들을 반복해서 자세히 관찰하라고 하셨습니다. 마음속에서 이것들을 분리해보고, 분해해보고, 태워보고, 피부를 벗겨보십시오. 계속 이렇게 명상해서 이것이 확고하게 자리잡아 흔들림이 없어지게 하십시오. 모든 사람이 똑같다는 걸 이해하십시오. 아침에 마을로 탁발을 갈 때 누구를 보든 그 사람을 비틀거리며 걷는 시체라고 상상해보십시오. 이렇게 정진하면 명상이 성숙하고 발전합니다. 매력적인 젊은 여자를 보아도 그 여자를 썩어서 지독한 악취를 내며 걷는 시체라고 여기십시오. 다른 모든 사람도 이렇게 보십시오. 그들이 너무 가까워지지 않게 하십시오. 마음이 계속 사로잡혀 있지 않게 하십시오. 다른 사람들을 썩어서 악취가 나는 시체로 여기면 마음이 사로잡히지 않습니다. 자신이 보는 것에 확신이 생길 때까지, 이런 명상에 능숙해질 때까지 이렇게 관찰하십시오. 그러면 어떤 길을 가든 길을 잃지 않을 것입니다. 온 마음을 다해 이렇게 명상하십시오. 어떤 사람을 봐도 시체를 보는 것과 다를 바가 없습니다. 남자든 여자든 시체로 보십시오. 그리고 자기 자신도 시체로 봐야 한다는 것을 잊지 마십시오! 결국 이것만 남습니다. 완전히 깨달을 때까지 이와 같이 보는 방법을 계발하십시오. 이것이 마음의 일부가 되도록 명상하십시오. 이런 명상은 실제로 해 보면 정말 재미있습니다. 하지만 책에서 읽은 내용에 집착하면 어려움이 생깁니다. 아주 진실한 태도로 명상하십시오. 진리를 깨닫는 것을 목표로 명상하십시오. 고통에서 벗어나려는 바람으로 명상을 한다면 바른길을 가고 있는 것입니다.

요즘은 많은 사람들이 위빠사나와 다양한 명상 기법들을 가르칩니다. 하지만 위빠사나는 쉽지 않습니다. 우리는 곧바로 위빠사나로 뛰어들 수 없습니다. 높은 수준의 도덕성이 뒷받침되지 않으면 위빠사나는 효과가 없습니다. 도덕적 훈련과 계율이 필요합니다. 행동과 말에 결점이 있으면 자신의 두 다리로 똑바로 설 수 없기 때문입니다. 덕행이 없는 명상은 법의 길에서 핵심적인 부분을 건너뛰는 것입니다. 이와 비슷하게, 종종 이렇게 말하는 사람들도 있습니다. "고요함을 계발할 필요가 없어요. 그건 건너뛰고 바로 통찰을 계발하는 위빠사나 명상을 하면 돼요." 지름길로 가고 싶어하는 덜떨어진 사람들은, 힘들게 도덕적 훈련을 할 필요가 없다고 말합니다. 덕행을 지키고 닦는 일은 재미 삼아 쉽게 할 수 있는 것이 아닙니다. 도덕적 행동에 대한 모든 가르침을 건너뛸 수 있다면 아주 쉬울 것입니다. 어려움에 처할 때마다 그저 건너뛰어 피하려고만 합니다. 물론 어려운 일은 모두들 피하고 싶어합니다.

저는 스스로를 진정한 수행자라고 여기는 한 스님을 만난 적이 있습니다. 그는 이 사원에서 저와 함께 지내고 싶어 사원의 일과와 규칙들에 대해 물었습니다. 저는 그에게 이렇게 말했습니다. "이 사원에서는 부처님이 가르치신 『율장』에 따라 생활하고 있습니다. 여기서 수행하려면 개인적으로 가지고 있는 돈과 가사, 그리고 의약품을 버려야 합니다." 그는 '모든 인습에 집착하지 않는 명상'을 하고 있다고 말했습니다. 제가 무슨 말인지 모르겠다고 하자 그가 이렇게 물었습니다. "돈을 그대로 가지고 있되 돈에 집착하지 않으면 안 되겠습니까? 돈은 인습일 뿐이니까요." 저는 이렇게 대답했습니다. "물론 그래도 되지요. 소금을 먹고도 짜게 느끼지 않는다면 돈을 쓰면서 돈에 집착하지 않을 수 있겠지요." 그는 횡설수설하고 있었습니다. 사실 그는 세세한 계율을 지키기에는 너무 게을렀습니다. 다시 말하지만, 계율을 지키는 것은 어렵습니다. 저는 이렇게 말했습니다. "소금을 먹고 나서 정말로 그것이 짜지 않다고 내게 장담할 수 있습니까? 그렇다면 당신을 진심으로 받아들일 것입니다. 소금이 짜지 않다고 말한다면 소금 한 자루를 줄 테니 먹어보십시오. 그 소금이 정말 짜지 않을까요? 인습에 집착하지 않는다는 건 그저 말장난일 뿐입니다. 그런 식으로 말한다면 나와 함께 머물 수 없습니다." 그러자 그는 떠났습니다.

덕행을 지키려 노력해야 합니다. 출가자는 출가자의 계율을 지켜야 하고, 재가신자는 오계를 지켜야 합니다. 모든 말과 행동이 완전무결하도록 노력하십시오. 우리는 최선을 다해 선을 계발해야 하고 꾸준히 노력해야 합니다.

고요를 계발하는 사마타 명상을 시작할 때, 한두 번 해보고서 마음이 평화롭지 않다고 명상을 포기하는 실수를 저지르지 않아야 합니다. 이는 바른길이 아닙니다. 오랫동안 명상을 해야 합니다. 왜 이렇게 오래 걸릴까요? 한번 생각해보십시오. 얼마나 오랫동안 마음이 여기저기로 떠돌며 길을 잃도록 방치해두었습니까? 얼마나 오래 사마타 명상을 하지 않았습니까? 마음이 우리에게 어떤 길을 따라가라고 하면 우리는 그쪽으로 달려갔습니다. 이렇게 떠도는 마음을 가라앉히고 멈추게 하는 데는 두 달도 부족합니다. 모든 상황에서 마음이 평화롭도록 훈련할 때, 처음에는 오염된 감정이 일어나 마음이 평화롭지 않을 것입니다. 마음이 산만해지고 통제가 되지 않을 것입니다. 왜 그럴까요? 갈애 때문입니다. 우리는 마음에서 생각이나 산란한 기분, 감정이 일어나지 않기를 원합니다. 원하지 않는 것은 '존재하지 않음'에 대한 갈애입니다. 어떤 것들을 경험하지 않기를 갈망하면 할수록 그것들을 더욱 불러들이는 것입니다. '나는 이것들을 원하지 않아. 그런데 왜 이런 것들이 계속 떠오르는 거지? 이런 걸 원한 게 아닌데 왜 이런 거지?'

우리는 자신의 마음을 이해하지 못합니다. 그래서 특정한 방식으로 어떤 것이 존재하기를 갈망합니다. 이것이 잘못됐다는 걸 깨닫는 데는 믿을 수 없을 만큼 긴 시간이 걸릴 수 있습니다. 마침내는 확실히 이해하고 깨닫게 됩니다. '아, 내가 이것들을 불러들였구나.'

어떤 것을 경험하지 않으려는 갈애, 평화롭고 싶은 갈애, 산만해지거나 동요하지 않으려는 갈애, 이 모든 것들이 갈애입니다. 이 모두가 시뻘겋게 달아오른 쇳덩이입니다. 하지만 신경쓰지 말고 그냥 명상하십시오. 어떤 기분이나 감정을 경험할 때마다 이것을 무상, 고통, 무아의 세 가지 범주에 넣고 관찰하십시오. 그리고 이런 오염된 감정들은 지나친 생각을 항상 동반한다는 사실을 반조해보십시오. 감정이 가는 곳에는 언제나 생각이 뒤따라가 목을 조릅니다. 생각과 지혜는 서로 완전히 다릅니다. 감정에 반응해 생각이 일어나도 통찰이 생기지는 않습니다. 하지만 지혜가 작용하면 마음이 고요해집니다. 마음은 멈추고 다른 곳으로 움직이지 않습니다. 어떤 감정이 일어나면 이렇고, 어떤 기분이 일어나면 저렇다는 것을 알기만 합니다. '앎'이 지속됩니다. 결국 이런 생각이 듭니다. '의미 없는 마음의 잡담 혹은 걱정과 판단, 이 모든 생각들이 헛되고 무의미하구나. 이 모두가 무상하고, 불만족스럽고, 내가 아니며 나의 것이 아니구나.' 생각들을 이 세 가지 범주에 넣고 고요히 가라앉히십시오. 생각의 원천을 끊어내십시오. 나중에 다시 좌선을 하면 생각이 다시 일어날 것입니다. 생각을 자세히 관찰하십시오. 계속 감시하십시오.

이는 물소를 키우는 것과 같습니다. 농부와 벼, 물소를 생각해보십시오. 물소는 벼를 좋아해서 지금 벼를 먹고 싶어합니다. 여러분의 마음은 물소입니다. 오염된 감정은 벼와 같습니다. '앎'은 농부입니다. 명상은 이와 같습니다. 조금도 다르지 않습니다. 스스로 비교해보십시오. 물소를 어떻게 돌보나요? 여러분은 물소를 풀어놓고 자유롭게 돌아다니게 합니다. 하지만 물소에게서 눈을 떼지 않습니다. 물소가 벼에 가까이 접근하면 여러분은 고함을 지릅니다. 이 소리를 듣고 물소는 물러납니다. 부주의해져서 물소가 뭘 하고 있는지 잊어버려서는 안 됩니다. 고집 센 물소가 경고를 듣지 않으면, 막대기로 물소의 등짝을 때립니다. 그러면 물소는 벼 근처로 감히 다가가지 못합니다. 하지만 여러분이 누워서 낮잠을 자면 물소가 벼를 모두 먹어치우고 말 것입니다. 명상도 마찬가지입니다. 여러분은 자신의 마음을 지켜봅니다. 앎이 마음을 보살

피는 것입니다.

"자신의 마음을 자세히 지켜보는 이는 마라의 덫에서 벗어날 것이다." 이와 같이 아는 마음 역시 마음입니다. 그러면 마음을 지켜보는 이는 누구일까요? 이런 생각은 정말 당황스럽습니다. 마음과 앎은 별개의 것입니다. 하지만 앎은 바로 이 마음에서 생깁니다. 마음을 안다는 것은 무슨 의미일까요? 기분과 감정을 경험하는 것은 어떤 것일까요? 어떤 오염된 감정도 없다는 것은 무엇일까요? 이런 것들을 아는 것이 바로 '앎'입니다. 앎은 마음을 빈틈없이 뒤따릅니다. 그리고 이 앎에서 지혜가 생깁니다. 끊임없이 생각하고 감정에 얽매이는 마음은 물소와 똑같습니다. 물소가 어디로 움직이든 주의 깊게 지켜보십시오. 물소가 벼에 가까이 다가가면 소리를 지르십시오. 물소가 말을 듣지 않으면 막대기로 물소를 때리십시오. 이것이 물소의 갈애를 꺾는 방법입니다.

마음을 훈련하는 것도 이와 다르지 않습니다. 마음에 감정이 일어나면 앎이 이 감정을 포착하고 가르칩니다. 이것이 앎의 역할입니다. 기분이 좋은지 나쁜지 살펴보십시오. 원인과 결과가 어떻게 작용하는지를 마음에게 설명해주십시오. 그리고 마음이 어떤 것을 좋아해서 움켜쥐면, 앎이 마음에게 원인과 결과를 설명하여 마음이 이것을 버릴 수 있도록 해야 합니다. 그러면 마음이 평화로워집니다. 움켜쥐는 모든 것들이 본질적으로 바람직하지 않다는 것을 깨달으면 마음이 바로 멈춥니다. 끊임없이 마음을 훈계하고 질책해왔기에 더이상 움켜쥐고 싶어하지 않는 것입니다. 비난과 질책을 끊임없이 받아왔기 때문입니다. 마음의 갈애를 단호하게 꺾어버리십시오. 철저하게 노력해서 가르침을 가슴에 새기십시오. 이렇게 마음을 훈련합니다.

저는 숲에 들어온 이래 줄곧 이렇게 명상했습니다. 제자들을 가르칠 때도 이렇게 가르쳤습니다. 그들이 경전을 읽는 데서 그치지 않고 진리를 보기를 원했기 때문입니다. 저는 그들이 관념적인 생각에서 벗어나길 원했습니다. 해탈하면 여러분은 압니다. 그렇지만 해탈하지 못했다면, 어떤 것이 다른 것을 일으키는 과정을 관찰해보십시오. 그것을 완전히 알 때까지 관찰해보십시오. 통찰로 꿰뚫으면 그것은 저절로 사라집니다. 어떤 것이 방해하며 길을 막는다면 그것을 탐구해보십시오. 거기서 벗어날 때까지 포기하지 마십시오. 반복해서 바로 여기서 탐구하십시오. 부처님이 스스로 알아야 한다고 하셨기에 저는 이렇게 마음을 훈련했습니다. 모든 성자들은 스스로 진리를 압니다. 자신의 깊은 마음속에서 진리를 발견해야 합니다.

자신이 아는 것에 대한 확신이 있고 스스로를 믿으면, 다른 사람들이 여러분을 비난하거나 칭찬해도 편안합니다. 스스로를 알기 때문입니다. 칭찬할 만한 것이 없는데 다른 이가 여러분을 칭찬하며 떠받든다면 그 말을 정말 믿겠습니까? 물론 믿지 않겠지요. 여러분은 그저 꾸준히 명상합니다. 자신이 아는 것에 확신을 갖지 못하는 사람이 남들에게 칭찬을 받으면, 그들은 거기 속아 그 말을 믿습니다. 이것이 그들의 인식을 왜곡합니다. 마찬가지로 다른 사람이 여러분을 비난한다면 자신을 한번 살펴보십시오. '그 사람 말은 사실이 아니야. 그는 내가 잘못되었다고 비난하지만 그렇지 않아. 그들의 비난은 잘못된 거야.' 이런 경우라면 그들에게 화를 낼 이유가 없지 않습니까? 그들의 말은 사실이 아닙니다. 하지만 그들이 비난할 만한 잘못을 여러분이 저질렀다면, 그 비난은 합당한 것입니다. 그렇다면 화낼 이유가 없지 않습니까? 이렇게 생각할 수 있다면 삶이 정말 고요하고 편안할 것입니다. 일어나는 어떤 일도 잘못된 것이 없습니다. 그러면 모든 것이 법입니다. 저는 이렇게 명상했습니다.

중도

이것이 명상의 지름길입니다. 여러분이 법의 핵심에 대해 나와 논쟁하러 올 수는 있겠지만, 저는 거기에 관여하지 않을 것입니다. 논쟁 대신 저는 여러분에게 되돌아볼 거리를 줄 것입니다. 부처님은 "모든 것을 놓아버려라"라고 가르치셨습니다. '앎'과 '깨어 있음'을 가지고 놓아버리십시오. '앎'과 '깨어 있음'이 없으면 놓아버림은 소나 물소의 것과 다를 바가 없습니다. 마음을 담지 않으면 그 놓아버림은 바른 것이 아닙니다. 여러분은 인습적 진리를 이해하기에 집착을 버리고 놓아버립니다. 부처님은 명상의 초기 단계에는 열심히 노력하고 많이 집착하라고 하셨습니다. 부처님에게 집착하고, 법에 집착하고, 스님들에게 집착하십시오. 단단하고 깊게 집착하십시오. 이것이 부처님의 가르침입니다. 마음을 다해, 깊고 확고하게 집착하십시오.

저는 구도의 과정에서 생각할 수 있는 모든 방법들을 시도해봤습니다. 저는 제 삶을 법에 바쳤습니다. 깨달음과 깨달음에 이르는 길이 실제로 존재한다고 믿었기 때문입니다. 부처님이 말씀하셨듯이 이것은 정말 존재합니다. 하지만 이를 깨닫기 위해서는 바른 명상이 필요합니다. 명상을 할 때는 자신의 한계까지 밀어붙여야 합니다. 마음을 훈련하고 반조하고 근본적으로 변화시키려면 용기가 필요합니다. 실제로 그렇게 실천하려면 용기가 필요합니다. 어떻게 하면 그렇게 할 수 있을까요? 마음을 훈련해야 합니다. 여러분 머리는 이쪽으로 가라고 말하지만, 부처님은 다른 쪽으로 가라고 말합니다. 왜 마음을 훈련해야 할까요? 마음이 번뇌들로 완전히 덮여 있기 때문입니다. 이런 마음에는 의지할 수가 없습니다.

그러니 마음을 믿지 마십시오. 마음에는 덕행이 없습니다. 순수함과 명확함이 부족한 마음을 어떻게 믿을 수 있습니까? 그래서 부처님은 오염된 마음을 신뢰하지 말라고 하셨습니다. 처음에 마음은 번뇌의 고용인에 불과할 뿐이지만, 번뇌와 오래 함께하다보면 마음은 번뇌 그 자체가 됩니다. 부처님이 자신의 마음을 신뢰하지 말라고 하신 이유입니다.

계율을 자세히 살펴보면, 모든 계율이 마음을 훈련하기 위한 것임을 알 것입니다. 마음을 훈련할 때는 항상 안절부절 못하며 괴롭습니다. 이렇게 불평을 시작합니다. '이 명상은 너무 어려워. 불가능한 것 같아.' 하지만 부처님은 이렇게 생각하지 않으셨습니다. 부처님은 마음을 훈련할 때 괴로움이 일어나면, 바른길을 가고 있다고 생각하셨습니다. 우리는 이렇게 생각하지 않고 뭔가 잘못되었다고 생각합니다. 이런 오해 때문에 명상이 몹시 힘들어집니다. 처음에는 괴로워서 길을 벗어났다고 생각합니다. 모든 사람들은 편안하기를 바라지만, 그것이 바른지 그른지에 대해서는 별로 고민하지 않습니다. 번뇌의 성향을 거스르고 갈애에 도전하면 물론 괴로움을 느낍니다. 그리고 화가 나고 지겨워져서 명상을 그만둡니다. 잘못된 길로 접어들었다고 생각합니다. 하지만 부처님은 그것이 바른길이라고 하셨습니다. 우리는 번뇌에 휩싸입니다. 화가 나고 짜증이 난 것은 바로 번뇌이지만, 우리는 자신이 화가 나고 짜증이 난다고 생각합니다.

부처님은 번뇌가 마음을 동요시키고 화나게 만든다고 하셨습니다. 모든 사람들도 마찬가지입니다. 이것이 명상이 어려운 이유입니다. 사람들은 대상을 명확하게 살펴보지 않습니다. 일반적으로 욕망에 대한 탐닉 혹은 고행 중 한쪽에서 길을 잃습니다. 이 두 극단에 빠져버립니다. 한편으로 사람들은 마음에서 일어나는 욕망에 빠지고 싶어합니다. 어떤 것이 하고 싶으면 항상 그냥 해버립니다. 그들은 편안히 앉아 있고 싶어합니다. 그들은 편안하게 손발을 쭉 뻗고 눕기를 좋아합니다. 그들은 편한 일만 하려 듭니다. 이것이 좋아하는 것에 이끌려 욕망에 탐닉하는 것입니다. 이렇게 욕망에 탐닉하는데 어떻게 명상이 발전할 수 있겠습니까?

편안함과 감각적 쾌락, 그리고 좋은 느낌에 더이상 빠져 있을 수 없으면 괴롭고 화가 납니다. 이는 고행의 편에서 법의 길을 벗어나는 것입니다. 이는 평화롭고 고요한 성자의 길이 아닙니다. 부처님은 감각적 욕망에 대한 탐닉과 고행으로 탈선해 헤매지 말라고 하셨습니다. 행복을 경험하면 깨어 있는 마음으로 그저 아십시오. 분노와 악의 혹은 괴로움을 경험하고 있다면, 자신이 부처님이 가신 길을 따르고 있지 않다고 이해하십시오. 그 길은 평화를 구하는 자의 길이 아니라 평범한 사람들의 길입니다. 평화로운 승려는 그런 길로 빠지지 않습니다. 왼쪽의 '욕망에 대한 탐닉'과 오른쪽의 '고행' 사이 가운데 길인 '중도(中道)'를 똑바로 걸어갑니다. 이것이 바른 명상입니다.

승려로서 명상하려면 행복과 불행 어디에도 동요하지 말고 중도의 길을 걸어야 합니다. 행복과 불행을 내려놓아야 합니다. 하지만 행복과 불행이 우리를 이쪽저쪽에서 발길질하는 듯이 느낍니다. 종의 나무추처럼 앞뒤로 흔들리며 종에 부딪히는 듯이 느낍니다. 중도는 행복과 불행을 버리는 것입니다. 행복과 불행의 가운데서 하는 명상이 바른 명상입니다. 행복에 대한 욕망에 부딪힐 때 그것을 만족시켜주지 못하면 고통이 일어납니다.

좋은 것과 나쁜 것이라는 이런 두 가지 극단만이 존재하기에, 부처님이 가신 중도의 길을 걷는 일은 어렵고 힘듭니다. 이런 두 극단이 하는 말을 믿으면 그 명령을 따라야 합니다. 어떤 사람에게 화가 나면 참지 못하고 그 즉시 그를 공격할 막대기를 찾습니다. 참고 인내하지 못합니다. 어떤 사람을 사랑하면 머리부터 발끝까지 그를 어루만지길 원합니다. 이 둘은 중도에서 완전히 벗어난 것입니다. 이것은 부처님의 가르침이 아닙니다. 부처님은 단계적으로 이것들을 내려놓으라고 하셨습니다. 부처님이 가르친 명상은 존재와 윤회에서 벗어나는 길입니다. 형성과 탄생, 행복과 불행, 선과 악에서 자유로워지는 길입니다.

　존재를 갈망하는 이들에게는 이 중간의 길이 보이지 않습니다. 그들은 행복의 방향으로 가며 중도에서 벗어나고, 그런 뒤 불만족과 괴로움의 방향으로 가며 중도를 지나쳐버립니다. 그들은 계속 중간을 건너뜁니다. 그들은 여기저기를 뛰어다녀서 이 성스러운 장소를 볼 수 없습니다. 그들은 존재와 태어남이 없는 곳에 머물지 못합니다. 그들이 그곳을 싫어하기 때문에 머물지 못하는 것입니다. 그들은 집에서 나와 걷다가 개에게 물리고, 위로 날아오르려다 독수리에게 쪼입니다. 존재란 이런 것입니다.

　인간은 존재와 윤회에서 벗어나는 법을 모릅니다. 인간의 마음은 이를 알지 못해서 계속 지나쳐버립니다. 부처님이 걸었던 바른 명상의 길인 중도는, 존재와 윤회를 초월합니다. 선함과 악함을 초월한 마음은 자유롭습니다. 이것이 평화로운 성자의 길입니다. 이 길을 걷지 않으면 결코 평화로운 성자가 될 수 없습니다. 평화가 꽃필 기회가 없습니다. 존재와 윤회, 태어남과 죽음이 있기 때문입니다. 부처님의 길에는 태어남도 죽음도 없습니다. 낮음도 높음도 없습니다. 행복도 고통도 없습니다. 선도 악도 없습니다. 이것은 곧은 길이며 평화와 고요의 길입니다. 기쁨과 고통, 행복과 슬픔 없이 평화롭습니다. 이렇게 법을 닦으면 마음이 멈춥니다. 질문이 멈춥

니다. 더이상 해답을 찾을 필요가 없습니다. 그래서 부처님은
지혜로운 이라면 스스로 법을 알게 된다고 말씀하셨습니다.
다른 사람에게 물어볼 필요가 없습니다. 우리는 부처님이 말
씀하신 것들을 조금도 의심 없이 스스로 명확히 이해합니다.

명상에 헌신하라

지금까지 제가 어떻게 명상했는지에 관해 몇 가지 짧은 이야
기를 했습니다. 저는 공부를 많이 하지 못해 지식이 별로 없
었습니다. 저는 저 자신의 마음을 공부했습니다. 그리고 실험
을 통해 시행착오를 거치며 자연스럽게 배웠습니다. 어떤 것
을 좋아하게 되면, 그것이 어떤 것이고 어디로 이끌 것인가
를 살펴봤습니다. 결국 그것은 나를 멀리까지 끌고 가 고통
스럽게 만들었습니다. 저는 자신을 관찰하며 명상했습니다.
그리고 이해와 통찰이 깊어지면서 점점 자신을 알게 되었습
니다.

단호한 마음으로 명상에 헌신하십시오. 명상을 할 때에는
생각을 너무 많이 하지 마십시오. 명상할 때 억지로 어떤 결
과를 얻으려 하느니, 차라리 명상을 멈추는 편이 낫습니다.
마음이 가라앉아 평화로워지면 이런 생각이 듭니다. '그래 이
거야. 이게 맞겠지?' 그러고는 명상을 멈추고, 분석적이고 이
론적인 지식으로 그것을 이해하고 마음에 담아둡니다. 토론

을 하거나 가르치기 위해 그런 지식을 꺼내지 마십시오. 그것은 내면을 꿰뚫는 지식이 아닌 다른 종류의 지식입니다.

어떤 것의 실재는 책에 적힌 설명과 다릅니다. '감각적 욕망'을 예로 들어보겠습니다. 실제로 마음이 감각적 욕망에 휩싸일 때 그것을 글로 그대로 표현하는 것은 불가능합니다. '분노'도 마찬가지입니다. 칠판에 '분노'라는 단어를 쓸 수는 있지만, 실제로 느끼는 화는 이와 다릅니다. 칠판의 글자를 읽기도 전에 화가 마음을 삼켜버릴 것입니다.

이것은 매우 중요합니다. 이론적 가르침은 정확하지만, 이 이론을 자신의 마음으로 가져와야 합니다. 이론을 내면화해야 합니다. 법을 마음에 새기지 못하면 제대로 아는 것이 아닙니다. 법을 진실로 보지 못하는 것입니다. 저도 마찬가지였습니다. 저는 공부를 많이 하지 못했습니다. 불교 이론에 관한 몇몇 시험을 통과할 정도로만 공부했습니다. 어느 날 저는 수행을 많이 한 큰스님의 법문을 들을 기회가 있었습니다. 법문을 들으며 불경한 생각이 일어났습니다. 저는 법문을 어떻게 들어야 하는지 알지 못했습니다. 떠돌이 승려가 말하려는 바를 이해할 수 없었습니다. 그는 마치 진리를 깨달은 듯 직접적 경험에서 나온 가르침을 펼쳤습니다.

세월이 지나면서 저는 명상을 통해 어느 정도 직접적 경험을 얻게 되었습니다. 저는 그 스님이 가르친 진리를 스스로 보았습니다. 저는 이해하는 방법을 알게 되었습니다. 그런 뒤 통찰이 뒤따라 생겼고, 법이 제 마음속에 뿌리내렸습니다. 아주 오랜 세월이 지나서야 그 스님이 직접 경험해 가르친 모든 것을 깨닫게 되었습니다. 그는 책이 아니라 자신의 경험에서 깨달은 것을 가르쳤고, 자신의 이해와 통찰에 따라 말했습니다. 저 스스로 그 길을 걷게 되었을 때 그가 설명한 세세한 모든 것들을 경험하게 되었고, 그가 옳았음을 인정하게 되었습니다. 저는 그렇게 계속 명상했습니다.

기회가 되면 언제나 열심히 명상하십시오. 평화롭든 그렇지 않든 걱정하지 마십시오. 명상의 바퀴를 굴려 미래에 해탈할 수 있는 원인을 만드십시오. 해야 할 바를 다했다면 결과를 걱정할 필요가 없습니다. 걱정하면 평화롭지 않습니다. 노력하지 않는데 어떻게 결과를 기대할 수 있겠습니까? 찾는 사람이 발견하며, 먹는 사람이 배가 부릅니다. 우리를 둘러싼 모든 것들이 우리를 속입니다. 이는 열 번을 되새겨도 좋습니다. 항상 똑같은 녀석이 같은 거짓말을 계속합니다. 거짓말하고 있다는 걸 안다면 그리 나쁘지 않습니다. 하지만 이를 알려면 정말 오랜 시간이 걸립니다. 오래 알던 녀석이 계속 반복해서 우리를 거짓으로 현혹합니다.

마음속에서 덕행을 지키고, 삼매를 계발하고, 지혜를 기르는 것이 명상입니다. 부처님과 법, 승단이라는 삼보를 기억하고 반조해보십시오. 어떤 것도 예외 없이 전부 버리십시오. 우리가 하는 행동들이 바로 이 삶에서 무르익을 원인과 조건이 됩니다. 그러니 진실한 마음으로 열심히 정진하십시오.

의자에 앉아 명상하더라도 주의력을 모을 수 있습니다. 처음에는 다른 것들에 몰입할 필요 없이 자신의 호흡에만 몰입하면 됩니다. 원한다면 각 호흡과 함께 '부처님, 법, 승단'이라는 단어들을 마음속으로 반복해도 됩니다. 주의력을 모을 때 호흡을 조절하려 하지 마십시오. 호흡이 힘들고 불편하게 느껴진다면 명상을 잘못하고 있는 것입니다. 호흡이 아직 편안하게 느껴지지 않는다면 호흡이 너무 얕거나 혹은 깊고, 너무 미세하거나 너무 거친 것입니다. 하지만 호흡이 편안해지면 각각의 들숨과 날숨을 명확하게 알아차리며 호흡이 즐겁게 느껴집니다. 이렇게 호흡에 익숙해집니다. 제대로 하지 않으면 호흡을 잊어버릴 것입니다. 그러면 잠시 멈추고 다시 알아차림을 일으켜야 합니다.

명상을 하다보면 신비한 현상을 경험하고 싶은 욕구가 생기기도 합니다. 또 마음에 환한 빛이 생기고, 천상의 궁전이 나타나기도 합니다. 하지만 두려워할 필요는 없습니다. 그저 경험하고 있다는 걸 알아차리고 계속 명상하십시오. 때로는 호흡이 멈춘 것처럼 보일지도 모릅니다. 호흡의 감각이 사라지면 놀라겠지만 걱정할 필요는 조금도 없습니다. 사실 호흡은 여전히 그대로 있습니다. 다만 평소보다 훨씬 미세하게 작용합니다. 시간이 지나면 저절로 정상적인 호흡으로 돌아올 것입니다.

처음에는 마음을 고요하고 평화롭게 만드는 데 몰입하십시오. 의자에 앉아 있든 보트에 타고 있든 혹은 어디에 있든, 원하면 언제든 평화로운 상태에 들 수 있도록 명상에 능숙해지십시오. 기차에 타서 자리에 앉으면 바로 마음을 평화롭게 만드십시오. 어디에 있든 언제나 좌선을 할 수 있습니다. 이 정도로 명상에 능숙해지면 법의 길에 익숙해진 것입니다. 그러면 여러분은 관찰할 수 있습니다. 평화로운 마음으로 자신이 경험하고 있는 것을 관찰하십시오. 때로는 보는 것일 수도 있고, 때로는 신체로 듣고, 냄새 맡고, 맛보고, 느끼는 것일 수도 있고, 혹은 마음으로 생각하고 느끼는 것일 수도 있습니다. 좋아하거나 혹은 싫어하는 감각적 경험이 저절로 드러나면, 그것을 관찰의 대상으로 삼으십시오. 경험하고 있는 것을 그냥 아십시오. 감각적 앎의 대상에 의미나 해석을 투사하지 마십시오. 좋은 것은 그저 좋다고 알고, 나쁜 것은 그저 나쁘다고 아십시오. 이것은 인습적 진리입니다. 선하거나 악하거나 이 모두가 무상하고, 불만족스러우며, 무아입니다. 이 모두는 의지할 수 없는 것이고, 집착할 만한 가치가 없습니다. 마음의 평화와 반조를 통해 명상을 계속해나가면 저

반조, 마음을 비추다 1

절로 지혜가 일어날 것입니다. 감지하고 경험한 모든 것들이 무상, 불만족, 무아라는 세 구덩이로 떨어집니다. 이것이 위빠사나 명상입니다. 순수하지 않은 마음 상태들이 평화로운 마음에 떠오르면, 이것들을 이 세 쓰레기 구덩이 중 하나에 던져버리십시오. 모든 것들을 무상, 불만족, 무아에 던져버리는 것, 이것이 위빠사나의 핵심입니다. 선하거나 악하거나 무섭거나, 모든 것을 여기에 던져버리십시오. 그러면 머지않아 세 가지 보편적 특징들 가운데서 연약한 지혜와 통찰이 꽃필 것입니다. 시작 단계에서는 지혜가 아직 연약합니다. 하지만 이와 같이 꾸준히 명상하십시오.

그냥 하라!

이해하고, 버리고, 포기하고, 평화로워지기 위해 명상하십시오. 명상은 말로 표현하기 힘듭니다. 어떤 사람이 저에 대해 알려면 여기서 함께 살아봐야 하는 것과 비슷합니다. 함께 살며 매일 접촉하다보면 서로를 알게 됩니다.

저는 방랑하는 스님이었습니다. 저는 스승을 찾고 홀로 명상하기 위해 걸어서 여행했습니다. 법문을 하려고 돌아다니지 않았습니다. 저는 그 당시 위대한 스승들의 법문을 들으러 갔습니다. 그들이 어떤 조언을 하든 경청했습니다. 어리거나 출가한 지 얼마 안 된 스님들도 법이 무엇인지 내게 이야기했지만 인내심을 갖고 귀를 기울였습니다. 하지만 법에 대해 토론한 적은 거의 없습니다. 저는 긴 토론에서 큰 의미를 발견할 수 없었습니다. 어떤 가르침을 받아들이든 포기하고 놓아버리라는 부분을 바로 이해했습니다. 저는 포기하고 놓아버렸습니다. 우리는 경전에 대한 전문가가 될 필요가 없습니다. 우리는 하루하루 늙어가며 신기루를 향해 매일같이 달려듭니다. 그러면서 진짜를 놓칩니다. 명상을 하는 것은 법을 공부하는 것과 완전히 다릅니다.

저는 다양한 명상법과 명상의 기술들을 비판하지 않습니다. 진정한 목적과 의미를 이해한다면 이것들은 잘못된 것이 아닙니다. 하지만 불교 수행자라고 자처하면서도 『율장』을 철저히 따르지 않으면, 명상에 성공할 수 없습니다. 법의 길에서 덕행과 삼매 혹은 지혜라는 핵심적인 부분을 건너뛰게 되기 때문입니다. 어떤 사람들은 사마타 명상의 고요함에 집착하지 말라고 하면서 이렇게 말할지도 모릅니다. "힘들게 사마타 명상을 하지 마세요. 곧바로 지혜와 통찰을 닦는 위빠사나 명상을 하세요." 이렇게 위빠사나 명상을 바로 시작한다면, 명상의 여정을 성공적으로 마칠 수 없습니다.

아잔 사오 스님, 아잔 문 스님, 탕럿 스님, 우빨리 스님 같은 위대한 숲속 수행승들이 가르친 명상의 방법과 기술을 버리지 마십시오. 그들이 가르친 길은 진실하며 믿을 수 있습니다. 그들이 간 길을 따라가면 자신에 대한 진정한 통찰을 얻을 수 있을 것입니다. 아잔 사오 스님은 완벽하게 덕행을 닦았습니다. 그는 덕행을 건너뛰라고 가르치지 않았습니다. 숲속 전통의 위대한 스승들을 깊이 존경한다면, 그들이 전해 준 명상과 승려로서 지켜야 할 태도에 대한 가르침을 따라야 합니다. 그들이 행하라고 하면 행하고, 그들이 멈추라고 하면 그것은 잘못된 것이므로 멈춰야 합니다. 믿음을 갖고 그리해야 합니다. 흔들림 없는 확신과 순수함을 갖고 해야 합니다. 자신의 마음속에서 법을 볼 때까지, 자신이 법이 될 때까지 이렇게 실천해야 합니다. 이것이 숲속 스승들의 가르침입니다. 그들의 제자들은 스승이 갔던 길을 따라가 스승이 보았던 것을 보았습니다. 그래서 제자들은 스승을 더욱 공경하고 존경하게 되었습니다.

제가 말한 대로 한번 시도해보십시오. 정말로 그렇게 하면 법을 볼 것입니다. 여러분이 법이 될 것입니다. 여러분이 정말로 진리를 찾으려 한다면 무엇이 여러분을 막을 수 있겠습니까? 버리고, 말을 적게 하고, 적은 것에 만족하고, 자만에서 생기는 모든 견해들을 버린다면 마음의 번뇌들을 무찌를 수 있습니다. 그러면 어떤 사람의 말도 인내심 있게 들을 수 있습니다. 그 말이 잘못된 것일지라도 말입니다. 또한 다른 사람의 옳은 얘기도 인내심 있게 들을 수 있습니다. 이렇게 자신을 살펴보십시오. 이는 가능합니다. 하지만 학자들은 실제로 명상을 거의 하지 않습니다. 부끄러운 일입니다. 명상을 이 정도로 할 수 있고, 이곳을 방문했다는 것만 해도 충분히 칭찬할 만합니다. 이는 내적 힘을 보여줍니다. 어떤 절에서는 공부만 강조합니다. 승려들은 통찰이 생기지 않는 공부만 계속합니다. 그들은 끊어버려야 할 것은 끊지 않습니다. '평화'를 단어로만 공부합니다. 하지만 고요히 멈출 수 있다면 정말 소중한 것을 발견할 것입니다. 공부는 이렇게 하는 것입니다. 이런 공부는 정말 가치 있고 조금도 흔들리지 않습니다. 명상을 하지 않으면 지식에서 이해가 생기지 않습니다. 하지만 공부한 것으로 명상을 하면 공부한 것이 매우 선명하고 명확해집니다.

그러니 명상을 시작하십시오. 이 같은 이해를 계발하십시오. 숲에서 생활하며 작은 오두막에서 한번 지내보십시오. 이렇게 스스로 명상해보는 것이 그냥 책을 읽는 것보다 훨씬 가치 있습니다. 그러면 자기 자신과 토론할 수 있습니다. 마음을 관찰하는 것은, 마음을 놓아버리고 그 자연스런 상태에서 휴식하는 것과 같습니다. 고요하고 자연스런 마음 상태에서 생각과 개념의 물결이 일어나면, 조건을 만드는 형성의 과정이 시작됩니다. 이런 조건을 만드는 과정을 주의깊게 지켜보십시오. 마음이 자연적 상태에서 움직이면 명상이 바른

반조, 마음을 비추다 1

궤도에서 벗어나 감각적 탐닉 혹은 고행으로 떨어집니다. 바로 이것이 정신적 조건을 만들고 얽히게 합니다. 마음 상태가 선하면 긍정적인 조건을 만듭니다. 마음이 악하면 부정적인 조건을 만듭니다. 자신의 마음이 이 모든 것을 만듭니다.

마음의 작용을 자세히 관찰해보면 정말 재미있습니다. 저는 마음에 관한 한 가지 주제에 대해 하루종일 즐겁게 얘기할 수 있습니다. 마음을 알게 되면, 마음의 과정이 어떻게 작용하고 이것이 오염된 마음에 의해 세뇌되어 어떻게 진행되는지를 볼 수 있을 것입니다. 저는 마음의 이런 부분만을 봅니다. 정신적 상태들은 이곳을 방문하는 손님과 같습니다. 때로는 이 사람이 오고, 때로는 저 사람이 옵니다. 그들은 방문자 센터로 옵니다. 마음을 훈련해, 방심하지 않는 알아차림의 눈으로 이들을 지켜보십시오. 이것이 자신의 마음을 보살피는 방법입니다. 방문객이 다가오려 하면 쫓아버리십시오. 들어오지 못하게 하면 그들이 어디에 앉을 수 있겠습니까? 자리는 여러분이 앉아 있는 단 한 자리뿐입니다. 하루종일 이 자리에서 시간을 보내십시오.

이것이 부처님의 확고하고 흔들림 없는 알아차림입니다. 이것이 마음을 지켜보고 보호합니다. 여러분은 여기에 앉아 있습니다. 여러분이 자궁에서 나온 이래 모든 방문객들이 바로 여기로 왔습니다. 얼마나 자주 오든 그들은 항상 바로 이곳으로 옵니다. 부처님의 알아차림은 확고하고 흔들림 없이 홀로 앉아서 그들 모두를 압니다. 이런 방문객들은 다양한 방식으로 조건에 영향을 주고 여러분의 마음을 동요시키려고 여기에 옵니다. 그들이 마음을 그들의 문제들에 얽혀들게 만드는 데 성공하면 정신적 상태들이 일어납니다. 어떤 문제인지는 중요하지 않습니다. 그저 도착하는 손님들이 누구인지를 아십시오. 그들이 도착하면 의자가 하나뿐임을 보게 될 것입니다. 여러분이 그 의자를 차지하고 있는 한 그들은 앉지 못합니다. 그들은 잡담으로 여러분의 귀를 채우려 하지만 그들이 앉을 자리는 없습니다. 다음에 와도 빈자리가 없을 것입니다. 이 수다스런 손님이 아무리 자주 방문해도 항상 같은 자리에 앉아 있는 같은 사람을 만납니다. 여러분은 의자에서 움직이지 않습니다. 그들이 이런 상황을 얼마나 견딜 수 있을까요? 여러분이 세상을 경험하기 시작한 이래 알게 된 모든 것들과 모든 이들이 방문할 것입니다. 그저 바로 여기를 관찰하고 알아차리기만 하면 충분히 법을 완전하게 볼 수 있습니다. 여러분은 스스로 토론하고 관찰하고 반조합니다.

이것이 법을 토론하는 방법입니다. 저는 다른 것은 모릅니다. 이런 것에 대해 계속 이야기할 수도 있겠지만 결국 말하고 듣는 것에 지나지 않을 것입니다. 실제로 명상을 해보십

반조, 마음을 비추다 1

시오. 스스로 본다면 어떤 경험을 하게 될 것입니다. 여러분을 인도하고 방향을 가리켜주는 길이 있습니다. 계속해서 길을 가다보면, 상황이 바뀌어서 또는 일어나는 문제들을 해결하기 위해 방향을 수정해야 합니다. 시간이 한참 지나서야 명확한 표지판을 볼 수 있을지도 모릅니다. 여러분이 저와 같은 길을 걷고자 한다면, 그 여정은 여러분의 마음속에서 이루어져야 합니다. 그렇지 않으면 수많은 장애를 만나게 될 것입니다.

이것은 소리를 듣는 것과 같습니다. 듣는 것과 소리는 구분되며, 우리는 이 두 가지를 혼동하지 않고 구분할 수 있습니다. 자연은 진리 탐구에 필요한 원재료를 공급해주므로 우리는 자연에 의지합니다. 결국은 마음이 현상들을 스스로 분석하고 분리합니다. 간단히 얘기하자면 마음은 관여하지 않습니다. 귀에 소리가 들리면 무엇이 일어나는지를 마음으로 관찰하십시오. 귀가 소리에 묶이고 얽히고 휩쓸립니까? 소리가 신경에 거슬립니까? 적어도 이 정도는 아십시오. 그러면 소리가 들릴 때 소리가 마음을 어지럽히지 않을 것입니다.

바로 여기서, 먼 곳이 아닌 바로 가까이에서 우리는 이를 경험합니다. 소리로부터 도망가고 싶어도 도망갈 수 없습니다. 소리에 직면해도 흔들림이 없도록 마음을 훈련해야만 소리에서 벗어날 수 있습니다. 소리를 내려놓으십시오. 소리를 놓아버려도 여전히 소리는 들립니다. 소리를 놓아버렸기에 소리가 들려도 놓을 수 있습니다. 들음과 소리를 억지로 분리하라는 말이 아닙니다. 버림과 놓아버림으로 인해 들음과 소리는 저절로 분리됩니다. 그러면 소리에 집착하고 싶어도 마음이 집착하지 않습니다. 형상, 소리, 냄새, 맛, 그리고 다른 모든 것들의 진정한 본질을 이해하기 때문입니다. 그러면 명확한 통찰력을 갖고 마음으로 볼 수 있습니다. 그리고 감각된 모든 것들은 예외 없이 무상, 불만족, 무아라는 보편적 속성들의 영역으로 떨어집니다.

소리를 들을 때마다 보편적 속성의 측면에서 이해합니다. 귀에 감각 접촉이 일어나 들을 때도, 마치 듣지 않고 있는 것과 같습니다. 이는 마음이 더이상 작용하지 않는다는 의미가 아닙니다. 알아차림과 마음이 맞물리고 합쳐져, 조금의 틈도 없이 항상 서로를 감시합니다. 마음이 훈련되어 이 정도 수준이 되면, 어떤 길을 선택해 걷든 여러분은 탐구하고 있을 것입니다. 깨달음의 필수 요소 중 하나인 현상에 대해 분석하는 능력이 계발될 것입니다. 이런 분석은 자체적 힘에 의해 저절로 진행됩니다.

법에 대해 자신과 토론해보십시오. 감정, 기억, 인지, 생각, 의도, 의식의 실체를 파헤치고 놓아버리십시오. 자신의 마음을 완전히 이해한 사람에게는 이런 반조와 조사가 자동적으

반조, 마음을 비추다 1

로 지속되어 어떤 것도 방해할 수 없습니다. 그래서 의도적으로 지시할 필요가 없습니다. 마음이 어디로 향하든 즉시 반조가 일어납니다.

명상의 기초 확립

명상이 이 정도 수준에 이르면 흥미로운 부수적 이익이 생깁니다. 잠을 자면서 코를 골거나 잠꼬대를 하거나 이를 갈거나 몸을 뒤척이는 습관들이 사라집니다. 깊이 잠들었다 깨어나도 몽롱하지 않습니다. 항상 깨어 있었던 것처럼 에너지가 넘치고 주의력이 유지됩니다. 저도 한때 코를 골았지만 마음이 항상 깨어 있게 되자 코골이가 멈추었습니다. 깨어 있는데 어떻게 코를 골겠습니까? 몸만 기능을 멈추고 잠을 잡니다. 마음이 스물네 시간 밤이나 낮이나 완전히 깨어 있습니다. 이것이 부처님의 순수하고 차원 높은 깨어 있음입니다. 부처님은 아는 자이고, 깨어 있는 자이며, 행복한 자이고, 밝게 빛나는 자입니다. 이런 명확한 깨어 있음이 있으면 결코 잠들지 않습니다. 그 에너지가 자체적으로 유지되며, 결코 흐리멍덩해지거나 졸리지 않습니다.

이 단계에서는 이삼일 동안 잠을 자지 않을 수도 있습니다. 몸이 지쳤다는 신호를 보낼 때 앉아서 오 분에서 십 분 정도 깊은 삼매에 들면, 깊은 잠을 잔 것처럼 상쾌하고 힘이

납니다. 몸에 신경쓰지 않으면 잠이 별로 중요하지 않습니다. 적절한 방법으로 몸을 돌보지만, 몸 상태에 대해 걱정하지 않습니다. 몸이 자연의 법칙을 따르도록 내버려둡니다. 어떻게 하라고 몸에게 말할 필요가 없습니다. 몸은 스스로 돌봅니다. 이는 열심히 노력하라고 누가 잔소리하는 것과 같습니다. 자신이 게을러지더라도 내면에서는 계속 부지런하라고 하는 목소리가 들립니다. 이때에는 명상이 정체될 수 없습니다. 노력과 발전이 멈출 수 없는 힘을 얻었기 때문입니다. 이것을 스스로 점검해보십시오. 여러분은 오랫동안 공부했습니다. 이제 자신에 대해 배울 시간입니다.

처음 단계에서는 육체적 한거가 매우 중요합니다. 떨어져서 혼자 살아갈 때는 사리뿟따 존자의 다음과 같은 말이 떠오를 것입니다.

"육체적 한거는, 외적인 감각 접촉에서 벗어난 깊은 삼매 상태인 정신적 한거를 일으키는 원인과 조건이다. 그리고 정신적 한거는, 마음의 번뇌에서 벗어나는 깨달음을 일으키는 원인과 조건이다."

하지만 어떤 사람들은 여전히 한거가 중요하지 않다고 말합니다. "마음만 평화롭다면 어디에 살든 뭐가 중요하겠어요?"이 말도 사실지만, 명상의 초기 단계에서는 먼저 적절한 환경에서 육체적 한거를 하는 것이 중요합니다. 오늘이든 아니면 나중이 됐든, 마을에서 멀리 떨어진 외로운 공동묘지에 가보십시오. 거기서 혼자 한번 지내보십시오. 아니면 무서운 산꼭대기에서 지내보십시오. 밤이 되면 정말 재미있을 겁니다. 그래야만 스스로 알 수 있습니다. 저도 한때는 육체적 한거가 별로 중요하지 않다고 생각했습니다. 하지만 실제로 홀로 지내자 부처님의 가르침이 떠올랐습니다. 부처님은 제자들에게 마을에서 멀리 떨어진 곳에서 명상하라고 권하셨습니다. 명상의 초기 단계에서 이런 육체적 한거는 번뇌에서 영원히 벗어나게 해주는 마음의 내적 한거의 토대를 만듭니다.

예를 들어 여러분이 집과 가족이 있는 재가신자라고 생각해보십시오. 그러면 한거를 할 수 있겠습니까? 문을 열고 집에 들어가자마자 혼란스럽고 복잡한 상황에 부딪힙니다. 여기서는 육체적 한거가 불가능합니다. 집을 나와 멀리 떨어진 곳에 은거하면 분위기가 완전히 달라집니다. 육체적 한거와 고독이 명상의 초기 단계에서 중요하다는 사실을 알아야 합니다. 그런 뒤에야 명상 스승들을 찾아다니며 가르침을 구할 수 있습니다. 스승들은 여러분이 잘못 이해하고 있는 것을 지적하고 조언해줍니다. 여러분이 옳다고 확신하고 있지만 실제로는 잘못된 부분들을 스승들이 지적해줍니다. 그러면 자신의 잘못을 이해할 수 있습니다.

많은 학승(學僧)들이 경전을 공부하고 연구한다고 들었습니다. 이렇게 책을 펴고 공부하는 것도 좋습니다. 경전을 펴고 공부해야 할 때는 그렇게 해야 합니다. 하지만 무장하고 전투를 할 때는 이론과 다르게 싸워야 할지도 모릅니다. 전사가 책에서 읽은 대로 전투를 하면 적에게 상대가 되지 않습니다. 최선을 다해 싸우려면 이론을 넘어서는 방식으로 전투를 해야 합니다. 경전에 담긴 부처님의 가르침은 따라야 할 지침 혹은 따라야 할 예일 뿐입니다.

숲속 스승들은 버림의 길을 가르쳤습니다. 이 길에는 버림만이 있습니다. 우리는 자만에서 생기는 견해들을 뿌리 뽑습니다. 자아 관념의 핵심을 뿌리 뽑습니다. 이 명상은 정말 어려울 것입니다. 하지만 아무리 어렵더라도 숲속 전통 스승들과 그들의 가르침을 저버리지 마십시오. 적절한 지도가 없으면 마음과 삼매에 현혹될 수 있습니다. 예상치 못했던 일들이 일어나기 시작합니다. 저는 항상 조심스럽게 이런 현상들에 접근했습니다. 제가 명상을 갓 시작한 젊은 스님이었던 몇 년 동안, 저는 제 마음을 믿을 수 없었습니다. 하지만 상당한 경험을 얻고 나자 제 마음의 작용을 완전히 신뢰할 수 있었습니다. 문제가 될 것은 아무것도 없었습니다. 이상한 현상이 나타나도 저는 그대로 내버려두었습니다. 이런 현상들이 어떻게 작용하는지를 잘 이해하면 이것들은 저절로 사라집니다. 모든 것들이 지혜의 연료가 됩니다. 시간이 지나면 정말 편안해집니다.

명상할 때에는 평소에는 잘못이 아니었던 것이 잘못이 될 수 있습니다. 예를 들어 가부좌를 틀고 앉아 이런 결심을 합니다. '좋아! 이번 시간에는 약해지지 않을 거야. 마음에 집중할 거야.' 이래서는 명상이 잘될 수가 없습니다. 이렇게 명상할 때 제 명상은 조금도 나아가지 못했습니다. 하지만 우리는 허세 부리길 좋아합니다. 제가 관찰한 바로는, 명상은 스스로 발전합니다. 매일 저녁 좌선할 때마다 저는 이렇게 생각했습니다. '좋아! 오늘밤에는 새벽 한시까지 이 자리에서 움직이지 않을 거야.' 이런 생각만으로도 저는 이미 어느 정도 나쁜 업을 짓고 있었습니다. 얼마 지나지 않아 온몸에 고통이 몰려와 죽을 것 같았기 때문입니다. 오히려 앉아 있을 시간을 정해놓지 않았을 때 명상이 잘되었습니다. 일곱시, 여덟시, 아홉시 같은 목표를 정해놓지 않았습니다. 그리고 놓아버림으로 평정심을 유지하며 그저 앉아서 꾸준히 명상했습니다. 억지로 명상하지 마십시오. 일어나는 현상들을 해석하려 하지 마십시오. 삼매에 들라는 무리한 요구를 마음에 강요하지 마십시오. 그렇게 하면 마음은 평소보다 심하게 동요하고 예측 불가능한 상태가 될 것입니다. 마음이 편안히 휴식하게 하십시오.

너무 짧지도 너무 길지도 않은 적절한 속도로 호흡이 편안히 이루어지도록 내버려두십시오. 특별히 뭔가를 하려 하지 마십시오. 몸을 이완시키고 편안하게 하십시오. 이렇게 계속하면 됩니다. 이런 질문이 마음에서 떠오를 것입니다. '오늘 밤은 언제까지 명상해야 하지? 몇시에 명상을 마칠까?' 이런 생각이 계속 귀찮게 굽니다. 그러면 이렇게 꾸짖으십시오. '이봐! 날 좀 혼자 내버려둬.' 이런 참견쟁이를 주기적으로 제압해야 합니다. 이것이 여러분을 괴롭히는 번뇌이기 때문입니다. 조금도 마음을 빼앗기지 말고 강해져야 합니다. '내가 명상을 일찍 마치든 밤늦게까지 하든 그건 네 알 바 아니잖아! 내가 밤새도록 명상하길 원해도 다른 사람과는 아무런 관계가 없잖아. 그런데 왜 너는 내가 좌선하는데 쓸데없이 참견하는 거지?' 참견을 좋아하는 녀석을 이렇게 쫓아내야 합니다. 그러면 자신이 옳다고 느끼는 바에 따라 명상을 계속할 수 있습니다.

마음을 편안히 내버려두면 마음은 평화로워집니다. 이런 경험을 해보면 집착의 힘을 이해할 것입니다. 자정이 지날 때까지 매우 오랫동안 편안하게 명상할 수 있으면, 자신이 명상하는 방법을 터득했음을 알 것입니다. 그리고 집착이 마음을 실제로 어떻게 오염시키는지를 이해할 것입니다.

어떤 이들은 명상하려고 앉아서 향을 피우고 이런 맹세를 합니다. '이 향이 다 탈 때까지 일어나지 않으리라.' 한 시간쯤 지났다고 느낄 때 눈을 떠보면 오 분밖에 지나지 않았음을 깨닫게 됩니다. 향을 쳐다보고는 향이 아직 너무 길어서 실망합니다. 다시 눈을 감고 명상을 계속합니다. 곧 다시 눈을 뜨고 향을 살펴봅니다. 이런 사람들은 명상에서 한 발짝도 나아가지 못합니다. 이렇게 명상하지 마십시오. '향이 거의 다 탔겠지' 하고 앉아서 생각해서는 명상이 전혀 나아갈수 없습니다. 그런 것을 중요하게 여길 필요가 없습니다. 마음은 특별한 무언가를 할 필요가 없습니다.

명상으로 마음을 계발하려면, 욕망의 번뇌가 경기 규칙 혹은 목표를 알지 못하게 하십시오. 욕망은 이렇게 묻습니다. "어떻게 명상하실 건가요?" "얼마나 오래 명상할 건가요? 얼마나 늦게까지 명상할 생각이죠?" 우리가 계약을 맺을 때까지 욕망은 계속 조릅니다. 자정까지 좌선할 거라고 말하고 나면 욕망은 즉시 우리를 괴롭힙니다. 채 한 시간도 지나지 않아 들뜨고 초조해져서 명상을 계속할 수 없습니다. 자신을 꾸짖으면 장애들이 더욱 공격을 합니다. '구제 불능이야! 앉아 있으면 죽기라도 하나? 삼매에 들어 마음을 흔들림 없이 만들 거라고 말했잖아? 마음은 아직 신뢰할 수도 없고 여기저기를 헤매고 있어. 너는 맹세를 했는데 그걸 지키지 않았어.' 자기 비하와 우울한 생각들이 자신의 마음을 공격합니다. 그리고 자기혐오에 빠집니다. 비난하거나 화낼 사람이 없다는 사실이 더 절망스럽습니다. 맹세를 했다면 지켜야 합니다. 맹세를 지키거나 맹세를 지키다 죽어야 합니다. 어느 정도의 시간 동안 좌선하겠다고 맹세했다면 그 맹세를 깨서는 안 됩니다. 그렇지만 점진적으로 명상을 해나가며 마음을 계발해야 합니다. 극단적인 맹세를 할 필요는 없습니다. 성실하게 지속적으로 마음을 훈련하십시오. 때로는 명상이 평화로워져 몸의 모든 통증과 불편함이 사라질 것입니다. 발목과 무릎의 통증이 저절로 사라질 것입니다.

직접 명상을 하는 도중에 이상한 이미지나 광경 혹은 감각적 인식이 나타나기 시작하면 가장 먼저 자신의 마음 상태를 살펴보십시오. 이 기본 원칙을 버리지 마십시오. 마음이 상당히 평화로워야 이런 이미지들이 나타납니다. 이런 이미지들이 나타나기를 바라지도 말고, 나타나지 않기를 바라지도 마십시오. 이것들이 나타나면 잘 살펴보십시오. 하지만 여기에 현혹되지 마십시오. 이것들이 자신의 것이 아님을 기억하십시오. 다른 모든 것들과 마찬가지로, 이것들도 무상하고 불만족스러우며 무아입니다. 이것들이 실제라 하더라도, 깊이 생각거나 주의를 많이 기울이지 마십시오. 이것들이 끈질기

반조, 마음을 비추다 1

게 사라지지 않으면 좀더 강하게 자신의 호흡에 알아차림을 두십시오. 적어도 세 번 정도 깊고 긴 숨을 들이쉬고서 숨을 천천히 완전히 내뱉으십시오. 이렇게 하면 효과가 있을지 모릅니다. 주의력을 계속 유지하십시오.

이런 현상들을 소유하지 마십시오. 이것들은 우리를 현혹시킬 뿐 그 이상의 무엇이 아닙니다. 이런 현상들을 좋아하면 이것들을 사랑하게 되고, 두려워하면 마음에 나쁜 영향을 받게 됩니다. 이런 현상들은 신뢰할 수 없습니다. 이것들은 사실이 아닐지도 모르고, 보이는 그대로가 아닐지도 모릅니다. 이런 현상들을 경험하면, 그 의미를 해석하려 하지도 말고 이것들에 의미를 부여하지도 마십시오. 이런 현상들은 나의 것이 아니라는 것을 명심하고, 이런 이미지들이나 감각들을 쫓아가지 마십시오. 그 대신 즉시 돌아가 현재 마음 상태를 살펴보십시오. 이것은 경험에서 나온 법칙입니다. 이런 기본적인 원칙을 버리고 보고 있는 것을 믿게 되면, 자신을 잊어버리고 헛소리를 지껄이거나 미쳐버릴 수도 있습니다. 분별력을 잃어 다른 사람들과 정상적으로 관계 맺지 못할 수도 있습니다. 자신의 마음을 믿으십시오. 어떤 일이 일어나든 계속해서 마음을 관찰하십시오. 이상한 명상 경험들이 지혜로운 사람들에게는 도움이 될 수 있습니다. 하지만 지혜가 없는 이들에게는 위험합니다. 어떤 일이 일어나도 들뜨거나 놀라지 마십시오. 이런 경험들이 일어나면, 그저 일어나는 것입니다.

반조

명상에 접근하는 또다른 방법은, 우리가 보고 행하고 경험하는 모든 것들을 반조하고 관찰하는 것입니다. 명상을 그만두지 마십시오. 어떤 사람들은 좌선이나 걷기명상이 끝나면 이제 쉴 시간이라고 생각합니다. 그들은 명상 주제 혹은 반조의 주제에 더이상 몰입하지 않습니다. 이렇게 명상하지 마십시오. 무엇을 보든 그것이 정말 어떤 것인지를 탐구해보십시오. 세상의 좋은 사람들에 대해 반조해보십시오. 나쁜 사람들에 대해서도 반조해보십시오. 부자와 권력자 혹은 가난한 이를 꿰뚫어 보십시오. 아이와 노인, 젊은 남자와 여자를 볼 때 나이의 의미를 탐구해보십시오. 모든 것들이 탐구의 연료가 됩니다. 이것이 마음을 계발하는 방법입니다.

크거나 작거나, 검거나 희거나, 좋거나 나쁘거나, 그런 모든 현상들에 있어 원인과 결과의 과정인 조건화에 대해 반조하면 법에 이르게 됩니다. 생각을 할 때는 그것을 생각으로 인식하고, 생각은 그저 생각에 불과할 뿐임을 반조해보십시오. 이 모든 것들은 무상, 불만족, 무아의 묘지에 이르러 멈춥니다. 그러니 이것들을 소유물로 여기며 집착하지 마십시오.

반조, 마음을 비추다 1

여기가 모든 현상들의 화장터입니다. 이것들을 묻고 화장시켜 진리를 경험하십시오.

무상에 대한 통찰을 갖는다는 것은, 자신이 고통받도록 내버려두지 않는다는 의미입니다. 지혜로 탐구하는 것입니다. 예를 들어, 좋고 즐거운 것을 얻으면 우리는 행복해집니다. 이 좋음과 즐거움을 자세히, 그리고 꾸준히 살펴보십시오. 시간이 한참 지나면 때때로 이런 것이 지겨워집니다. 그러면 이것을 버리거나 팔아버리고 싶습니다. 그것을 사려는 사람이 없으면 버려버립니다. 이런 변화가 일어나는 내재적 이유가 무엇일까요? 모든 것들이 무상하고, 지속되지 않으며, 변하기 때문입니다. 그것을 팔거나 버리지 않으면 고통이 일어납니다. 모든 문제들이 바로 이렇습니다. 그래서 한 가지 경우를 완전히 이해하면, 비슷한 상황들이 아무리 많이 일어나도 모두 똑같이 이해할 수 있습니다. 그래서 이런 격언이 있습니다. "하나를 알면 모든 것을 안 것이다."

이따금 우리는 좋아하지 않는 것을 봅니다. 때로는 짜증나고 거슬리는 소리를 듣고 화가 납니다. 이를 관찰하고 기억하십시오. 미래에 언젠가는 이런 소리를 좋아하게 될지도 모르기 때문입니다. 자신이 한때 싫어했던 것을 정말 좋아하게 될지도 모릅니다. 그러면 이런 명확한 통찰이 생깁니다. '맞아. 모든 것은 무상하고, 완전히 만족할 수 없고, 무아이구나.'

이 세 가지 보편적 특성들의 공동묘지에 자신이 경험하고 있는 것을 던져버리십시오. 그러면 우리가 가졌다고 여겼던, 우리가 좋아하는 것들에 대한 집착이 사라질 것입니다. 우리는 모든 것들이 본질적으로 동일함을 보게 됩니다. 그러면 경험하는 모든 것들이 법에 대한 통찰을 일으킵니다.

제가 지금까지 얘기한 모든 것들을 생각해보십시오. 이것은 그저 말에 불과합니다. 사람들이 찾아오면 저는 말합니다. 이런 것들은 둘러앉아 수다를 떨 주제가 아닙니다. 직접 명상을 시작해보십시오. 이는 어딘가에 갈 때 친구에게 전화하는 것과 같습니다. 친구에게 함께 갈 것을 제안하고, 그에 대한 대답을 듣습니다. 그리고 더이상 수다를 떨지 않고 전화를 끊습니다. 친구에게는 딱 필요한 얘기만 하면 됩니다. 마찬가지로 제가 명상에 대해 한두 가지 얘기를 하면 제가 할 일은 다 한 것입니다. 여러분이 해야 할 일은, 제가 말하는 것이 사실인지 스스로 탐구하고 발견하는 것입니다.

감각적 욕망(kāmachanda) 다섯 가지 장애 중 하나. 나머지 네 가지
는 악의, 혼침, 들뜸, 후회와 의심이다.

고타마 싯다르타(Siddhatta Gotama) 역사적 부처님의 원래 이름.

근접삼매(upacāra samādhi) 선정에 들기 전의 몰입 단계.

글롯(glot) 모기장을 걸 수 있는 큰 우산. 태국의 두타 수행승들은
숲속에 머무르며 명상을 할 때 보통 글롯에 모기장을 걸어서 모
기나 여러 해충들을 막는다.

꾸띠(kuṭī) 스님들이 머무르는 작은 오두막.

나마(nāma) 비물질적 현상.

둑카(dukka) 고통, 불만족. 타고난 불안정성. 조건 지어진 존재의
불 완전성.

두타 수행(dhutanga) 엄격한 금욕적 수행. 두타 수행승은 일반적 계

율에 더해 부처님이 허락한 열세 가지 금욕적 수행중 일부를 지
킨다. 태국어로 '투동'이라고 음역하며, 걸어서 이동하며 금욕적
수행을 한다는 의미를 갖게 되었다. 두타 수행은 만족, 버림, 정
진력을 계발하는 데 도움을 준다.

루빠(rūpa) 물질적 대상. 신체.

마라(māra) 인격화된 악과 유혹으로, 욕계(慾界)의 가장 높은 하늘
을 지배하는 강력하고 악한 천신. 번뇌를 인격화해 표현한 것으
로, 세속적 세계 전체와 죽음을 뜻한다.

바라밀(波羅蜜, pārami) 열 가지 정신적 완성으로, 그 열 가지는 보
시, 도덕적 절제, 버림, 지혜, 정진, 인내, 진실, 결정, 친절, 평온
이다. 여러 생에 걸쳐 쌓은 공덕을 뜻한다.

바와나(bhāvanā) 정신적 계발을 뜻한다. 불교 명상.

법(dhamma) 있는 그대로의 진리. 진리와 진리에 이르는 수단을 설
명한 부처님의 가르침 혹은 현상, 정신적 대상을 뜻하기도 한다.

빠띠빠다(patipadā) 길. 목표에 이르는 수단. 부처님이 가르치신 수
행의 길인 중도.

부처님(buddha) '아는 자'. 깨어난 이 혹은 깨달음의 상태에 이
른 이. 역사적 부처님인 고타마 싯다르타를 뜻하며, '붓도
(buddho)'로 표현하기도 한다.

사띠(sati) 알아차림. 기억.

사마타(samatha) 고요. 평온.

사문(沙門) 버림의 삶을 사는 종교적 구도자. 아잔 차 스님은 일반적으로 '평화로운 자'를 의미하는 용어로 썼다.

삼매(samādhi) 몰입. 마음이 한곳에 모이는 것. 명상으로 생긴 몰입된 고요의 상태.

삼빠잔냐(sampajañña) 자각. 명확한 이해.

선정(禪定, jhāna) 마음이 명상 주제에 몰입되는 삼매 혹은 삼매의 높은 단계. 네 단계로 나뉘며, 각각의 단계에서 뒤의 단계는 앞의 단계보다 더 정제된 상태이다.

세속의 법 얻음과 잃음, 칭찬과 비난, 행복과 고통, 명예와 불명예라는 여덟 가지 세속적 조건.

아나타(anattā) 무아(無我).

아는 자 알아차림의 내적 기능. 팔정도 수행을 통해 깨어 있는 부처의 앎.

아니짜(anicca) 무상(無常) 혹은 불확실성.

아니짜-둑카-아나타(anicca-dukka-anattā): 존재의 세 가지 특성으로 무상, 고통, 무아.

아라한(arahant) 깨달음의 최고 경지에 이른 이.

아비담마(abhidhamma) 불교 철학과 불교 심리학에 관한 체계적인 이론서. 삼장 중 세번째에 해당된다.

아잔(ajahn) 태국 승단에서 승납이 10년 이상 된 승려에게 붙이는 존칭. 원래 태국어로는 스승을 의미한다. 빠알리어 '아짜리야

(acariya)'에서 기원했다.

업(業, kamma) 몸과 말과 마음에 의한 의지적 행위. 산스크리트어로는 '까르마(karma)'. 이 책에서는 일반적으로 행위와 그 결과를 의미한다.

여래(如來, Tathāgta) 완벽한 이. 문자적으로는 '이렇게 온 이'이며 부처님의 별칭.

연기(緣起) 조건 지어진 일어남. 불교의 중심적 교리 중 하나.

열반(涅槃, nibbāna) 모든 고통과 번뇌로부터 벗어난 해탈의 상태로, 불교 명상의 목표이다.

염오심(厭惡心, nibbidā) 세상에 대한 지긋지긋함. 평온한 마음.

오계(五戒) 몸과 말을 선하게 만드는 불교의 다섯 가지 기본적 규율. 첫째, 살생하지 말라. 둘째, 도둑질하지 말라. 셋째, 부적절한 성적 관계를 맺지 말라. 넷째, 거짓말하지 말라. 다섯째, 술이나 중독성 약물을 먹지 말라. 일반적으로 재가 불자들에게 오계를 준다.

오온(五蘊) 인간 존재를 구성하는 다섯 가지 요소로 형상, 느낌, 인식, 정신적 형성, 의식.

위따까(vitakka) 마음을 반조의 주제로 가져오는 작용.

위빠사나(vipassanā) 통찰 수행.

위짜라(vicāra) 명상 주제에 대한 반조.

윤회(輪廻, saṁsāra) 존재의 수레바퀴. 문자적으로는 '영원한 방랑'을 뜻하며, 끊임없이 태어나고 늙고 고통받고 죽는 연속적인 과정이다. 모든 조건 지어진 현상의 세계.

몰입(ekaggatā) 선정의 다섯번째 요소.

팔정도(八正道) 고통의 소멸로 이끄는 명상의 여덟 가지 요소로 바른 견해, 바른 의도, 바른말, 바른 행동, 바른 생계, 바른 노력, 바른 알아차림, 바른 삼매.

행복(sukha) 선정의 네번째 요소.

희열(pīti) 선정의 세번째 요소.

히리-오따빠(hiri-ottappa) 부끄러워하는 마음(hiri)과 결과에 대한 지적 두려움(ottappa). 이 둘은 깨끗한 양심과 도덕적 고결함의 기초가 되는 긍정적인 마음 상태이다.

반조, 마음을 비추다 1

세계인이 사랑한 현자 아잔 차의 행복 수업

초판 1쇄 발행 2017년 11월 27일
초판 4쇄 발행 2022년 9월   1일

지은이 아잔 차 | 옮긴이 혜안

편집 신정민 박민주 이희연 | 디자인 엄자영 | 마케팅 김선진 배희주
저작권 박지영 형소진 이영은 김하림
브랜딩 함유지 함근아 김희숙 박민재 박진희 정승민
제작 강신은 김동욱 임현식 | 제작처 영신사

펴낸곳 (주)교유당 | 펴낸이 신정민
출판등록 2019년 5월 24일 제406-2019-000052호

주소 10881 경기도 파주시 회동길 210
전화 031) 955-8891(마케팅) | 031) 955-2680(편집) | 031) 955-8855(팩스)
전자우편 gyoyudang@munhak.com

인스타그램 @thinkgoods | 트위터 @thinkgoods | 페이스북 @thinkgoods

ISBN 978-89-546-4907-0 04220
      978-89-546-4906-3 (세트)